平成 21 年度

離婚に関する統計

人口動態統計特殊報告

DIVORCES

SPECIFIED REPORT OF VITAL STATISTICS IN FY 2009

厚生労働省大臣官房統計情報部編
STATISTICS AND INFORMATION DEPARTMENT,
MINISTER'S SECRETARIAT,
MINISTRY OF HEALTH, LABOUR AND WELFARE

財団法人　厚生統計協会
HEALTH AND WELFARE STATISTICS ASSOCIATION

まえがき

　本報告書は、毎年公表している人口動態統計をもとに、日本において発生した離婚の動向について、時系列分析や多面的な分析を行い、人口動態統計特殊報告としてとりまとめたものです。

　本報告書は人口動態統計で得られる資料のほかに、司法統計年報、諸外国の状況も掲載しております。

　この平成21年度「離婚に関する統計」は、昭和59年度、平成2年度、平成11年度に続いて今回で第4回目の刊行となります。

　本報告書を刊行するにあたり、常日頃から人口動態調査の実施にご尽力いただいている都道府県、保健所及び市区町村の方々をはじめとした関係者の方々に厚く御礼を申し上げるとともに、関係各方面に広く活用されることを願っております。

平成22年7月

厚生労働省大臣官房統計情報部長

髙 原 正 之

担　当　係
人口動態・保健統計課計析第二係
電話03（5253）1111
　　　　　内線　7472

目　　　次

まえがき ·· 3

Ⅰ　記　　　述 ·· 13

1　離婚の年次推移 ·· 15

（1）離婚件数の年次推移 ·· 15

　　図1　離婚件数の年次推移 ·· 15

（2）各届出年に同居をやめ届け出た離婚件数の割合の年次推移 ·························· 15

　　図2　同年別居離婚件数及び離婚全体に占める割合の年次推移 ····················· 15

（3）同年別居の年齢階級別離婚率及び有配偶離婚率の年次推移 ·························· 16

　　図3－1　夫妻の同居をやめたときの59歳までの年齢（5歳階級）別に

　　　　　　みた離婚率（人口千対、同年別居）の年次推移 ······························ 16

　　図3－2　夫妻の同居をやめたときの59歳までの年齢（5歳階級）別に

　　　　　　みた有配偶離婚率（有配偶人口千対、同年別居）の年次推移 ········· 17

（4）同年同居の年齢別婚姻率の合計及び同年別居の年齢別離婚率の

　　合計の年次推移 ··· 18

　　図4　男女別の59歳までの年齢別婚姻率（同年同居）・離婚率（同年別居）

　　　　　の合計の年次推移 ··· 18

（5）同年別居離婚件数の対前年増減の分析 ··· 19

　　図5　同年別居離婚件数の対前年増減の年次推移 ··· 19

　　表1　同年別居離婚件数の対前年増減の年次推移の分析 ······························ 20

（6）離婚件数に占める外国人の割合の年次推移 ·· 20

　　図6　離婚全体に占める外国人の割合の年次推移 ··· 20

（7）離婚の種類別にみた離婚の年次推移 ·· 21

　　図7　離婚の種類別構成割合の年次推移 ··· 21

　　表2　都道府県別協議離婚の割合の年次比較 ·· 21

（8）同居をやめたときの世帯の主な仕事別にみた離婚の年次推移 ······················· 22

　　図8　同居をやめたときの世帯の主な仕事別にみた離婚件数の年次推移 ········ 22

（9）同居期間別にみた離婚の年次推移 ··· 22

　　図9　同居期間別にみた離婚の構成割合の年次推移 ····································· 22

2　平成20年の詳細分析 ·· 23

（1）届出月別にみた離婚 ·· 23

　　表3　親権を行わなければならない子の有無別及び夫妻の国籍別にみた

　　　　届出月別離婚件数及び構成割合 ·· 23

（2）離婚の種類別にみた離婚 ··· 24

　　図10－1　夫妻の国籍別にみた離婚の種類別構成割合 ································· 24

　　図10－2　夫妻の届出時年齢（5歳階級）別にみた離婚の種類別構成割合 ····· 24

（３）親権を行う者別にみた離婚　・・・・・・・・・・・・・・・・・・・・・　25
　　　　図１１　夫妻の届出時年齢（５歳階級）別にみた親権を行う者別
　　　　　　　　離婚率（人口千対）　・・・・・・・・・・・・・・・・・・・　25
　　（４）同居をやめたときから届出までの期間（別居期間）別にみた離婚　・・・・・・・　26
　　　　図１２－１　同居をやめたときから届出までの期間（別居期間）別
　　　　　　　　　　構成割合　・・・・・・・・・・・・・・・・・・・・・・　26
　　　　図１２－２　夫妻の届出時年齢（５歳階級）別にみた別居期間別構成割合　・・・・・　27
　　記　　　述（英訳版）　・・・・・・・・・・・・・・・・・・・・・・・・・・・　29

Ⅱ　統　計　表　・・・・・・・・・・・・・・・・・・・・・・・・・・・・・・・・　45

　第１表　年次別離婚件数・率（人口千対）・人口　－明治32～平成20年－　・・・・・・　46
　第２表　年次別同年別居離婚件数・離婚全体に占める割合
　　　　　－昭和25～平成20年－　　　　　　　　　　　　　　　　　　　　　　　48
　第３表　年次・届出月別離婚件数・平均発生間隔・構成割合
　　　　　－昭和22～平成20年－　・・・・・・・・・・・・・・・・・・・・　50
　第４表　年次・夫妻・同居をやめたときの年齢（５歳階級）別同年別居離婚件数
　　　　　－昭和25・30・35・40・45・50・55～平成20年－　・・・・・・・・・　54
　第５表　年次・夫妻・同居をやめたときの年齢（５歳階級）別
　　　　　離婚率（人口千対、同年別居）　－昭和25～平成17年－　・・・・・・・・　58
　第６表　年次・夫妻・同居をやめたときの年齢（５歳階級）別
　　　　　有配偶離婚率（有配偶人口千対、同年別居）　－昭和25～平成17年－　・・・・・　59
　第７表　年次・性・59歳までの年齢別婚姻率（同年同居）・離婚率（同年別居）の
　　　　　合計・比　－昭和25～平成17年－　・・・・・・・・・・・・・・・・　60
　第８表　年次・離婚の種類別離婚件数・構成割合　－昭和23～平成20年－　・・・・・　62
　第９表　年次・同居をやめたときの世帯の主な仕事別離婚件数　－平成7～20年－　・・・・　64
　第10表　年次・同居期間別離婚件数・構成割合・平均同居期間
　　　　　－昭和22～平成20年－　・・・・・・・・・・・・・・・・・・・・　66
　第11表　年次・夫妻が親権を行わなければならない子の数別離婚件数・
　　　　　構成割合・平均子ども数　－昭和25～平成20年－　・・・・・・・・・・・　70
　第12表　年次・親権を行わなければならない子の数・親権者別離婚件数・
　　　　　構成割合　－昭和25～平成20年－　・・・・・・・・・・・・・・・・　74
　第13表　年次・夫妻の国籍別離婚件数・構成割合　－平成4～20年－　・・・・・・・　80
　第14表　年次・都道府県別離婚件数・率（人口千対）
　　　　　－昭和25・30・35・40・45・50・55・60・平成2・7～20年－　・・・・・・・　82
　第15表　年次・都道府県・離婚の種類別構成割合　－平成7～20年－　・・・・・・・　86
　第16表　同居をやめたときの夫妻の年齢（５歳階級）別離婚件数・
　　　　　構成割合（平成20年に同居をやめ届け出たもの）　－平成20年－　・・・・・・　90
　第17表　届出月・夫妻が親権を行わなければならない子の有無及び夫妻の国籍別
　　　　　離婚件数・構成割合　－平成20年－　・・・・・・・・・・・・・・・・　92
　第18表　夫妻の国籍・離婚の種類別離婚件数　－平成20年－　・・・・・・・・・・　93
　第19表　夫妻・届出時年齢（５歳階級）・離婚の種類別離婚件数　－平成20年－　・・・・　93

第20表	同居期間・夫妻が親権を行わなければならない子の数別離婚件数・構成割合（平成20年に同居をやめ届け出たもの再掲） －平成20年－	94
第21表	夫妻・届出時年齢（5歳階級）・親権を行う者別離婚件数 －平成20年－	96
第22表	夫妻・届出時年齢（5歳階級）・親権を行う者別離婚率（人口千対） －平成20年－	96
第23表	離婚の種類・夫妻が親権を行わなければならない子の有無・夫妻の国籍・別居期間別離婚件数 －平成20年－	98
第24表	同居をやめたときの世帯の主な仕事・別居期間別離婚件数 －平成20年－	99
第25表	同居期間・別居期間別離婚件数 －平成20年－	100
第26表	夫妻・届出時年齢（5歳階級）・別居期間別離婚件数 －平成20年－	102
第27表	都道府県（18大都市再掲）・離婚の種類別離婚件数・構成割合 －平成20年－	106
第28表	都道府県（18大都市再掲）・夫妻・届出時年齢（5歳階級）別離婚件数・構成割合 －平成20年－	108
第29表	年次・主な国別離婚件数・率（人口千対） －昭和22～平成20年－	116
第30表	年次・離婚の種類別日本における外国人の離婚件数・構成割合 －昭和30～平成20年－	120
第31表	年次・離婚の種類別外国における日本人の離婚件数・構成割合 －昭和30～平成20年－	122
第32表	家庭裁判所の婚姻関係事件数における年次・夫妻の申し立ての動機別申し立て総数に対する割合 －昭和50～平成20年－	124
第33表	家庭裁判所の婚姻関係事件数における申立人・申し立ての趣旨・婚姻期間・別居期間・終局区分別構成割合 －平成20年－	126

Ⅲ 参　　考 129
　1　用語の解説 130
　2　比率の解説 130
　参　　考（英訳版） 131

付　録 133
　基礎人口 134
　　第1表　年次・性・年齢（5歳階級）別人口 134
　　第2表　年次・性・都道府県別人口 146
　　第3表　年次・性・年齢（5歳階級）別有配偶人口 158

CONTENTS

Preface 3

Part I Description 29
    1   Trends in divorces 31
        (1) Trends in the number of divorces 31
            Figure 1.   Trends in the number of divorces, 1950 - 2008 31
        (2) Trends in the proportion of divorces separated and registered in each year of registration 31
            Figure 2.   Trends in divorces of couples who terminated cohabitation in the same year and their proportion of the overall number of divorces, 1950 - 2008 31
        (3) Trends in divorce rates by age group and divorce rates for married population, in couples who terminated cohabitation in the same year 32
            Figure 3-1. Trends in divorce rates by age (five- year age group) of husband and wife up to 59 years old at the time cohabitation terminated (per 1,000 population, terminated cohabitation in the same year), 1950 - 2005 32
            Figure 3-2. Trends in divorce rates for married population by age (five-year age group) of husband and wife up to 59 years old at the time cohabitation terminated (per 1,000 married population, terminated cohabitation in the same year), 1950 - 2005 33
        (4) Trends in the total of marriage rates by age of husband and wife who started cohabitation and divorce rates by age of them who terminated cohabitation in the same year 34
            Figure 4.   Male and female trends in the total of marriage rates by age (started cohabitation in the same year) and divorce rates by age up to 59 years old (terminated cohabitation in the same year), 1950 - 2005 34
        (5) Analysis on year-on-year increase and decrease of the number of divorces of couples who terminated cohabitation in the same year 35
            Figure 5.   Trends in year-on-year increase and decrease of the number of divorces of couples who terminated cohabitation in the same year, 1996 - 2008 35
            Table 1.   Analysis on year-on-year increase and decrease in divorces of couples who terminated cohabitation in the same year, 1995 - 2008 36
        (6) Trends in the proportion of foreigners in the number of divorces 36
            Figure 6.   Trends in the proportion of foreigners in the overall number of divorces, 1992 - 2008 36
        (7) Trends in divorces by legal type 37
            Figure 7.   Trends in percent distribution of divorces by legal type, 1950 - 2008 37
            Table 2.   Yearly comparison of proportions of divorces by mutual agreement in each prefecture, 1995, 2000, 2005 and 2008 37

(8) Trends in divorces by type of occupation for household at the time cohabitation terminated 38
    Figure 8. Trends in divorces by type of occupation for household at the time cohabitation terminated, 1995 - 2008 38
(9) Trends in divorces by duration of cohabitation 38
    Figure 9. Trends in percent distribution of divorces by duration of cohabitation, 1950 - 2008 38

2 Detailed analysis for 2008 39
  (1) Divorces by month of registration 39
    Table 3. Divorces and percent distribution of divorces by month of registration, by number of child involved in divorce and by nationality of husband and wife, 2008 39
  (2) Divorces by legal type 40
    Figure 10-1. Percent distribution of divorces by legal type by nationality of husband and wife, 2008 40
    Figure 10-2. Percent distribution of divorces by legal type by age (five-year age group) of husband and wife at the time divorce registered, 2008 40
  (3) Divorces by person with parental authority 41
    Figure 11. Divorce rates by person with parental authority by age (five-year age group) of husband and wife at the time divorce registered (per 1,000 population), 2008 41
  (4) Divorces by duration from the time of terminating cohabitation to the time divorce registered (duration of separation) 42
    Figure 12-1. Percent distribution by duration from the time of terminating cohabitation to the time divorce registered (duration of separation), 2008 42
    Figure 12-2. Percent distribution of husband and wife by duration of separation by age (five-year age group) of husband and wife at the time divorce registered, 2008 43

Part II Statistical tables 45
  Table 1. Trends in divorces, divorce rates (per 1,000 population) and population, 1899-2008 46
  Table 2. Trends in divorces of couples who terminated cohabitation in the same year and their proportion in overall number of divorces, 1950-2008 48
  Table 3. Trends in divorces by month of registration, mean interval of occurrence, and percent distribution, 1947-2008 50
  Table 4. Trends in divorces by age (five-year age group) of husband and wife who terminated cohabitation in the same year, 1950, 1955, 1960, 1965, 1970, 1975, 1980-2008 54
  Table 5. Trends in divorce rates by age (five-year age group) of husband and wife at the time cohabitation terminated (per 1,000 population, terminated cohabitation in the same year), 1950-2005 58

Table 6.	Trends in divorce rates for married population by age (five-year age group) of husband and wife at the time cohabitation terminated (per 1,000 married population, terminated cohabitation in the same year), 1950-2005	59
Table 7.	Trends in the total and proportion of marriage rates (started cohabitation in the same year) and divorce rates (terminated cohabitation in the same year) by sex and age up to 59 years old, 1950-2005	60
Table 8.	Trends in divorces by legal type and percent distribution, 1948-2008	62
Table 9.	Trends in divorces by type of occupation for household at the time cohabitation terminated, 1995-2008	64
Table 10.	Trends in divorces by duration of cohabitation, percent distribution and mean duration of cohabitation, 1947-2008	66
Table 11.	Trends in divorces, percent distribution and mean number of children by the number of children involved in divorce, 1950-2008	70
Table 12.	Trends in divorces and percent distribution by the number of children involved in divorce and person with parental authority, and percent distribution, 1950-2008	74
Table 13.	Trends in divorces and percent distribution by nationality of husband and wife, 1992-2008	80
Table 14.	Trends in divorces and divorce rates (per 1,000 population) in each prefecture, 1950, 1955, 1960, 1965, 1970, 1975, 1980, 1985, 1990 and 1995-2008	82
Table 15.	Trends in percent distribution of divorces by legal type in each prefecture, 1995-2008	86
Table 16.	Divorces and percent distribution by age (five-year age group) of husband and wife at the time cohabitation terminated (for divorces separated and registered in 2008), 2008	90
Table 17.	Divorces and percent distribution by month of registration, children involved in divorce, and nationality of husband and wife, 2008	92
Table 18.	Divorces by legal type and nationality of husband and wife, 2008	93
Table 19.	Divorces by legal type and age (five-year age group) of husband and wife at the time divorce registered, 2008	93
Table 20.	Divorces and percent distribution by duration of cohabitation and the number of children involved in divorce (regrouped for divorces separated and registered in 2008), 2008	94
Table 21.	Divorces by age (five-year age group) of husband and wife at the time divorce registered, and person with parental authority, 2008	96
Table 22.	Divorce rates (per 1,000 population) by age(five-year age group) of husband and wife at the time divorce registered, and person with parental authority, 2008	96
Table 23.	Divorces by duration of separation, legal type, children involved in divorce, and nationality of husband and wife, 2008	98
Table 24.	Divorces by type of occupation for household at the time cohabitation terminated, and duration of separation, 2008	99
Table 25.	Divorces by duration of cohabitation and of separation, 2008	100

Table 26.	Divorces by age (five-year age group) of husband and wife at the time divorce registered and duration of separation, 2008	102
Table 27.	Divorces and percent distribution in each prefecture and 18 major cities by legal type, 2008	106
Table 28.	Divorces and percent distribution in each prefecture and 18 major cities by age (five-year age group) of husband and wife at the time divorce registered, 2008	108
Table 29.	Trends in divorces and divorce rates (per 1,000 population) by major countries, 1947-2008	116
Table 30.	Trends in divorces and percent distribution of foreigners in Japan by legal type, 1955-2008	120
Table 31.	Trends in divorces and percent distribution of Japanese in foreign countries by legal type, 1955-2008	122
Table 32.	Trends in proportion of motivations for filing marriage-related suits to the family court by husband and wife, 1975-2008	124
Table 33.	Percent distribution of marriage-related suits filed to the family court by petitioner, purpose of petition, duration of marriage, duration of separation and final conclusion, 2008	126

Part III References 131
  1 Explanation of terms 132
  2 Explanation of ratio 132

Appendix 133

  Fundamental population 134
Table 1.	Trends in population by sex and age (five-year age group)	134
Table 2.	Trends in population by sex in each prefecture	146
Table 3.	Trends in married population by sex and age (five-year age group)	158

Each prefecture is denoted by the serial number given here. Prefecture is an administrative area over cities, towns and villages.

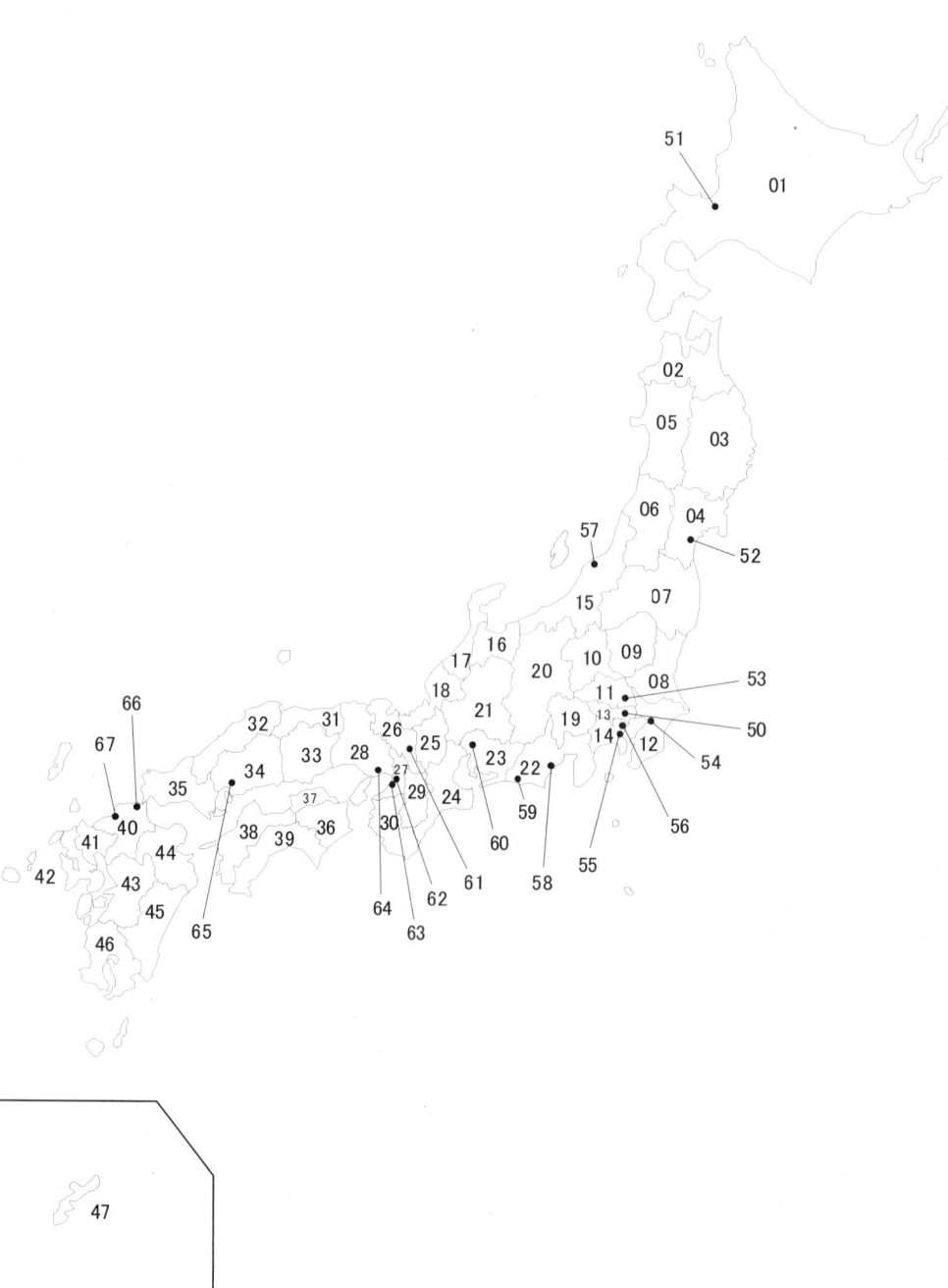

01 Hokkaido
02 Aomori
03 Iwate
04 Miyagi
05 Akita

06 Yamagata
07 Fukushima
08 Ibaraki
09 Tochigi
10 Gunma

11 Saitama
12 Chiba
13 Tokyo
14 Kanagawa
15 Niigata

16 Toyama
17 Ishikawa
18 Fukui
19 Yamanashi
20 Nagano

21 Gifu
22 Shizuoka
23 Aichi
24 Mie
25 Shiga

26 Kyoto
27 Osaka
28 Hyogo
29 Nara
30 Wakayama

31 Tottori
32 Shimane
33 Okayama
34 Hiroshima
35 Yamaguchi

36 Tokushima
37 Kagawa
38 Ehime
39 Kochi
40 Fukuoka

41 Saga
42 Nagasaki
43 Kumamoto
44 Oita
45 Miyazaki

46 Kagoshima
47 Okinawa

   18 major cities
   (Regrouped)
50 Area of wards
   in Tokyo - to
51 Sapporo
52 Sendai
53 Saitama
54 Chiba
55 Yokohama
56 Kawasaki
57 Niigata
58 Shizuoka
59 Hamamatsu
60 Nagoya
61 Kyoto
62 Osaka
63 Sakai
64 Kobe
65 Hiroshima
66 Kitakyusyu
67 Fukuoka

I 記　　述

「離婚に関する統計」について

　平成21年度「離婚に関する統計」は、毎年公表している人口動態統計をもとに、日本において発生した日本人の離婚の動向について時系列分析や新たに多面的な分析を行い、人口動態統計特殊報告として取りまとめたものである。

　なお、人口動態統計における日本における日本人の夫妻別の離婚件数には外国人でも配偶者が日本人であれば計上されている。

　この「離婚に関する統計」は、昭和59年度、平成2年度、平成11年度に続いて今回で4回目である。

利用上の注意

(1) 表章記号の規約

記号	意味
－	計数のない場合
△	減少数の場合
…	計数不明または計数を表章するのが不適当の場合
・	統計項目のあり得ない場合
0.00	比率が微少（0.005未満）の場合

(2) 掲載の数値は四捨五入しているため、内訳の合計が「総数」に合わない場合がある。

1 離婚の年次推移

(1) 離婚件数の年次推移

昭和25年以降の離婚件数の年次推移をみると、42年までは6万9千組～8万4千組で推移していたが、59年から63年に減少したものの、平成14年の29万組まで増加傾向となった。平成15年以降は減少に転じ、20年は25万千組となっている。（図1）

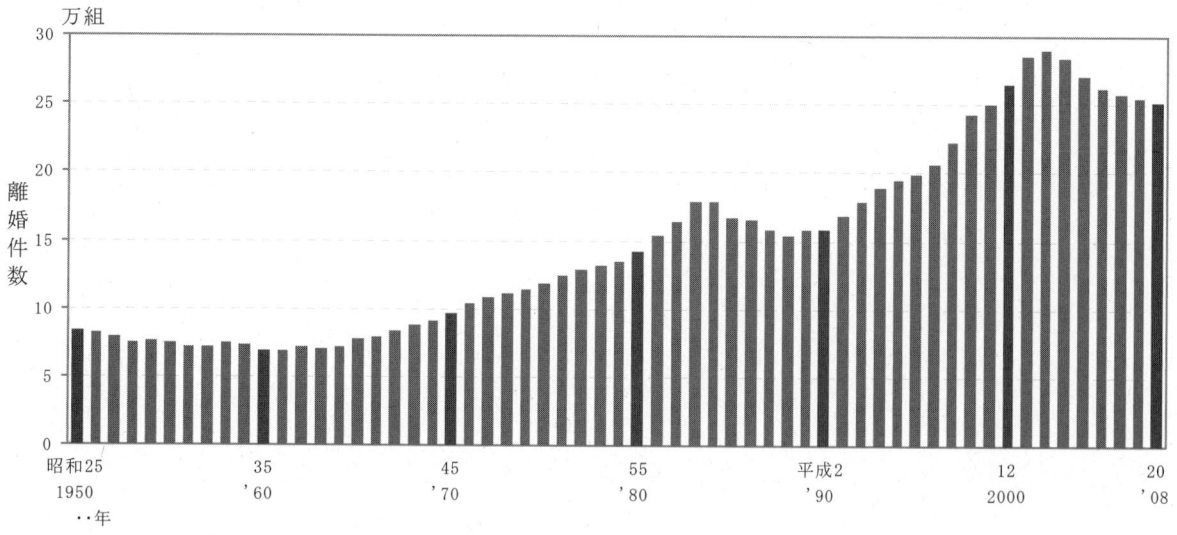

図1　離婚件数の年次推移　－昭和25～平成20年－

(2) 各届出年に同居をやめ届け出た離婚件数の割合の年次推移

昭和25年以降の各届出年に同居をやめ届け出た離婚件数（同年別居離婚件数）の離婚件数全体に占める割合の年次推移をみると、25年の61.5%から35年の53.1%までは減少傾向で推移していたが、その後増加傾向に転じ、平成13年に74.9%となった。平成14年以降は再び若干の減少傾向となり、20年には73.0%となっている。（図2）

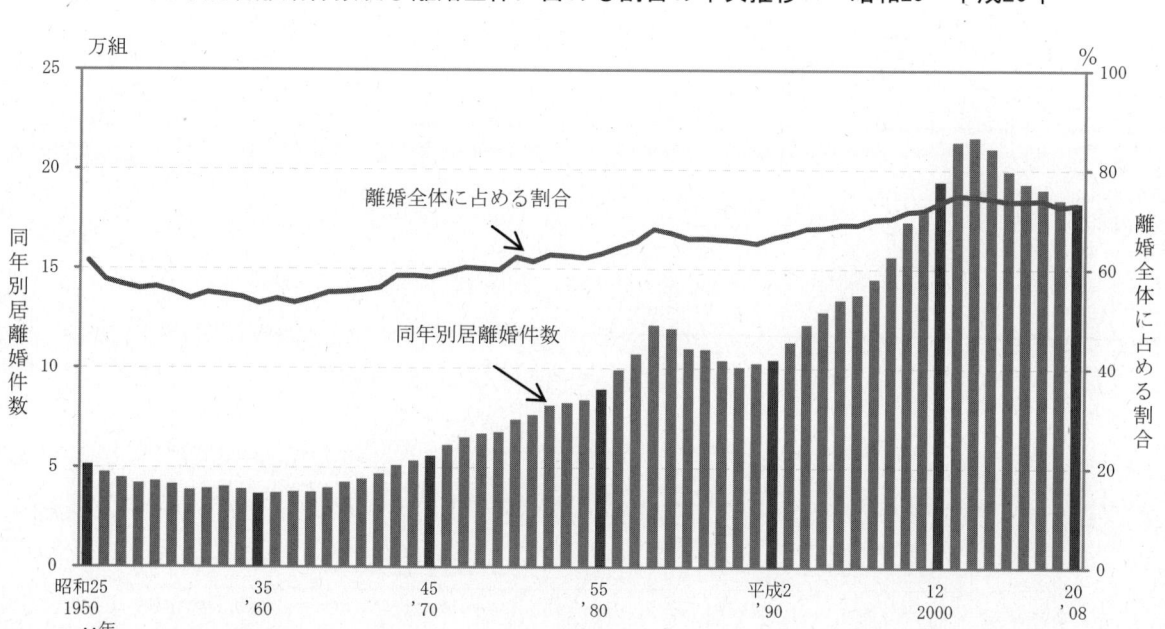

図2　同年別居離婚件数及び離婚全体に占める割合の年次推移　－昭和25～平成20年－

(3) 同年別居の年齢階級別離婚率及び有配偶離婚率の年次推移

昭和25年以降の同年別居について同居をやめたときの59歳までの年齢階級別離婚率（人口千対）の年次推移を5年ごとにみると、夫妻ともにどの年齢階級も上昇傾向で推移している。夫は昭和55年以降30～34歳が最も高くなっており、妻は平成12年までは25～29歳までが最も高かったが、17年には30～34歳が最も高くなっている。（図3－1）

図3－1　夫妻の同居をやめたときの59歳までの年齢（5歳階級）別にみた
　　　　　離婚率（人口千対、同年別居）の年次推移　－昭和25～平成17年－

夫

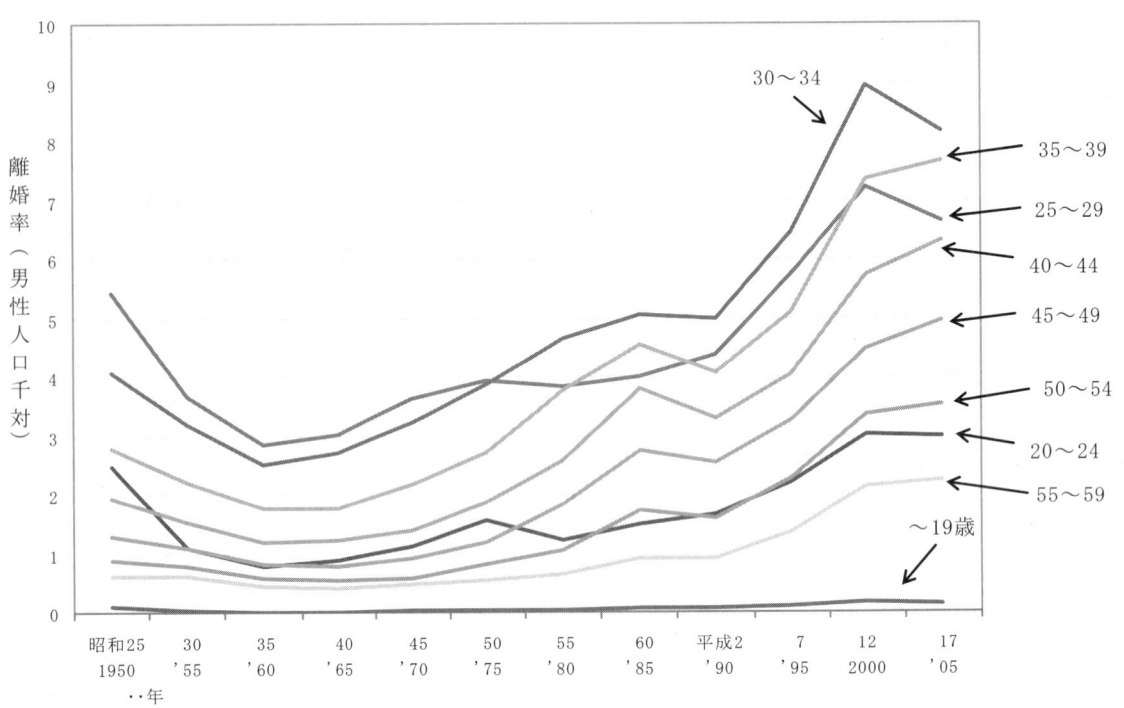

注：19歳以下の離婚率算出に用いた人口は15～19歳の人口である。

妻

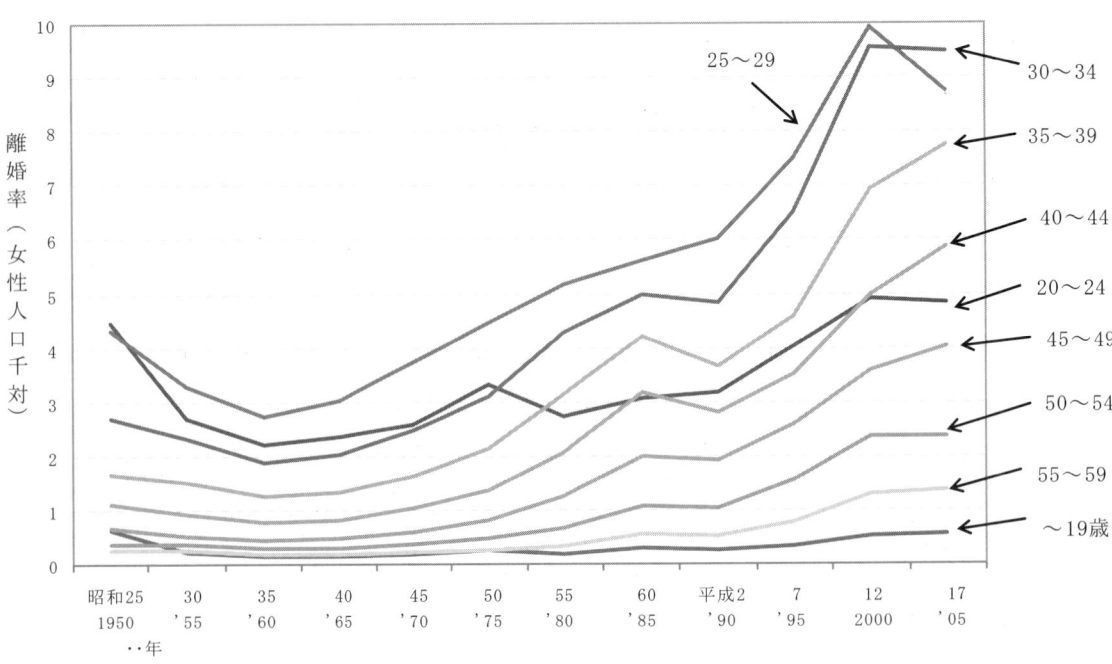

注：19歳以下の離婚率算出に用いた人口は15～19歳の人口である。

昭和25年以降の同年別居について同居をやめたときの59歳までの年齢階級別有配偶離婚率の年次推移についても、夫妻ともにどの年齢階級も上昇傾向で推移している。夫は、19歳以下と20～24歳が交互に最も高くなっており、妻は19歳以下が最も高くなっている。（図３－２）

図３－２　夫妻の同居をやめたときの59歳までの年齢（５歳階級）別にみた
　　　　　有配偶離婚率（有配偶人口千対、同年別居）の年次推移　－昭和25～平成17年－

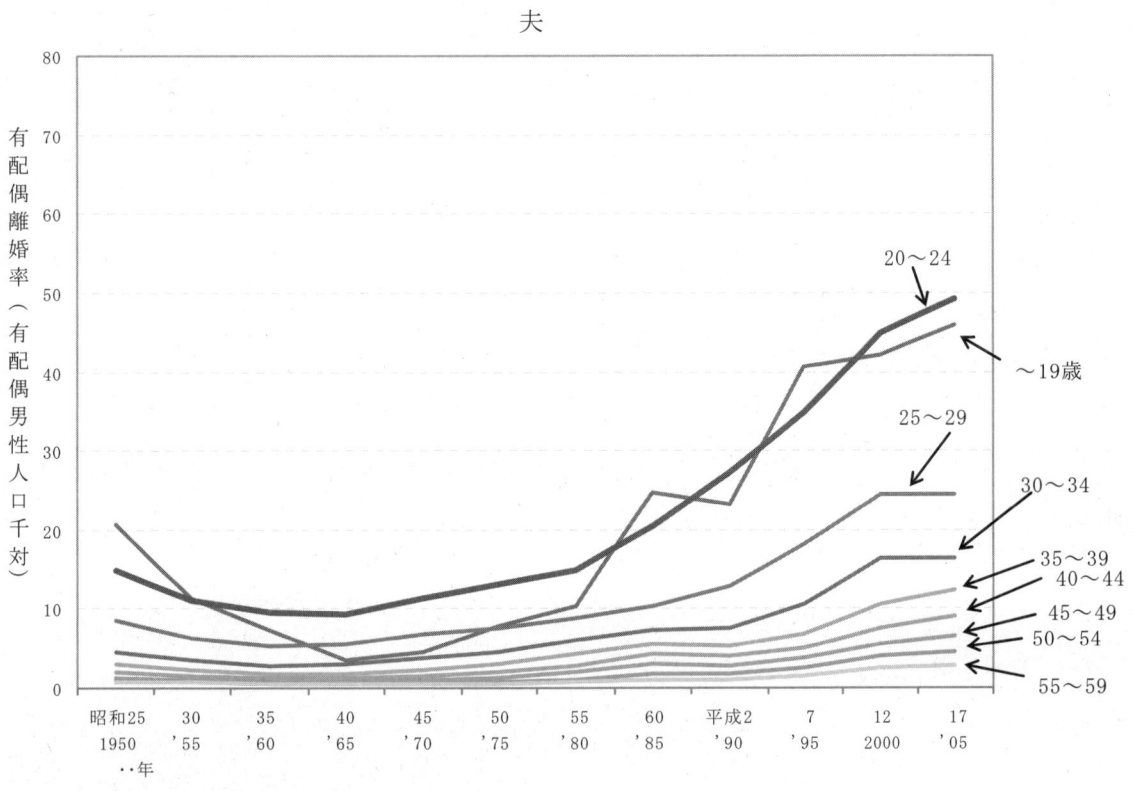

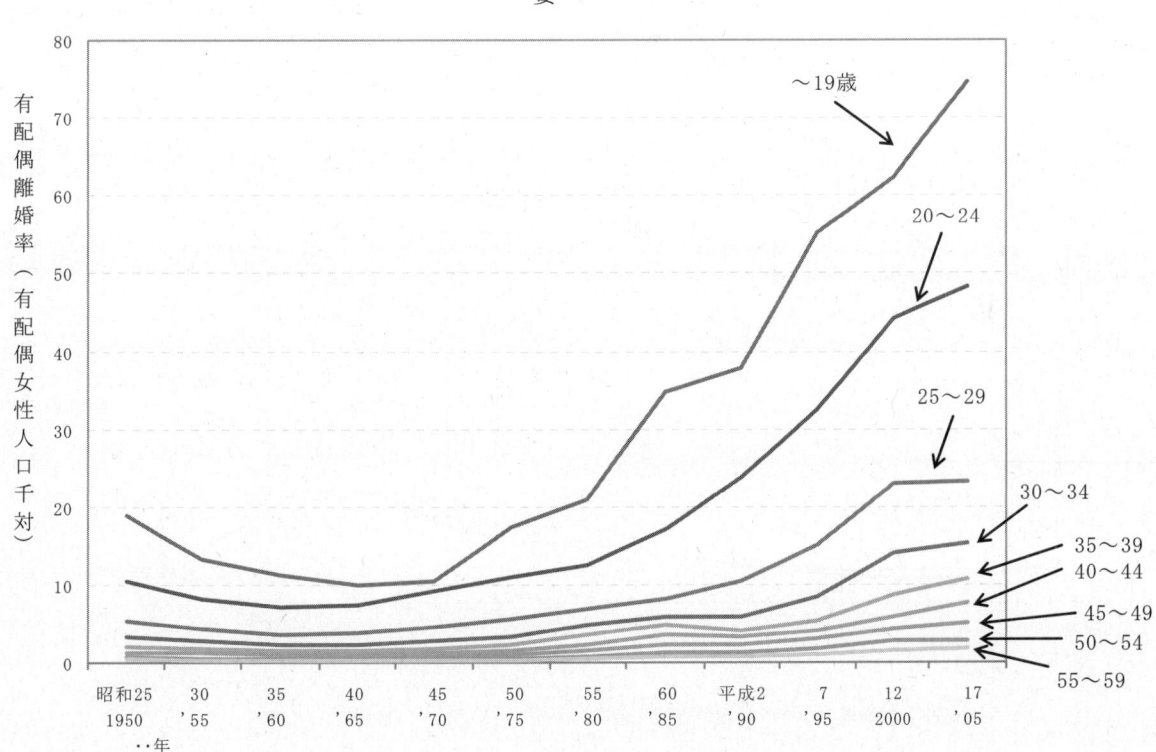

(4) 同年同居の年齢別婚姻率の合計及び同年別居の年齢別離婚率の合計の年次推移

昭和25年以降の同年同居の婚姻及び同年別居の離婚について男女別の59歳までの年齢別婚姻率及び年齢別離婚率の合計の年次推移を５年ごとにみると、昭和55年以降は男女ともに年齢別婚姻率の合計は低下傾向なのに対し、年齢別離婚率の合計は上昇傾向となっている。また、年齢別離婚率の合計と年齢別婚姻率の合計の比の年次推移をみると、男女ともに昭和45年以降上昇傾向にあり、平成17年は0.3となっている。（図４）

図４　男女別の59歳までの年齢別婚姻率（同年同居）・離婚率（同年別居）の合計の年次推移　－昭和25～平成17年－

男性

注：年齢別婚姻率・離婚率の合計は５歳階級別婚姻率・離婚率を５倍して合計した。

女性

注：年齢別婚姻率・離婚率の合計は５歳階級別婚姻率・離婚率を５倍して合計した。

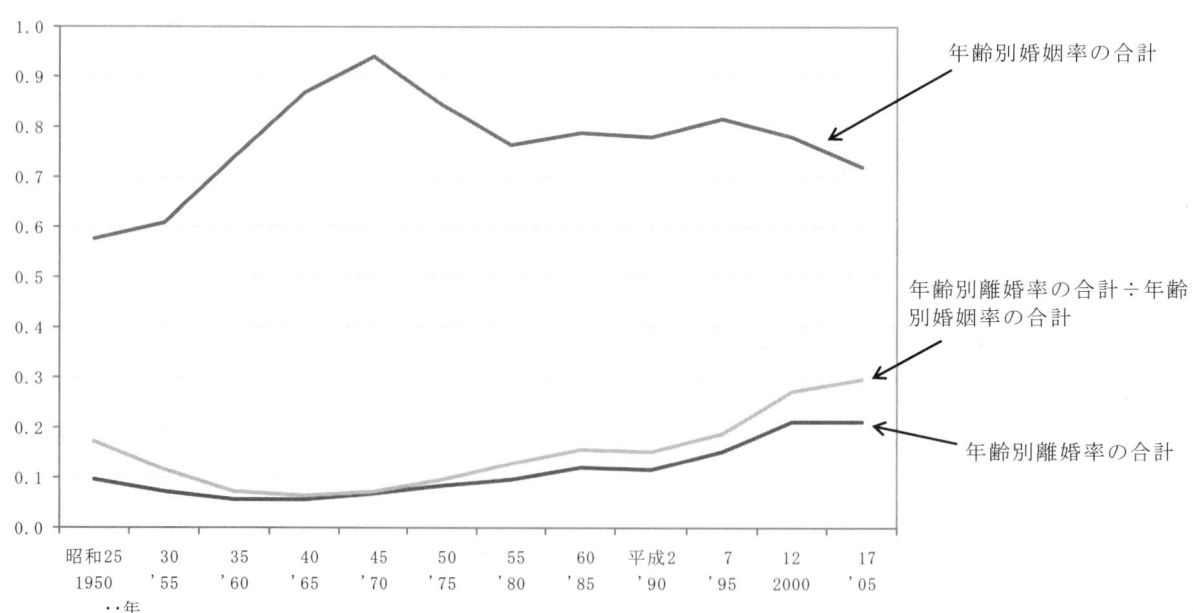

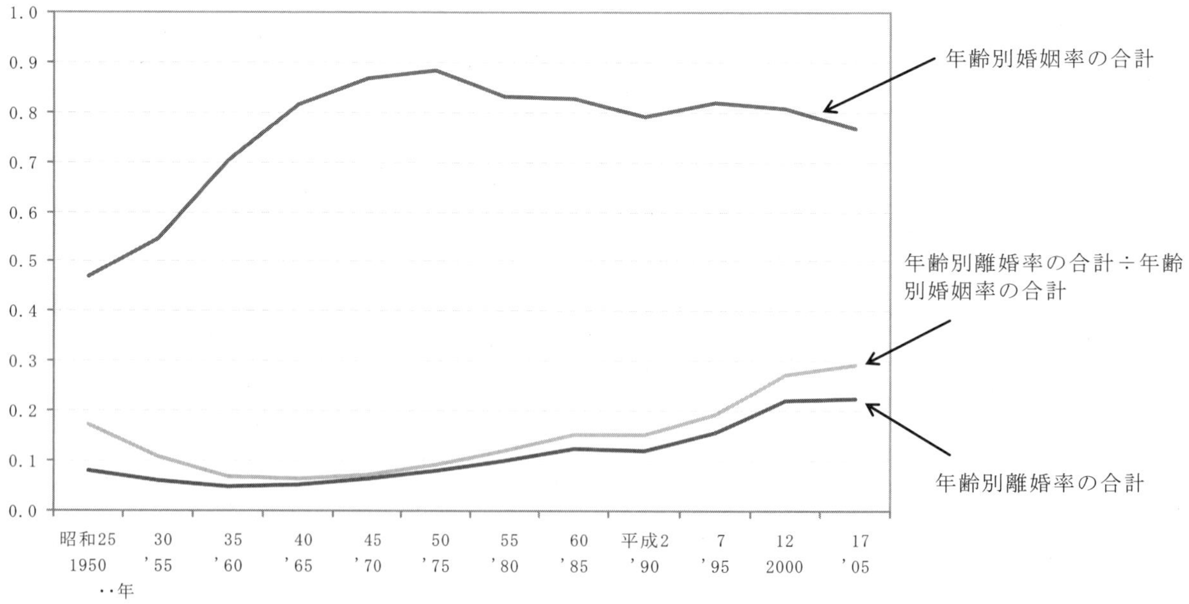

(5) 同年別居離婚件数の対前年増減の分析

　平成8年以降の同年別居離婚件数の対前年増減を離婚率変化の影響と年齢構成の変化の影響に分けて分析する。なお、年齢構成及び離婚率は5歳階級でみることとする。この結果をみると、平成19年までは離婚率変化の影響の方が影響は大きいが、20年は年齢構成の変化の影響の方が影響は大きくなっている。（図5、表1）

> 「離婚率変化の影響」は、AとBの差として評価（離婚率だけが異なっている）
> 「年齢構成の変化の影響」は、BとCの差として評価（年齢構成だけが異なっている）
> A　当年の実績の同年別居離婚件数
> 　　（年齢構成：当年、離婚率：当年）
> B　離婚率が前年の実績で年齢構成が当年の実績と仮定したときの同年別居離婚件数
> 　　（年齢構成：当年、離婚率：<u>前年</u>）
> C　前年の実績の同年別居離婚件数
> 　　（年齢構成：<u>前年</u>、離婚率：前年）

図5　同年別居離婚件数の対前年増減の年次推移　－平成8～20年－

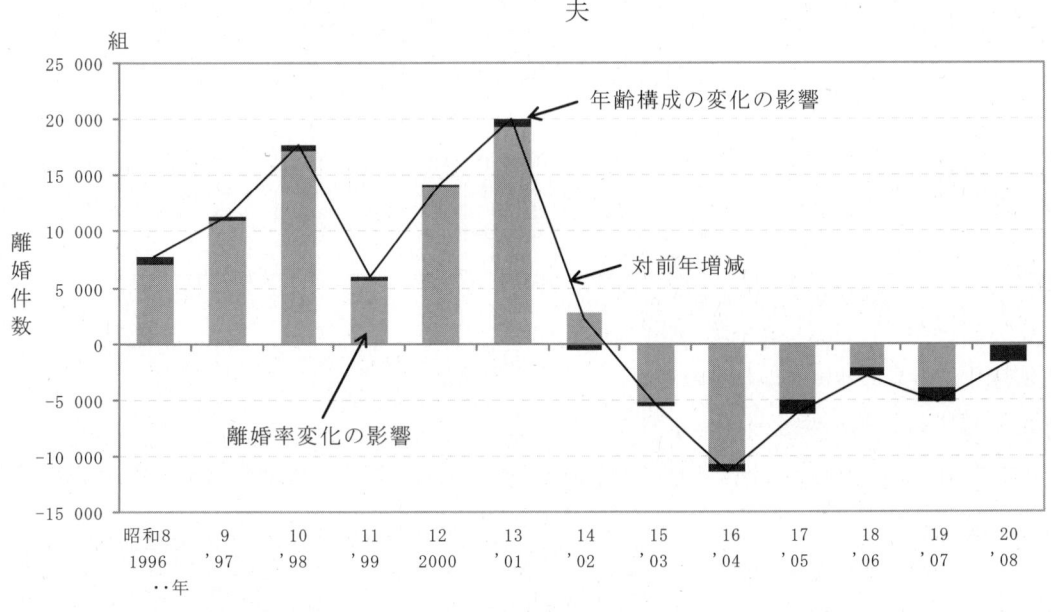

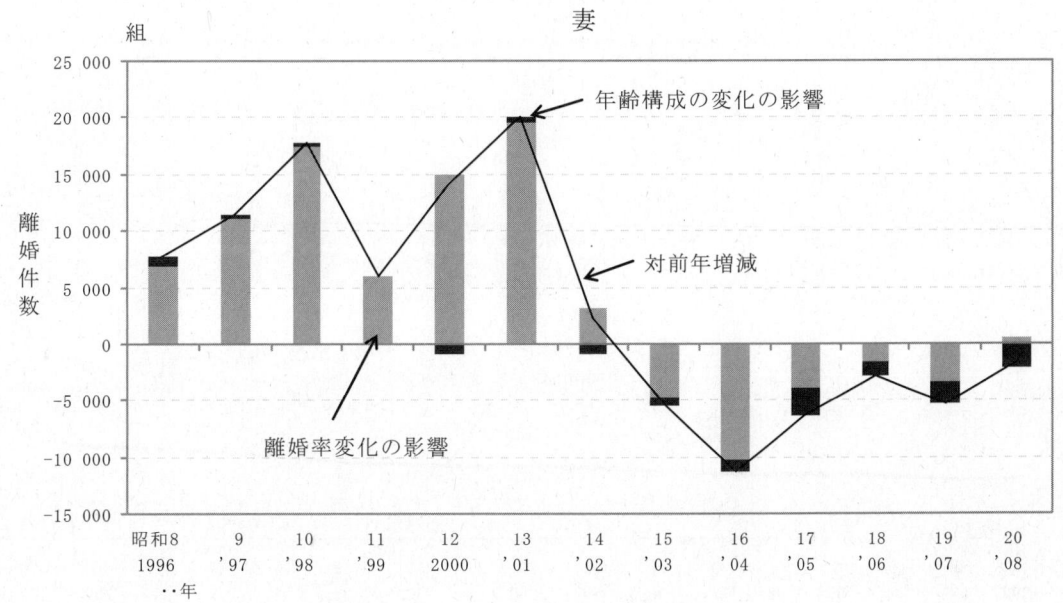

表1　同年別居離婚件数の対前年増減の年次推移の分析　－平成7～20年－

(組)

年次		離婚件数 ①	同年別居件数 ②	対前年増減 ③	年齢階級別離婚率が前年実績とした場合の離婚件数 ④	離婚率変化の影響 ⑤=②-④	年齢構成の変化の影響 ⑥=③-⑤
\multicolumn{8}{c}{夫}
1995	平成7年	199 016	137 209	…	…	…	…
1996	8	206 955	144 990	7 781	137 981	7 009	772
1997	9	222 635	156 334	11 344	145 440	10 894	450
1998	10	243 183	174 043	17 709	156 822	17 221	488
1999	11	250 529	180 043	6 000	174 385	5 658	342
2000	12	264 246	194 122	14 079	180 163	13 959	120
2001	13	285 911	214 142	20 020	194 788	19 354	666
2002	14	289 836	216 378	2 236	213 530	2 848	△ 612
2003	15	283 854	210 838	△ 5 540	216 027	△ 5 189	△ 351
2004	16	270 804	199 458	△ 11 380	210 167	△ 10 709	△ 671
2005	17	261 917	193 137	△ 6 321	198 173	△ 5 036	△ 1 285
2006	18	257 475	190 239	△ 2 898	192 488	△ 2 249	△ 649
2007	19	254 832	185 005	△ 5 234	188 919	△ 3 914	△ 1 320
2008	20	251 136	183 377	△ 1 628	183 556	△ 179	△ 1 449
\multicolumn{8}{c}{妻}
1995	平成7年	199 016	137 209	…	…	…	…
1996	8	206 955	144 990	7 781	138 109	6 881	900
1997	9	222 635	156 334	11 344	145 221	11 113	231
1998	10	243 183	174 043	17 709	156 639	17 404	305
1999	11	250 529	180 043	6 000	174 103	5 940	60
2000	12	264 246	194 122	14 079	179 200	14 922	△ 843
2001	13	285 911	214 142	20 020	194 545	19 597	423
2002	14	289 836	216 378	2 236	213 251	3 127	△ 891
2003	15	283 854	210 838	△ 5 540	215 530	△ 4 692	△ 848
2004	16	270 804	199 458	△ 11 380	209 642	△ 10 184	△ 1 196
2005	17	261 917	193 137	△ 6 321	197 105	△ 3 968	△ 2 353
2006	18	257 475	190 239	△ 2 898	191 911	△ 1 672	△ 1 226
2007	19	254 832	185 005	△ 5 234	188 302	△ 3 297	△ 1 937
2008	20	251 136	183 377	△ 1 628	182 936	441	△ 2 069

注：④においては、年齢構成及び離婚率は5歳階級で計算した。

(6) 離婚件数に占める外国人の割合の年次推移

平成4年以降の離婚件数のうち外国人の占める割合をみると、夫では4年の0.9％から20年の1.4％まで一貫して増加し、妻は4年の3.4％から一度減少したものの増加に転じ、20年は6.0％となっている（図6）。

図6　離婚全体に占める外国人の割合の年次推移　－平成4～20年－

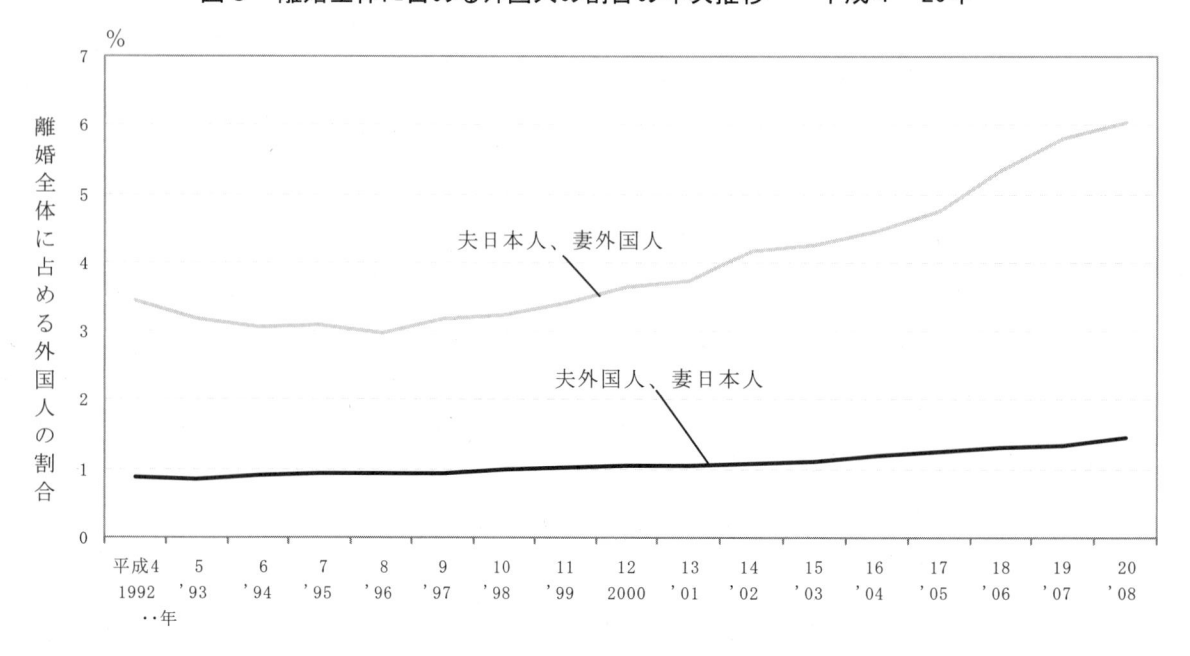

(7) 離婚の種類別にみた離婚の年次推移

昭和25年以降の離婚の種類別構成割合の年次推移をみると、協議離婚の割合は25年の95.5％から37年の90.7％まで低下している。それ以降は90％前後で推移していたが、平成15年以降低下し、20年は87.8％となっている。一方、平成16年からできた和解離婚は毎年上昇している。（図7）

都道府県別に平成20年の協議離婚の割合をみると、最も高いのは沖縄で92.0％となっており、次いで大阪、高知の順となっている。一方、最も低いのは山形で81.4％となっており、次いで島根、石川の順となっている。（表2）

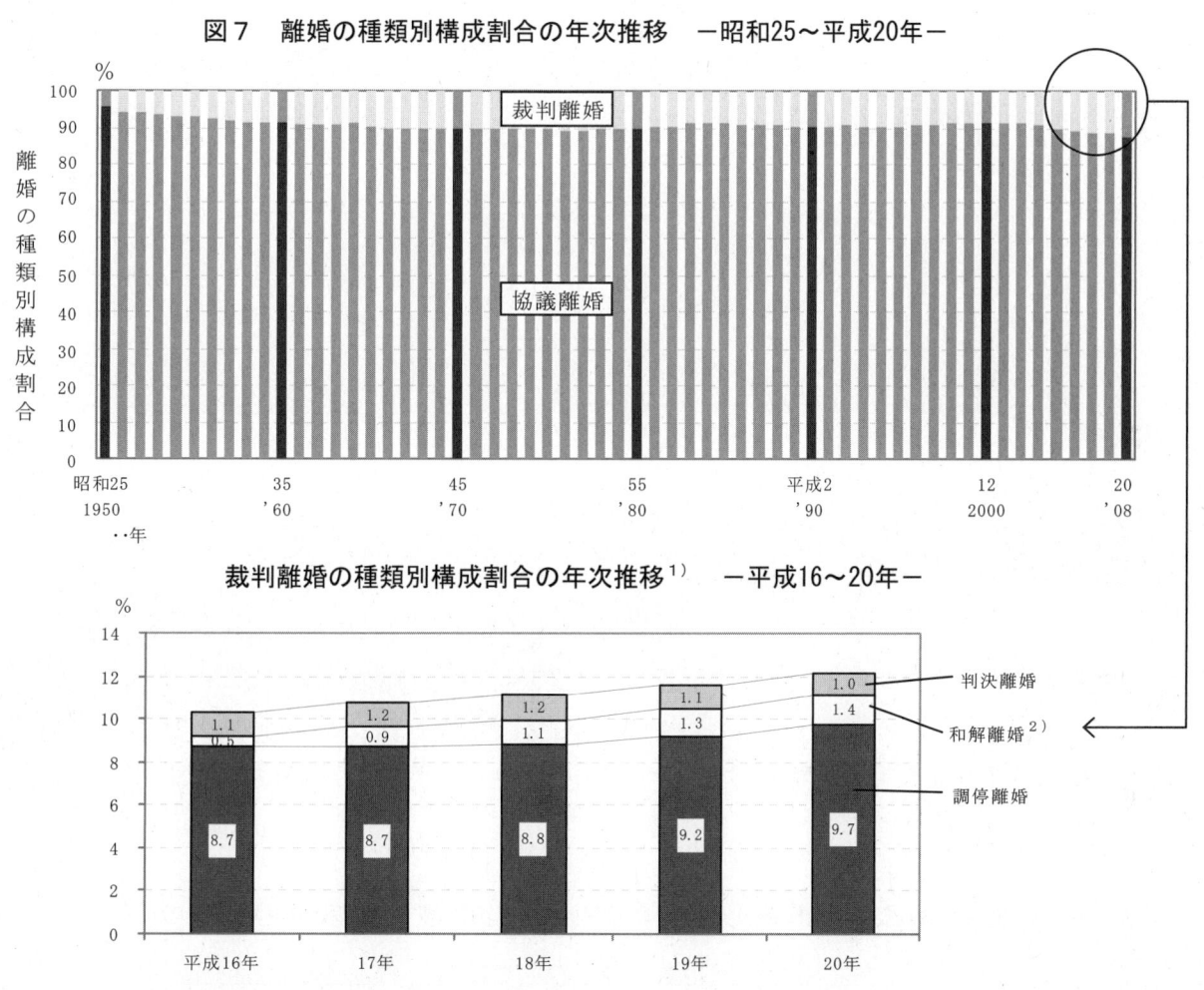

図7　離婚の種類別構成割合の年次推移　－昭和25～平成20年－

裁判離婚の種類別構成割合の年次推移[1]　－平成16～20年－

注：1）審判離婚と認諾離婚は割合が少ないため表示されていない。
　　2）平成16年の和解離婚は4月からの数値である。

表2　都道府県別協議離婚の割合の年次比較　－平成7・12・17・20年－

	平成7年 (1995)		平成12年 (2000)		平成17年 (2005)		平成20年 (2008)	
	都道府県	協議離婚の割合(%)	都道府県	協議離婚の割合(%)	都道府県	協議離婚の割合(%)	都道府県	協議離婚の割合(%)
協議離婚の割合の高率県	沖　　縄	95.0	沖　　縄	95.5	沖　　縄	93.5	沖　　縄	92.0
	大　　阪	93.1	大　　阪	94.3	大　　阪	91.5	大　　阪	90.3
	東　　京	92.5	福　　岡	92.9	高　　知	91.2	高　　知	89.9
	福　　岡	92.1	兵　　庫	92.9	鹿児島	91.0	青　　森	89.8
	兵　　庫	92.0	広　　島	92.7	徳　　島	90.7	福　　岡	89.6
協議離婚の割合の低率県	山　　形	80.3	山　　形	85.1	山　　形	82.5	山　　形	81.4
	石　　川	82.2	岩　　手	85.5	石　　川	84.0	島　　根	83.7
	岩　　手	82.5	石　　川	85.6	富　　山	85.1	石　　川	84.1
	秋　　田	83.8	秋　　田	86.4	長　　野	85.7	長　　野	84.1
	長　　野	83.9	長　　野	86.8	新　　潟	85.8	新　　潟	84.1

注：割合が同率の場合は小数第2位以下をみている。

(8) 同居をやめたときの世帯の主な仕事別にみた離婚の年次推移

平成7年以降の同居をやめたときの世帯の主な仕事別にみた離婚件数の年次推移をみると、どの仕事も13年又は14年をピークとして増加傾向から減少傾向に転じている。平成14年から20年の減少数をみると、勤労者Ⅰが1万5千組、自営業が1万組の順となっている。（図8）

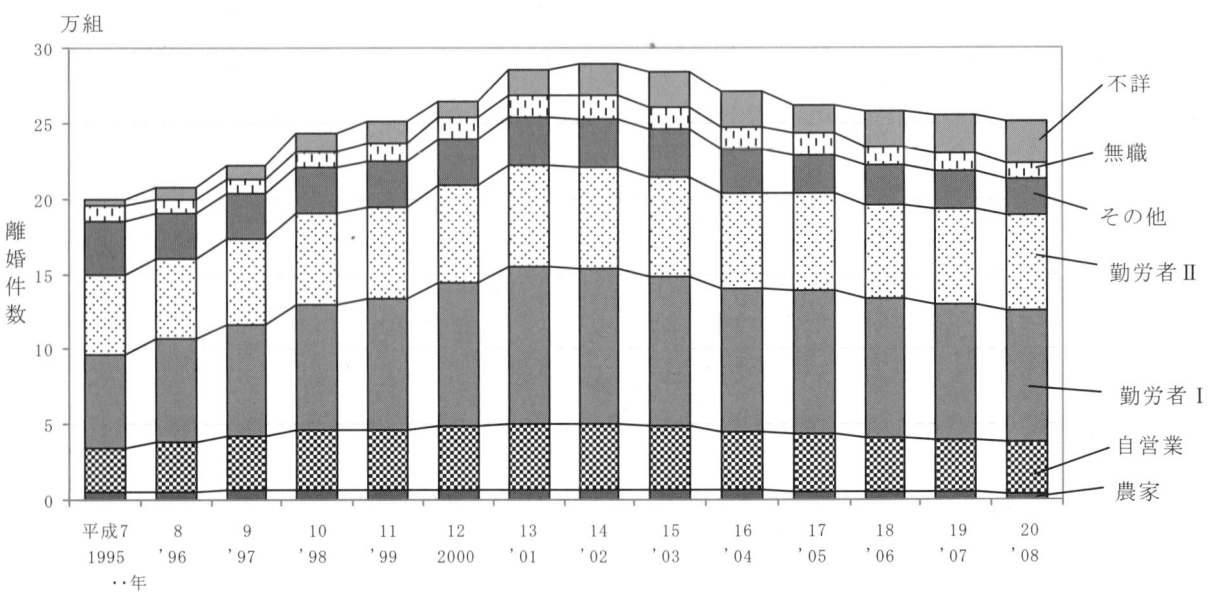

図8　同居をやめたときの世帯の主な仕事別にみた離婚件数の年次推移　－平成7～20年－

(9) 同居期間別にみた離婚の年次推移

昭和25年以降の離婚の同居期間別構成割合の年次推移をみると、同居期間が5年未満の割合は、昭和25年から低下傾向にあり、昭和58年の32.2％まで低下した後、上昇傾向に転じたが、平成8・9年の40.1％をピークに再び低下傾向となっている。一方、同居期間が20年以上の割合は、平成11年まで上昇傾向にあり、その後、若干増減し、平成20年には16.5％となっている。（図9）

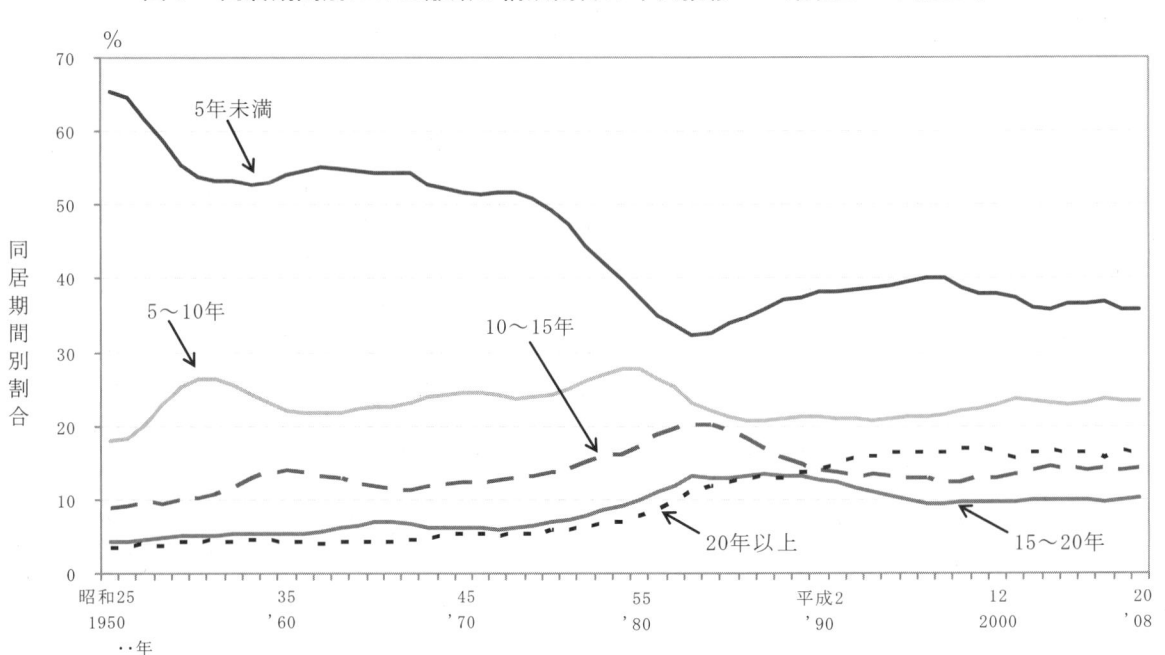

図9　同居期間別にみた離婚の構成割合の年次推移　－昭和25～平成20年－

2 平成20年の詳細分析

(1) 届出月別にみた離婚

月別の離婚件数をみると、最も多いのは3月となっており、その割合は10.3％となっている。親権を行わなければならない子の有無別にみると、親権を行わなければならない子ありが10.9％、親権を行わなければならない子なしが9.5％となっている。夫妻の国籍別にみると、夫妻とも日本が10.4％、夫日本・妻外国が9.0％、夫外国・妻日本が8.8％となっている。（表3）

表3　親権を行わなければならない子の有無別及び夫妻の国籍別にみた届出月別離婚件数及び構成割合　－平成20年－

届出月	総数	親権を行わなければならない子の有無		夫妻の国籍		
		子どもあり	子どもなし	夫妻とも日本	夫日本・妻外国	夫外国・妻日本
離婚件数（組）						
総数	251 136	143 834	107 302	232 362	15 135	3 639
1月	20 217	11 710	8 507	18 745	1 176	296
2月	20 600	11 991	8 609	19 113	1 192	295
3月	25 888	15 706	10 182	24 209	1 358	321
4月	22 413	13 010	9 403	20 757	1 350	306
5月	20 212	11 416	8 796	18 645	1 270	297
6月	20 457	11 533	8 924	18 851	1 283	323
7月	20 857	11 889	8 968	19 224	1 307	326
8月	19 218	10 698	8 520	17 731	1 222	265
9月	20 698	11 794	8 904	19 075	1 314	309
10月	21 583	12 136	9 447	19 953	1 325	305
11月	17 567	9 981	7 586	16 190	1 104	273
12月	21 426	11 970	9 456	19 869	1 234	323
構成割合（％）						
総数	100.0	100.0	100.0	100.0	100.0	100.0
1月	8.1	8.1	7.9	8.1	7.8	8.1
2月	8.2	8.3	8.0	8.2	7.9	8.1
3月	10.3	10.9	9.5	10.4	9.0	8.8
4月	8.9	9.0	8.8	8.9	8.9	8.4
5月	8.0	7.9	8.2	8.0	8.4	8.2
6月	8.1	8.0	8.3	8.1	8.5	8.9
7月	8.3	8.3	8.4	8.3	8.6	9.0
8月	7.7	7.4	7.9	7.6	8.1	7.3
9月	8.2	8.2	8.3	8.2	8.7	8.5
10月	8.6	8.4	8.8	8.6	8.8	8.4
11月	7.0	6.9	7.1	7.0	7.3	7.5
12月	8.5	8.3	8.8	8.6	8.2	8.9

(2) 離婚の種類別にみた離婚

夫妻の国籍別に協議離婚と裁判離婚の構成割合をみると、協議離婚の割合は、夫妻とも日本が87.2％、夫日本・妻外国が95.6％、夫外国・妻日本が91.9％となっている。夫妻の届出時の年齢別にみると、夫では15～19歳で91.4％と高く、70～74歳で85.5％と低くなっている。妻では15～19歳で91.9％と高く、65～69歳で84.1％と低くなっている。（図10－1、10－2）

図10－1　夫妻の国籍別にみた離婚の種類別構成割合　－平成20年－

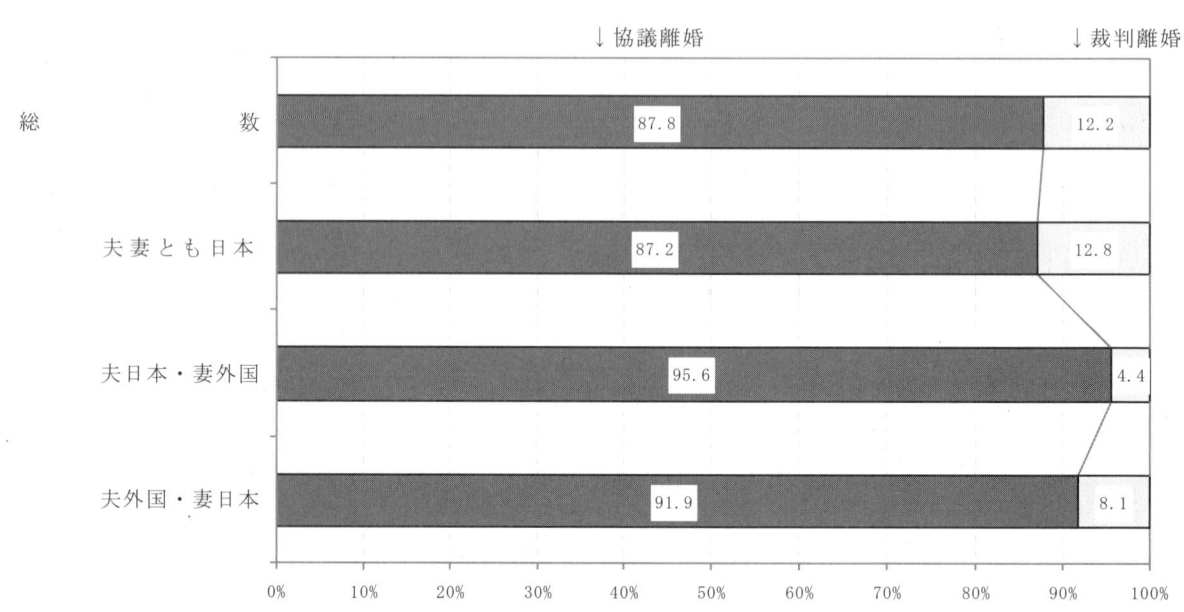

図10－2　夫妻の届出時年齢（5歳階級）別にみた離婚の種類別構成割合　－平成20年－

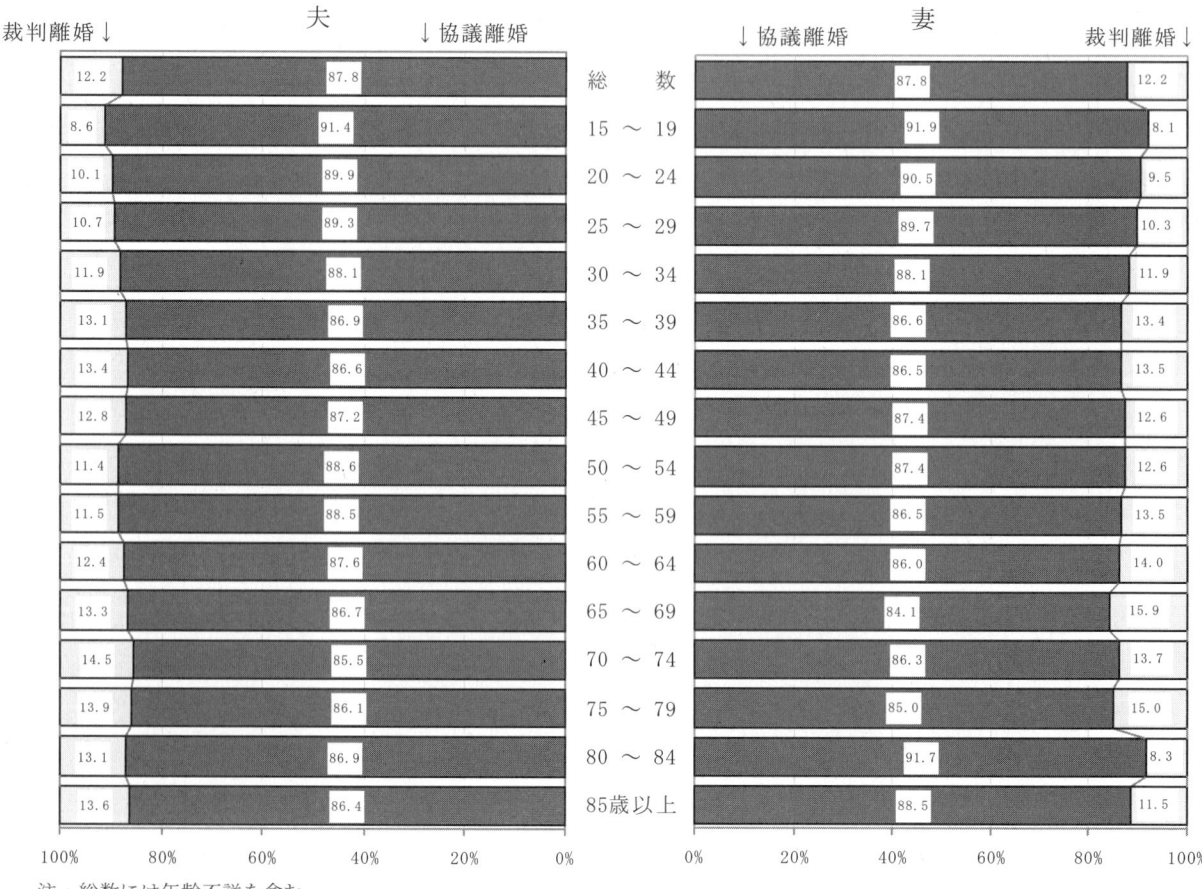

注：総数には年齢不詳を含む。

(3) 親権を行う者別にみた離婚

夫妻の届出時の年齢（５歳階級）別に親権を行う者別の離婚率をみると、親権を行わなければならない子がある離婚率は、夫妻ともに30～34歳が最も高くなっている。

夫が全児の親権を行う離婚率は、夫妻ともに40～44歳で最も高くなっている。一方、妻が全児の親権を行う離婚率は、夫妻ともに30～34歳で最も高くなっている。（図１１）

図１１　夫妻の届出時年齢（５歳階級）別にみた親権を行う者別離婚率（人口千対）
－平成20年－

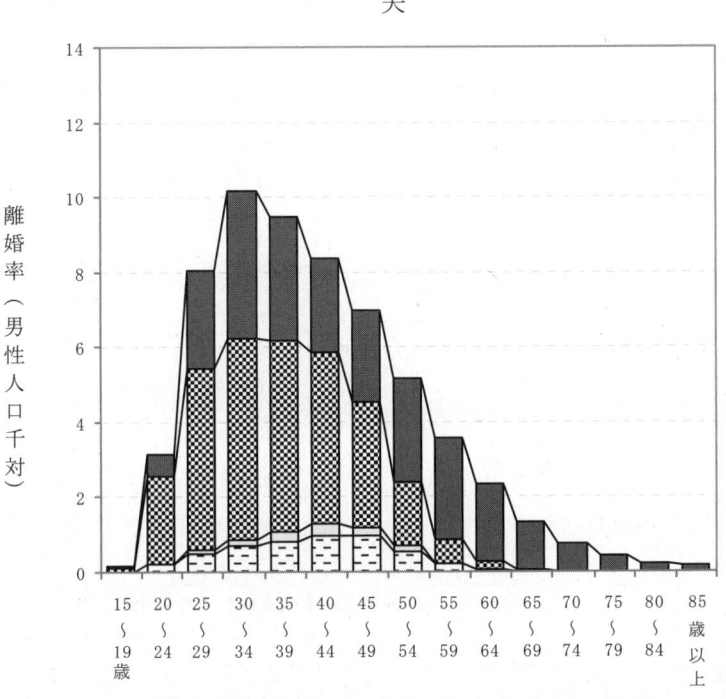

注：15～19歳の離婚率算出に用いた人口は15～19歳の人口である。

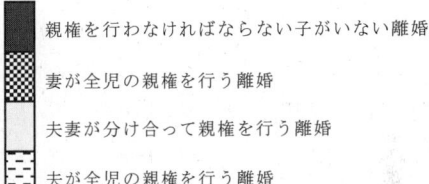

親権を行わなければならない子がいない離婚
妻が全児の親権を行う離婚
夫妻が分け合って親権を行う離婚
夫が全児の親権を行う離婚

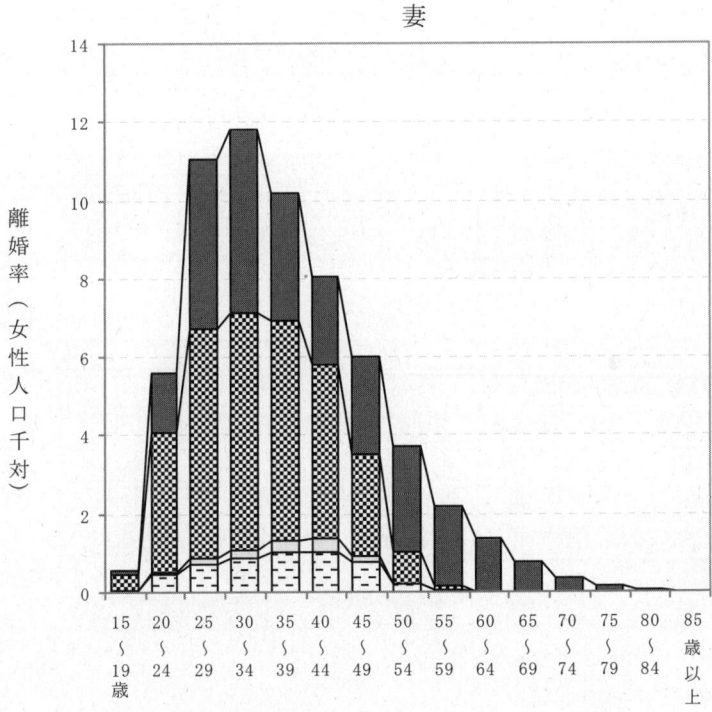

注：15～19歳の離婚率算出に用いた人口は15～19歳の人口である。

(4) 同居をやめたときから届出までの期間（別居期間）別にみた離婚

　　離婚の別居期間別構成割合のうち、別居期間が１年未満の割合をみると、82.5％となっている。離婚の種類別にみると、協議離婚が85.1％、裁判離婚が64.4％となっている。親権を行わなければならない子の有無別にみると、親権を行わなければならない子ありが84.1％、親権を行わなければならない子なしが80.5％となっている。同居をやめたときの世帯の主な仕事別にみると、農家が77.6％、自営業が79.4％、勤労者Ⅰが83.9％、勤労者Ⅱが81.2％、その他が83.2％、無職が82.3％となっている。夫妻の国籍別にみると、夫妻とも日本が82.5％、夫日本・妻外国が84.5％、夫外国・妻日本が80.2％となっている。同居期間別にみると、同居期間5年未満で84.5％、5年～10年で83.0％、10年～15年で80.9％、15年～20年で78.6％となっており、35年以上では82.5％となっている。（図１２－１）

図１２－１　同居をやめたときから届出までの期間（別居期間）別構成割合　－平成20年－

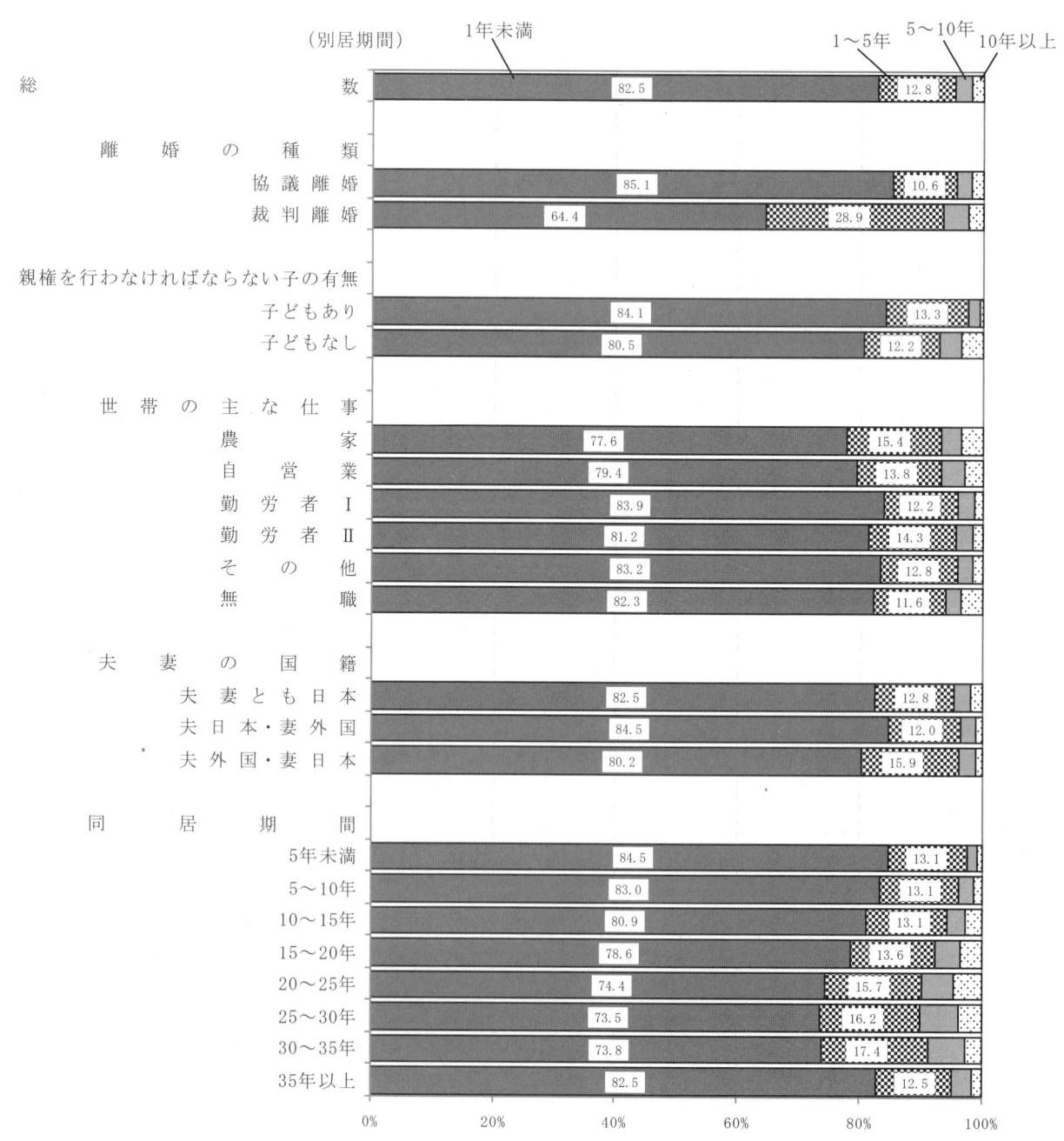

注：総数には世帯の主な仕事不詳及び同居期間不詳を含む。

夫妻の届出時の年齢別にみると、年齢が高くなるに従って別居期間が1年未満の割合が低くなる傾向がある（図12－2）。

図12－2　夫妻の届出時年齢（5歳階級）別にみた別居期間別構成割合　－平成20年－

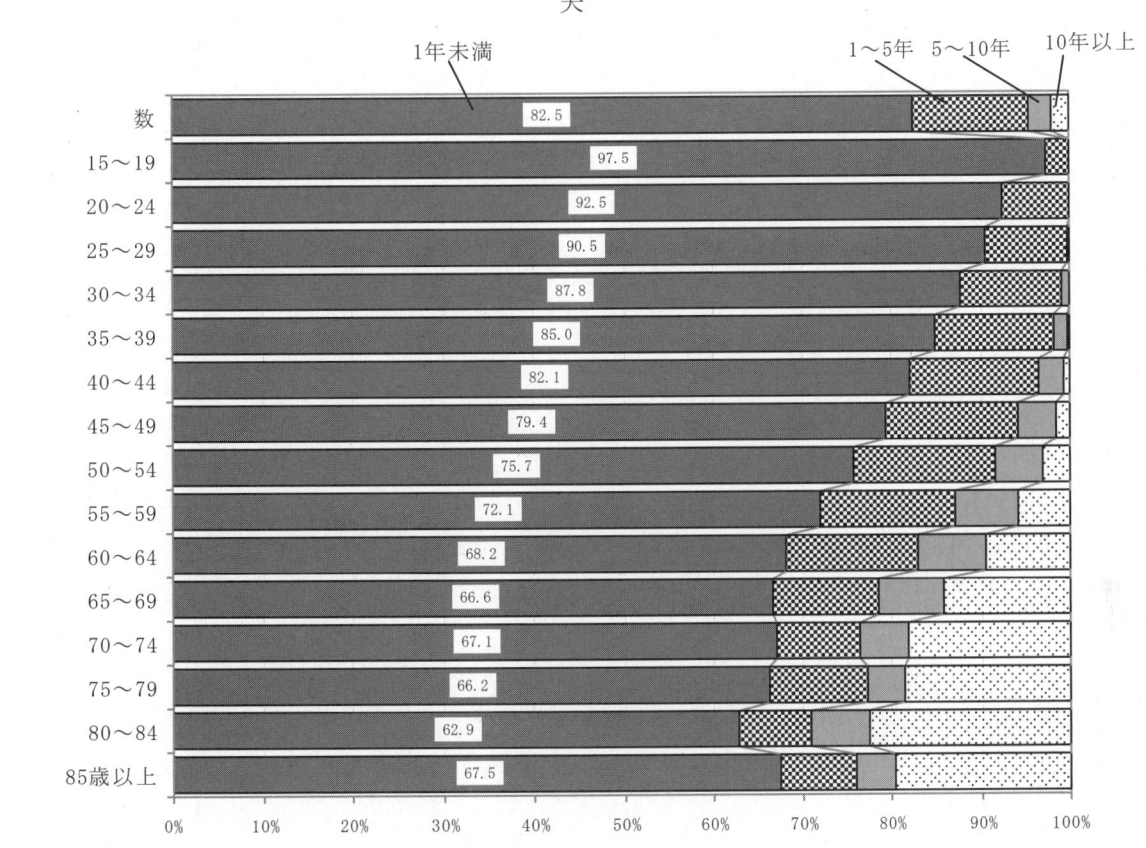

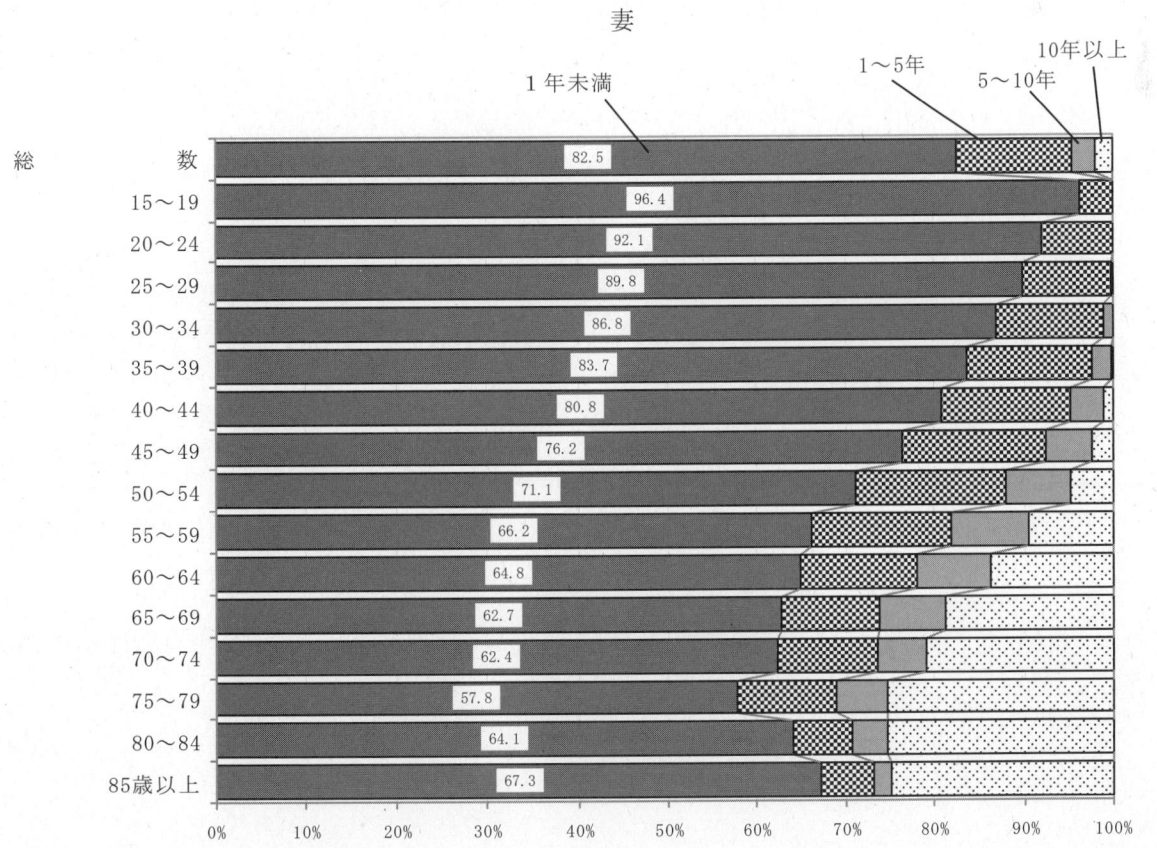

注：総数には年齢不詳を含む。

Part I   Description

About "Statistics on Divorces"

"Divorces" for FY2009 was prepared as a Specified Report of Vital Statistics by performing a time-series analysis and a new multi-faceted analysis on divorces of Japanese people that occurred in Japan, based on the Vital Statistics published each year.

The number of divorced Japanese husbands and wives recorded in the Vital Statistics of Japan includes that of foreigners who divorced their Japanese spouses.

This is the fourth issuance of "Statistics of Divorces", after 1984, 1990 and 1999.

Notes for Use

(1) Symbols used in tables

—	No data
△	Negative
...	Data not available or indication of data inappropriate
.	Category not applicable
0.00	Figure less than 0.005

(2) Figures indicated in tables are rounded, and therefore the sum of sub totals may not agree with the overall total.

1 Trends in divorces

(1) Trends in the number of divorces

The number of divorces since 1950 fluctuated between 69,000 and 84,000 until 1967, decreased from 1984 to 1988, after which it took an upturn, until 290,000 in 2002. The number started to decrease again in 2003, and stood at 251,000 in 2008. (Figure 1)

Figure 1. Trends in the number of divorces, 1950 - 2008

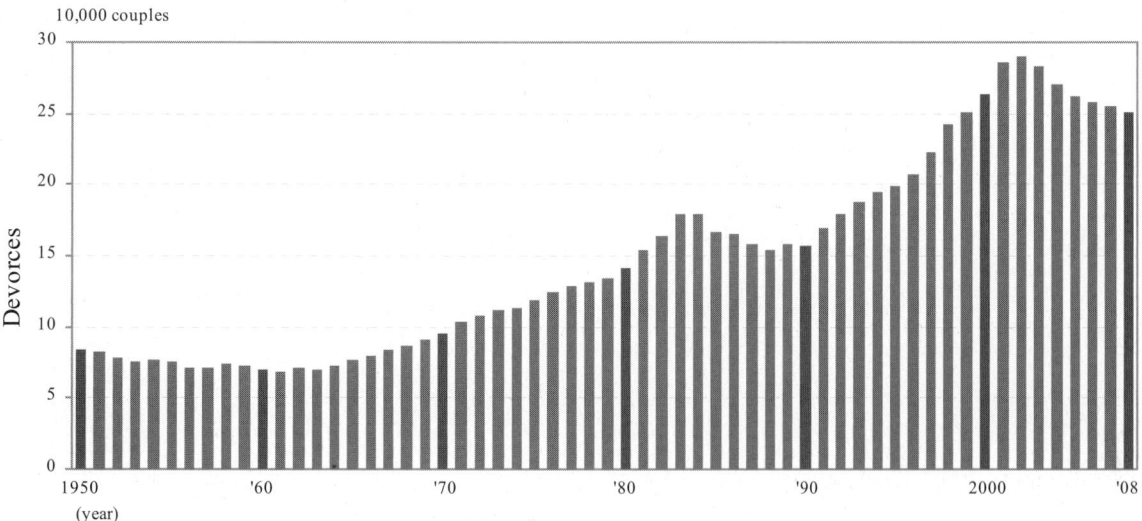

(2) Trends in the proportion of divorces separated and registered in each year of registration

The proportion of divorces separated and registered in each year of registration (divorces of couples who terminated cohabitation in the same year) in the overall number of divorces since 1950, decreased from 61.5% in 1950 to 53.1% in 1960, after which it increased to 74.9% in 2001. The number took another moderate downturn in 2002, to 73.0% in 2008. (Figure 2)

Figure 2. Trends in divorces of couples who terminated cohabitation in the same year and their proportion of the overall number of divorces, 1950 - 2008

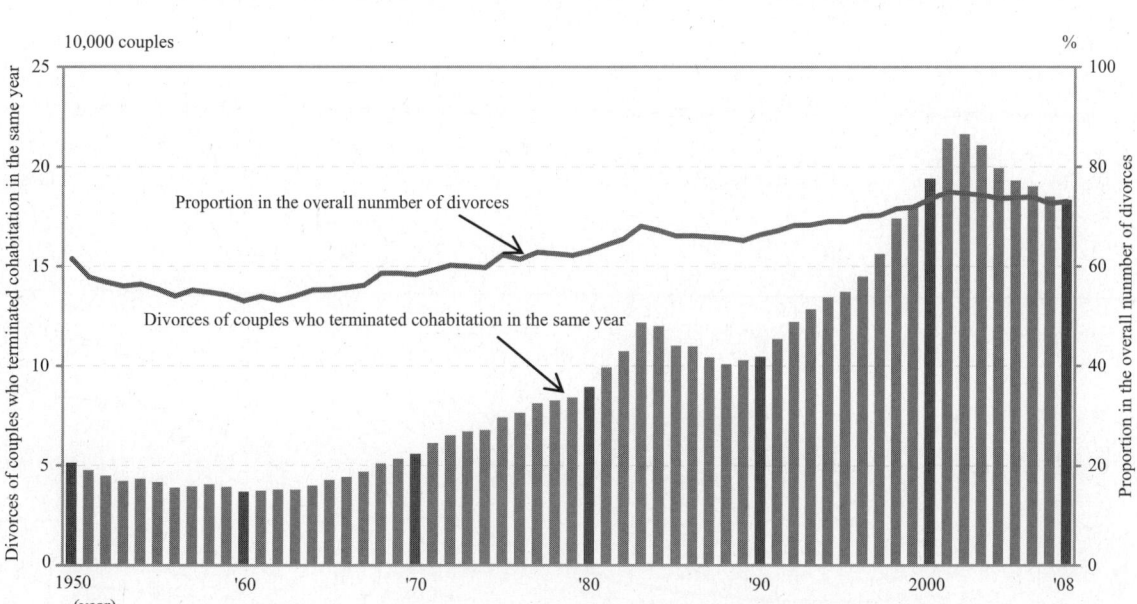

(3) Trends in divorce rates by age group and divorce rates for married population, in couples who terminated cohabitation in the same year

Trends by five years in divorce rates by age group (per 1,000 population) up to 59 years old, in couples who terminated cohabitation in the same year, have been upward since 1950, for both husbands and wives in all age groups. The rates have been the highest in 30 - 34 years old for husbands since 1980. The rates for wives were the highest in 25 - 29 years old until 2000, and in 30 - 34 years old in 2005. (Figure 3-1)

Figure 3-1. Trends in divorce rates by age (five- year age group) of husband and wife up to 59 years old at the time cohabitation terminated (per 1,000 population, terminated cohabitation in the same year), 1950 - 2005

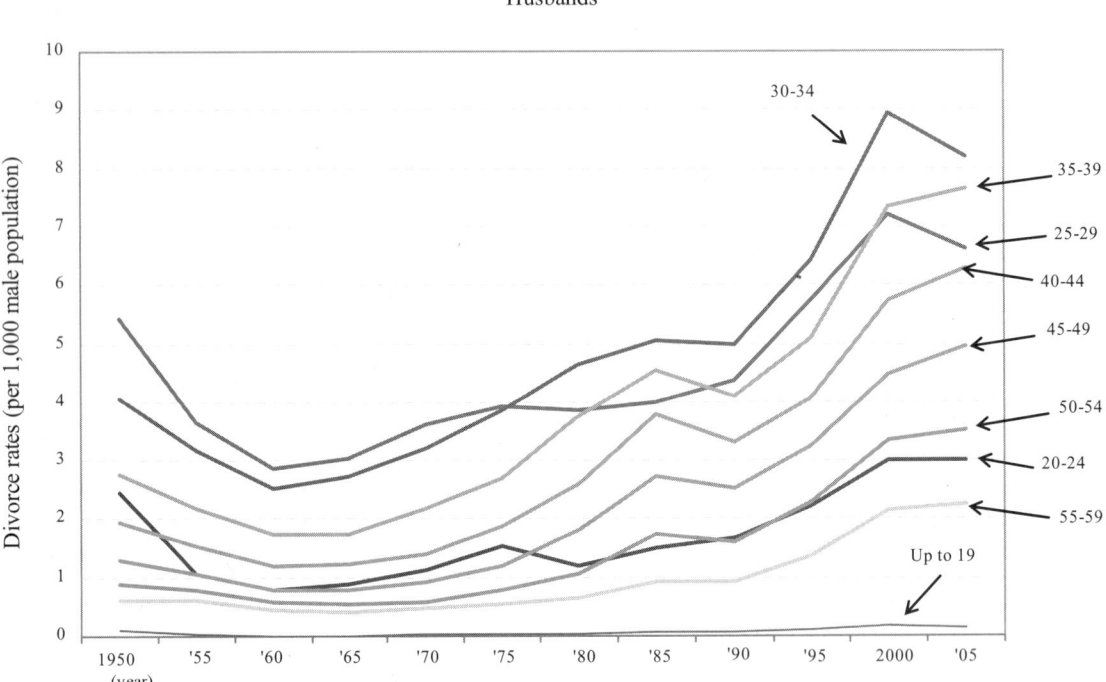

Note: The population used for the calculation of divorce rates for "Up to 19" was that for 15 to 19 years old.

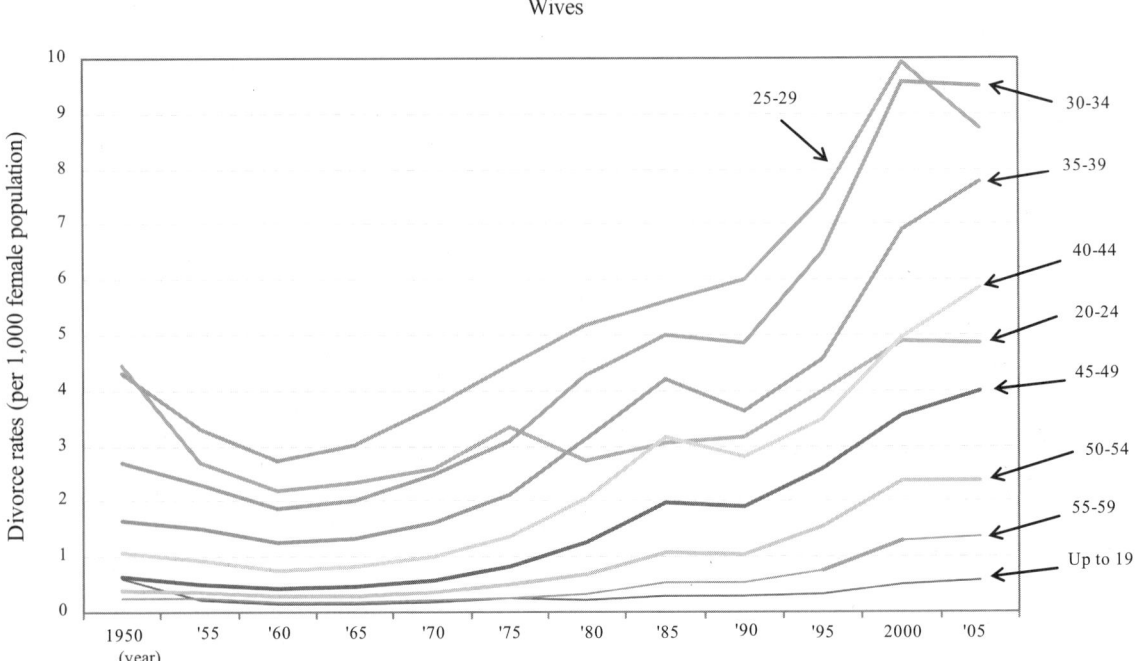

Note: The population used for the calculation of divorce rates for "Up to 19" was that for 15 to 19 years old.

Trends in divorce rates by age group for married population up to 59 years old when couples terminated cohabitation in the same year, have been upward since 1950, for both husbands and wives in all age groups. The rates have been the highest in up to 19 years old and in 20 - 24 years old in turn for husbands, and the highest in up to 19 years old for wives. (Figure 3-2)

Figure 3-2. Trends in divorce rates for married population by age (five-year age group) of husband and wife up to 59 years old at the time cohabitation terminated (per 1,000 married population, terminated cohabitation in the same year), 1950 - 2005

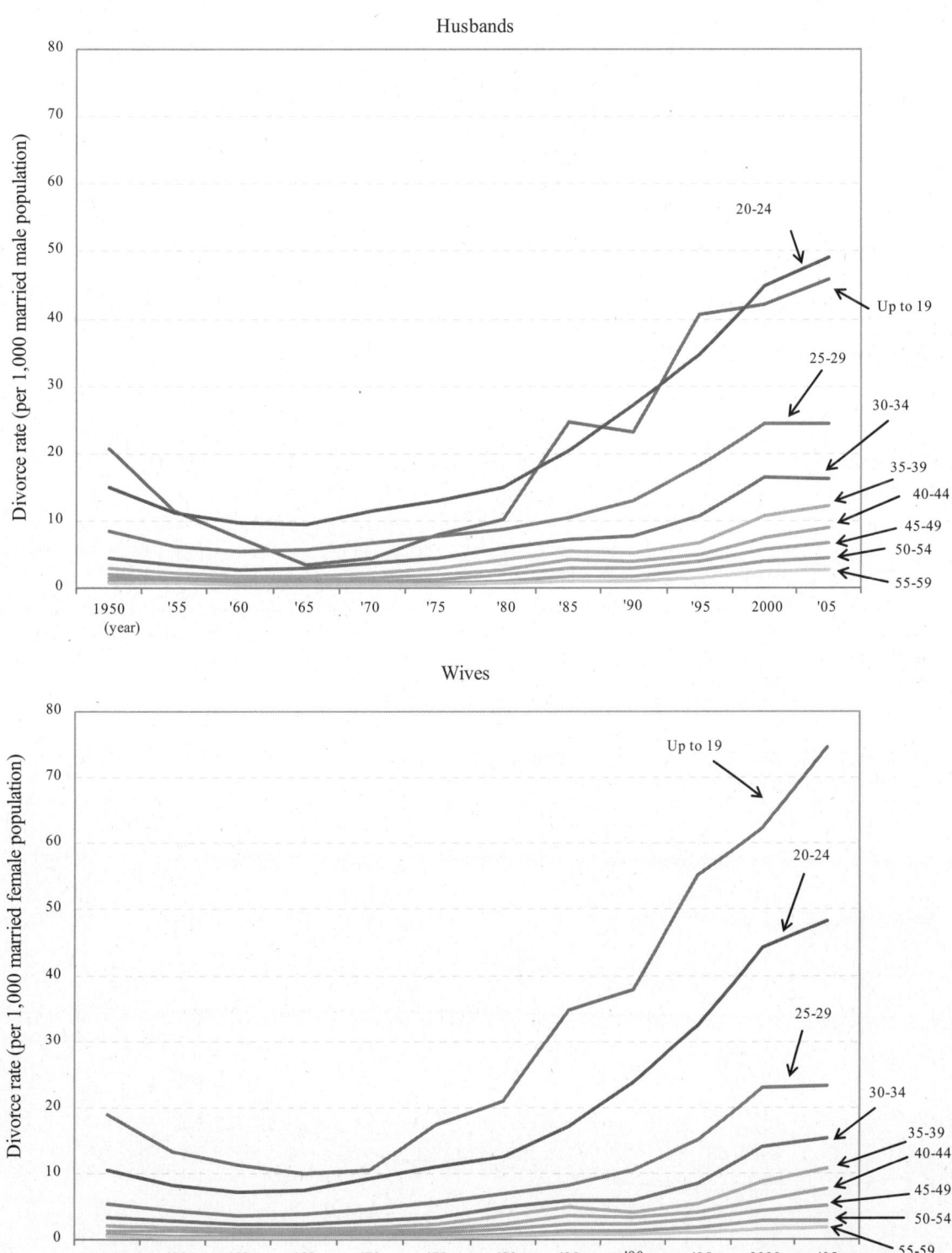

(4) Trends in the total of marriage rates by age of husband and wife who started cohabitation and divorce rates by age of them who terminated cohabitation in the same year

Statistics of trends since 1950 by five years in the total of marriage rates by age of husband and wife (up to 59) who started cohabitation in the same year and divorce rates by age of them who terminated cohabitation in the same year, indicate that the total of marriage rates by age has been declining since 1980, while the total of divorces by age has been rising, for both male and female. Trends in the proportion of the total of divorce rates by age and the total of marriage rates by age have been on the rise since 1970 for both male and female, to 0.3 in 2005. (Figure 4)

Figure 4. Male and female trends in the total of marriage rates by age (started cohabitation in the same year) and divorce rates by age up to 59 years old (terminated cohabitation in the same year), 1950 - 2005

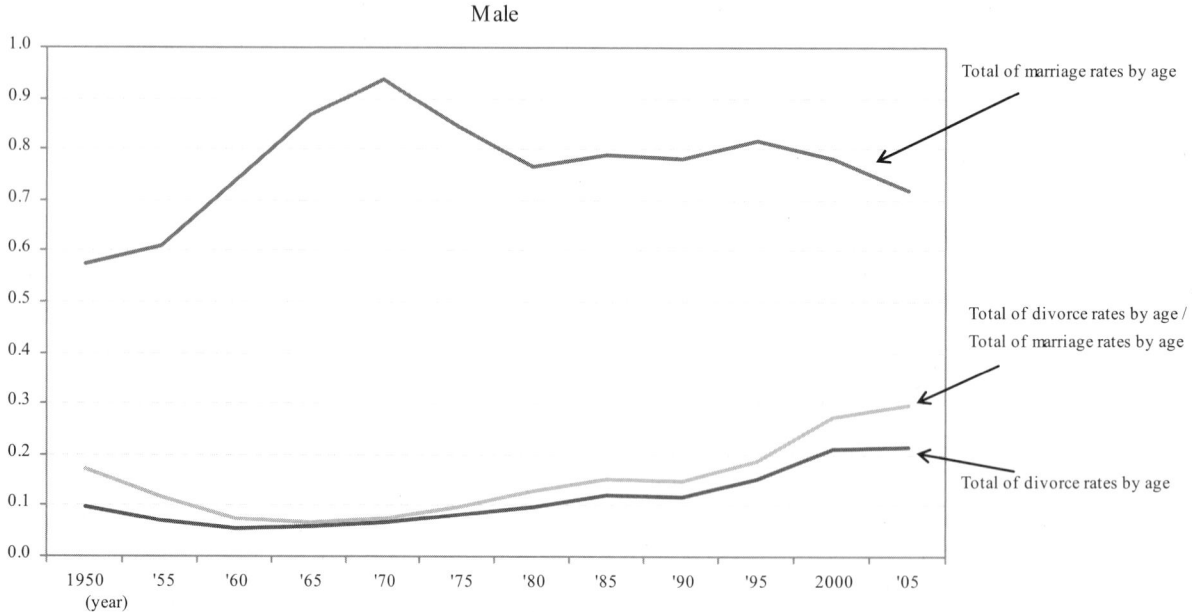

Note: The totals of marriage rates and divorce rates by age were given by totaling the rates given by quintupling marriage rates and divorce rates by five-year age group.

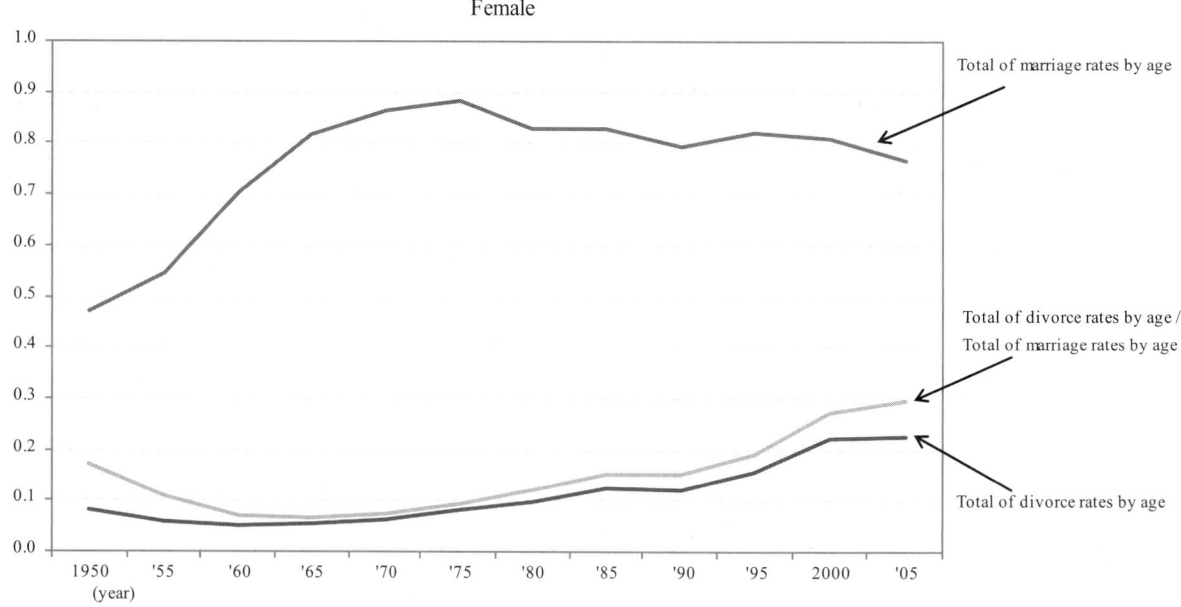

Note: The totals of marriage rates and divorce rates by age were given by totaling the rates given by quintupling marriage rates and divorce rates by five-year age group.

(5) Analysis on year-on-year increase and decrease of the number of divorces of couples who terminated cohabitation in the same year

Separate analyses were conducted on the impact of changes in divorce rates and the impact of changes in age composition, on year-on-year increase and decrease of the number of divorces of couples who terminated cohabitation in the same year since 1996. The age composition and divorce rates are viewed in age group by five years. The Results indicated that the impact of changes in divorce rates was larger until 2007, though the impact of changes in age composition became larger since 2008. (Figure 5, Table 1)

> "Impact of changes in divorce rates" is evaluated as difference between A and B (Only divorce rates have been changed.)
> "Impact of changes in age composition" is evaluated as difference between B and C (Only age composition has been changed.)
> A The current year's actual number of divorces of couples who terminated cohabitation in the same year
> (Age composition: current year, divorce rates: current year)
> B The number of couples who terminated cohabitation in the same year, assuming the divorce rates in the previous year, and the age composition in the current year
> (Age composition: current year, divorce rates: <u>previous year</u>)
> C The previous year's actual number of couples who terminated cohabitation in the same year
> (Age composition: <u>previous year</u>, divorce rates: previous year)

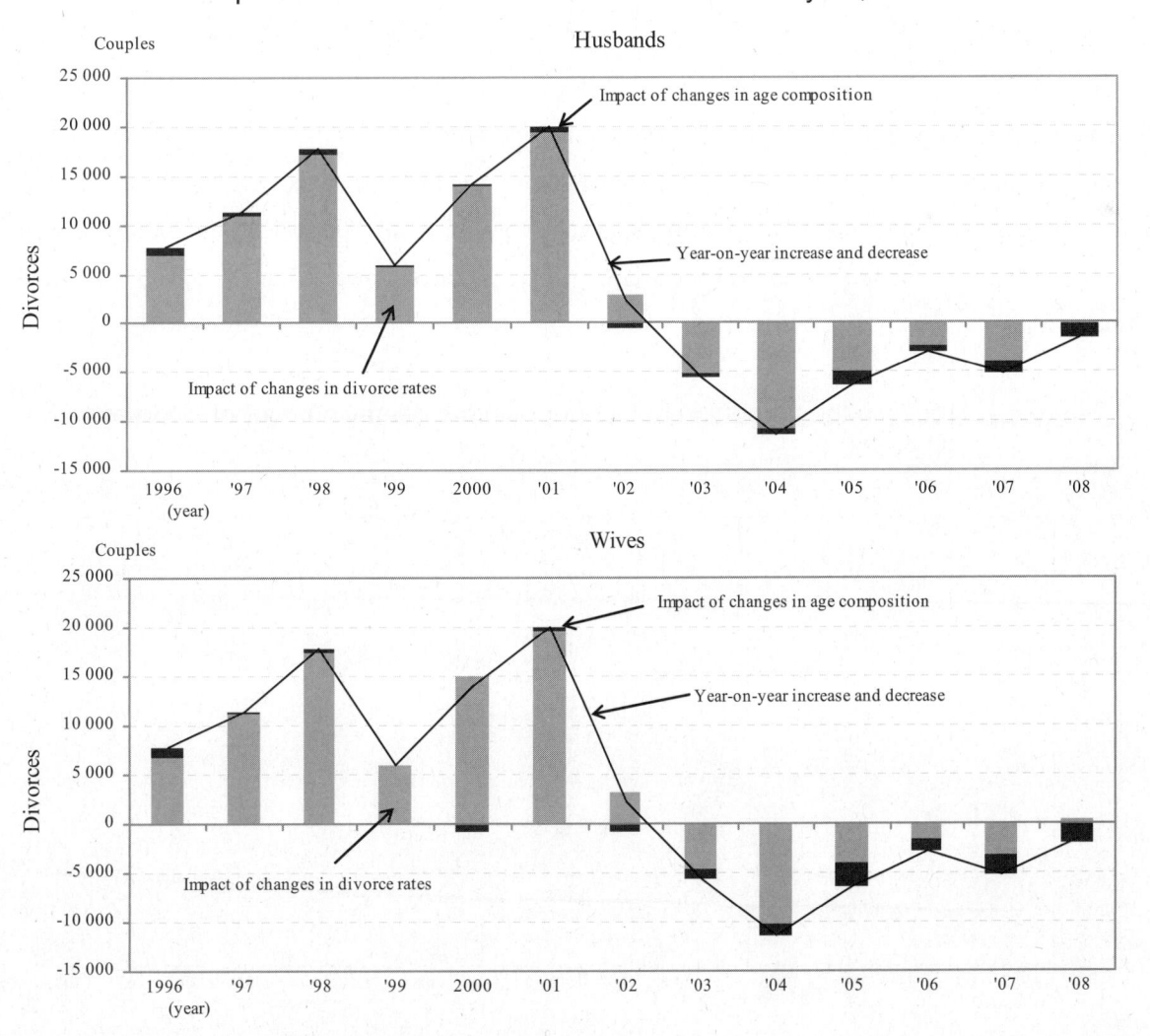

Figure 5. Trends in year-on-year increase and decrease of the number of divorces of couples who terminated cohabitation in the same year, 1996 - 2008

Table 1. Analysis on year-on-year increase and decrease in divorces of couples who terminated cohabitation in the same year, 1995 - 2008

(Couples)

Year	Divorces (1)	Couples who terminated cohabitation in the same year (2)	Year-on-year increase and decrease (3)	Divorces assuming the divorce rates by age class in the previous year (4)	Impact of changes in divorce rates (5)=(2)-(4)	Impact of changes in age composition (6)=(3)-(5)
			Husbands			
1995	199 016	137 209	...	...	...	...
1996	206 955	144 990	7 781	137 981	7 009	772
1997	222 635	156 334	11 344	145 440	10 894	450
1998	243 183	174 043	17 709	156 822	17 221	488
1999	250 529	180 043	6 000	174 385	5 658	342
2000	264 246	194 122	14 079	180 163	13 959	120
2001	285 911	214 142	20 020	194 788	19 354	666
2002	289 836	216 378	2 236	213 530	2 848	△ 612
2003	283 854	210 838	△ 5 540	216 027	△ 5 189	△ 351
2004	270 804	199 458	△ 11 380	210 167	△ 10 709	△ 671
2005	261 917	193 137	△ 6 321	198 173	△ 5 036	△ 1 285
2006	257 475	190 239	△ 2 898	192 488	△ 2 249	△ 649
2007	254 832	185 005	△ 5 234	188 919	△ 3 914	△ 1 320
2008	251 136	183 377	△ 1 628	183 556	△ 179	△ 1 449
			Wives			
1995	199 016	137 209	...	...	...	...
1996	206 955	144 990	7 781	138 109	6 881	900
1997	222 635	156 334	11 344	145 221	11 113	231
1998	243 183	174 043	17 709	156 639	17 404	305
1999	250 529	180 043	6 000	174 103	5 940	60
2000	264 246	194 122	14 079	179 200	14 922	△ 843
2001	285 911	214 142	20 020	194 545	19 597	423
2002	289 836	216 378	2 236	213 251	3 127	△ 891
2003	283 854	210 838	△ 5 540	215 530	△ 4 692	△ 848
2004	270 804	199 458	△ 11 380	209 642	△ 10 184	△ 1 196
2005	261 917	193 137	△ 6 321	197 105	△ 3 968	△ 2 353
2006	257 475	190 239	△ 2 898	191 911	△ 1 672	△ 1 226
2007	254 832	185 005	△ 5 234	188 302	△ 3 297	△ 1 937
2008	251 136	183 377	△ 1 628	182 936	441	△ 2 069

Note: In (4), age composition and divorce rates were calculated in five-year age groups.

(6) Trends in the proportion of foreigners in the number of divorces

Trends in the proportion of foreigners in the number of divorces since 1992 indicate that the proportion has been continuously rising for husbands from 0.9% in 1992 to 1.4% in 2008, while that for wives took a downturn from 3.4% in 1992, though turned upwards again, to 6.0% in 2008. (Figure 6)

Figure 6. Trends in the proportion of foreigners in the overall number of divorces, 1992 - 2008

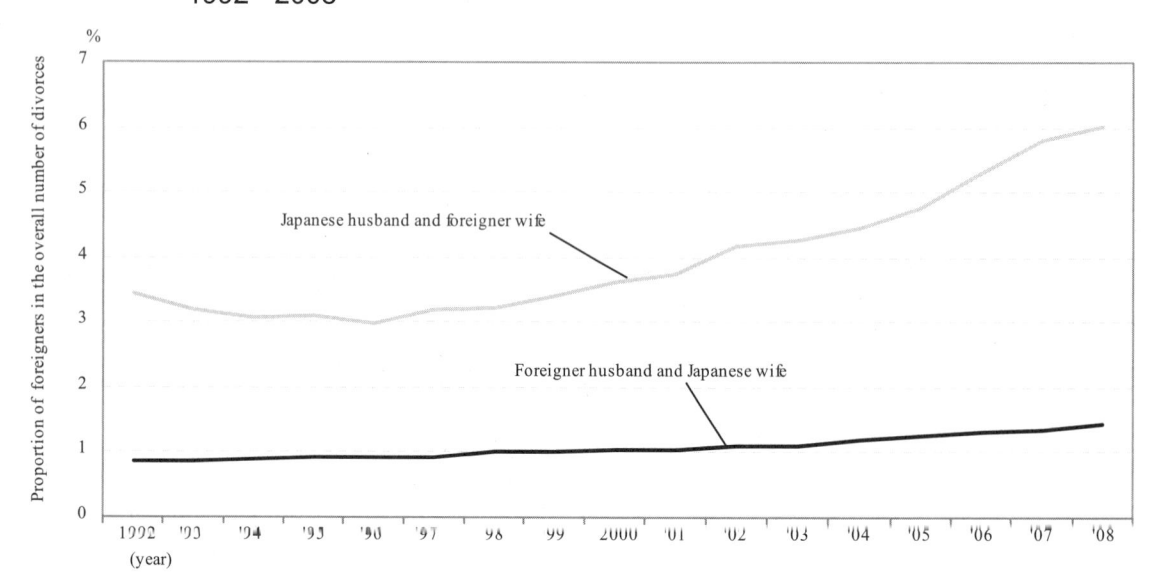

(7) Trends in divorces by legal type

Trends in percent distribution of divorces by legal types since 1950 indicate that the proportion of divorces by mutual agreement declined from 95.5% in 1950 to 90.7% in 1962, after which the proportion stood at around 90%, and then took a downturn since 2003 to 87.8% in 2008. The system of divorce by compromise was established in 2004, and the relevant divorces have been increasing year after year. (Figure 7)

The proportion of divorces by mutual agreement in 2008 in each prefecture was the highest in Okinawa at 92.0%, followed by Osaka and Kochi. The proportion was the lowest in Yamagata at 81.4%, followed by Shimane and Ishikawa. (Table 2)

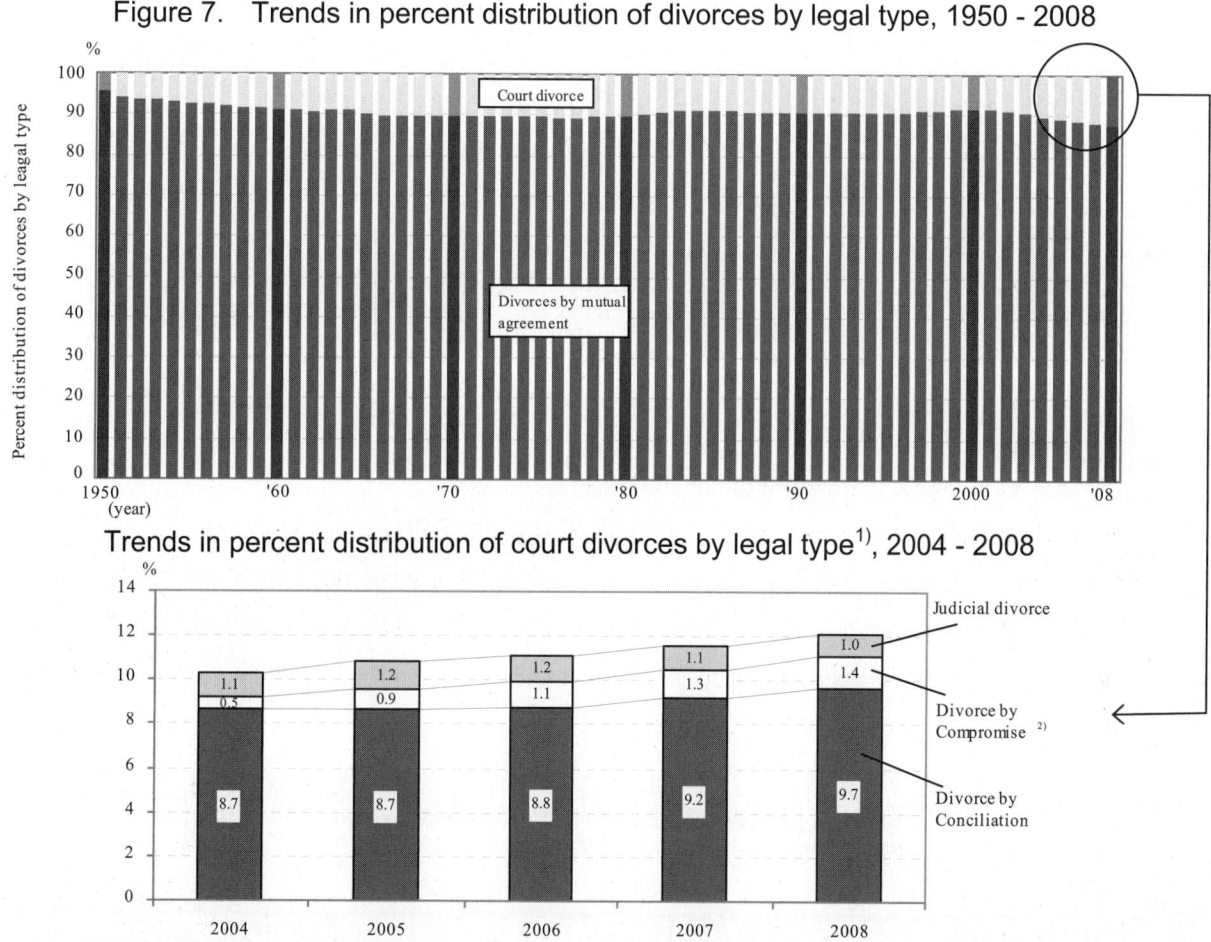

Figure 7. Trends in percent distribution of divorces by legal type, 1950 - 2008

Trends in percent distribution of court divorces by legal type[1], 2004 - 2008

Notes: 1) The graphs of divorce by adjustment and divorce by acknowledgment of claim are not indicated because their proportions are minimal.
2) Figures for "divorce by compromise" in 2004 are for April through December.

Table 2. Yearly comparison of proportions of divorces by mutual agreement in each prefecture, 1995, 2000, 2005 and 2008

	1995		2000		2005		2008	
	Prefecture	Proportion of divorces by mutual agreement (%)	Prefecture	Proportion of divorces by mutual agreement (%)	Prefecture	Proportion of divorces by mutual agreement (%)	Prefecture	Proportion of divorces by mutual agreement (%)
Prefectures with high proportions of divorces by mutual agreement	Okinawa	95.0	Okinawa	95.5	Okinawa	93.5	Okinawa	92.0
	Osaka	93.1	Osaka	94.3	Osaka	91.5	Osaka	90.3
	Tokyo	92.5	Fukuoka	92.9	Kochi	91.2	Kochi	89.9
	Fukuoka	92.1	Hyogo	92.9	Kagoshima	91.0	Aomori	89.8
	Hyogo	92.0	Hiroshima	92.7	Tokushima	90.7	Fukuoka	89.6
Prefectures with low proportions of divorces by mutual agreement	Yamagata	80.3	Yamagata	85.1	Yamagata	82.5	Yamagata	81.4
	Ishikawa	82.2	Iwate	85.5	Ishikawa	84.0	Shimane	83.7
	Iwate	82.5	Ishikawa	85.6	Toyama	85.1	Ishikawa	84.1
	Akita	83.8	Akita	86.4	Nagano	85.7	Nagano	84.1
	Nagano	83.9	Nagano	86.8	Niigata	85.8	Niigata	84.1

Note: Second and lower dicimal places were compared for prefectures with the same proportion indications.

(8) Trends in divorces by type of occupation for household at the time cohabitation terminated

Trends since 1995 in divorces by type of occupation for household at the time cohabitation terminated turned from upward to downward for all job types, with the peaks in 2001 or 2002. The decrease from 2002 to 2008 stood at 15,000 for Employee (I), and at 10,000 for Self-employed. (Figure 8)

Figure 8. Trends in divorces by type of occupation for household at the time cohabitation terminated, 1995 - 2008

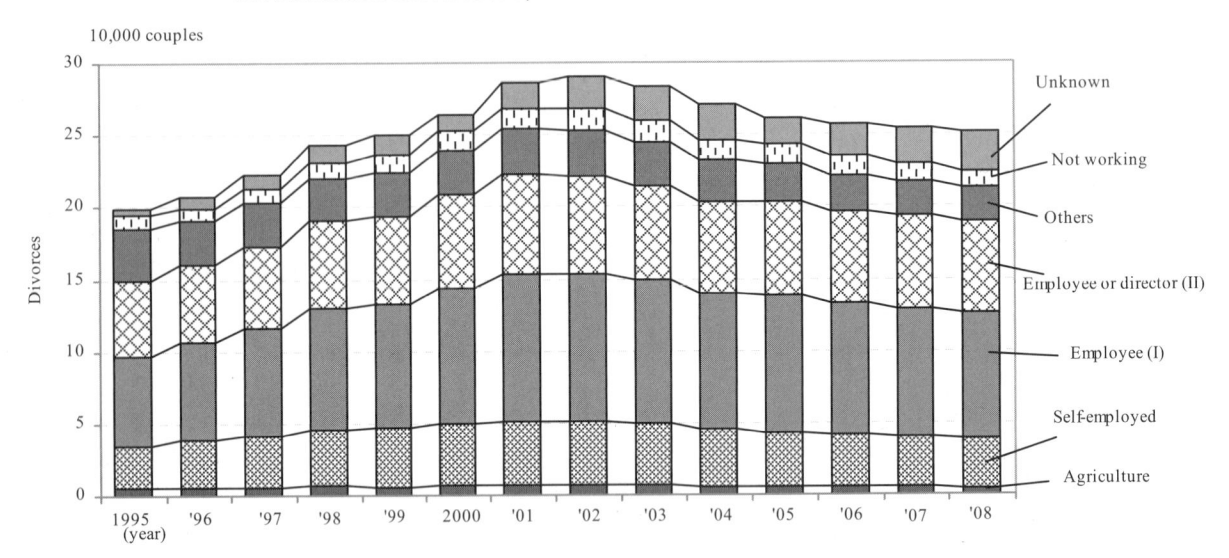

(9) Trends in divorces by duration of cohabitation

Trends in the proportions of divorces by duration of cohabitation since 1950 indicate that proportion of divorces of couples who lived together for less than five years declined from 1950 to 32.2% in 1983, then took an upturn until 40.1% in 1996 and 1997, and went down again. The figure for couples who lived 20 years or more increased until 1999, after which it increased and decreased moderately, and stood at 16.5% in 2008. (Figure 9)

Figure 9. Trends in percent distribution of divorces by duration of cohabitation, 1950 - 2008

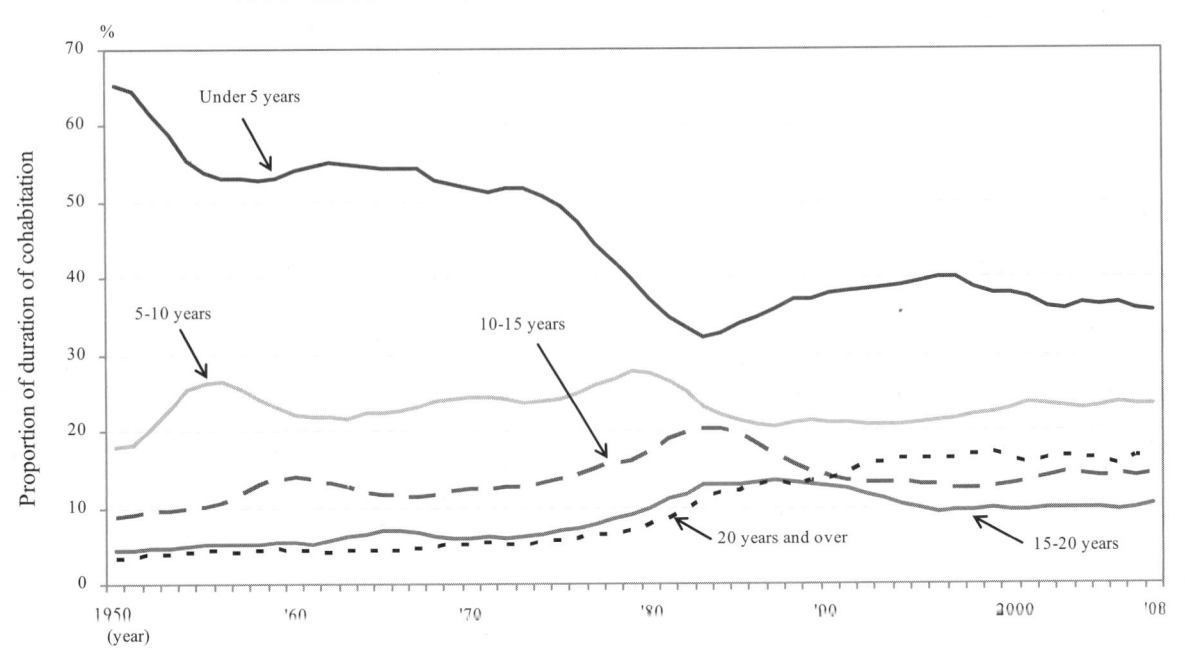

2 Detailed analysis for 2008

(1) Divorces by month of registration

The number of divorces by month of registration is the highest in March at 10.3%. The proportion of couples with children involved in divorce stands at 10.9%, and that of couples without children involved in divorce stands at 9.5%. By nationality, the proportion of couples with Japanese husband and wife stands at 10.4%, that of couples with Japanese husband and foreigner wife stands at 9.0%, and that of couples with foreigner husband and Japanese wife at 8.8% (Table 3)

Table 3. Divorces and percent distribution of divorces by month of registration, by number of child involved in divorce and by nationality of husband and wife, 2008

Month of registration	Total	Presence of child involved in divorce - Yes	Presence of child involved in divorce - No	Nationality - Japanese couple	Nationality - Japanese husband and foreigner wife	Nationality - Foreigner husband and Japanese wife
Divorces (couples)						
Total	251 136	143 834	107 302	232 362	15 135	3 639
Jan.	20 217	11 710	8 507	18 745	1 176	296
Feb.	20 600	11 991	8 609	19 113	1 192	295
Mar.	25 888	15 706	10 182	24 209	1 358	321
Apr.	22 413	13 010	9 403	20 757	1 350	306
May	20 212	11 416	8 796	18 645	1 270	297
Jun.	20 457	11 533	8 924	18 851	1 283	323
Jul.	20 857	11 889	8 968	19 224	1 307	326
Aug.	19 218	10 698	8 520	17 731	1 222	265
Sep.	20 698	11 794	8 904	19 075	1 314	309
Oct.	21 583	12 136	9 447	19 953	1 325	305
Nov.	17 567	9 981	7 586	16 190	1 104	273
Dec.	21 426	11 970	9 456	19 869	1 234	323
Percent distribution (%)						
Total	100.0	100.0	100.0	100.0	100.0	100.0
Jan.	8.1	8.1	7.9	8.1	7.8	8.1
Feb.	8.2	8.3	8.0	8.2	7.9	8.1
Mar.	10.3	10.9	9.5	10.4	9.0	8.8
Apr.	8.9	9.0	8.8	8.9	8.9	8.4
May	8.0	7.9	8.2	8.0	8.4	8.2
Jun.	8.1	8.0	8.3	8.1	8.5	8.9
Jul.	8.3	8.3	8.4	8.3	8.6	9.0
Aug.	7.7	7.4	7.9	7.6	8.1	7.3
Sep.	8.2	8.2	8.3	8.2	8.7	8.5
Oct.	8.6	8.4	8.8	8.6	8.8	8.4
Nov.	7.0	6.9	7.1	7.0	7.3	7.5
Dec.	8.5	8.3	8.8	8.6	8.2	8.9

(2) Divorces by legal type

The percent distribution of divorces by mutual agreement and court divorces, by nationality of husband and wife, indicates that the proportion of divorces by mutual agreement stands at 87.2% for Japanese couple, at 95.6% for Japanese husband and foreigner wife, and at 91.9% for foreigner husband and Japanese wife. By age of husband and wife at the time divorce registered, the proportion for husbands is high at 91.4% for 15 - 19 years old, and low at 85.5% for 70 - 74 years old. The proportion for wives is high at 91.9% for 15 - 19 years old, and low at 84.1% for 65 - 69 years old. (Figures 10-1 and 10-2)

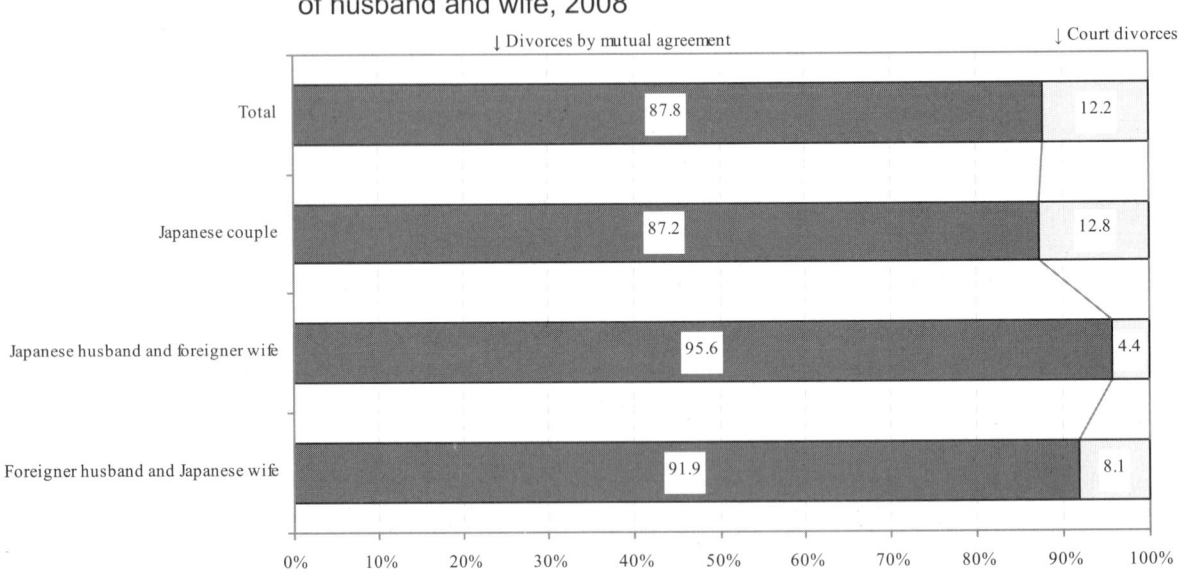

Figure 10-1. Percent distribution of divorces by legal type by nationality of husband and wife, 2008

	Divorces by mutual agreement	Court divorces
Total	87.8	12.2
Japanese couple	87.2	12.8
Japanese husband and foreigner wife	95.6	4.4
Foreigner husband and Japanese wife	91.9	8.1

Figure 10-2. Percent distribution of divorces by legal type by age (five-year age group) of husband and wife at the time divorce registered, 2008

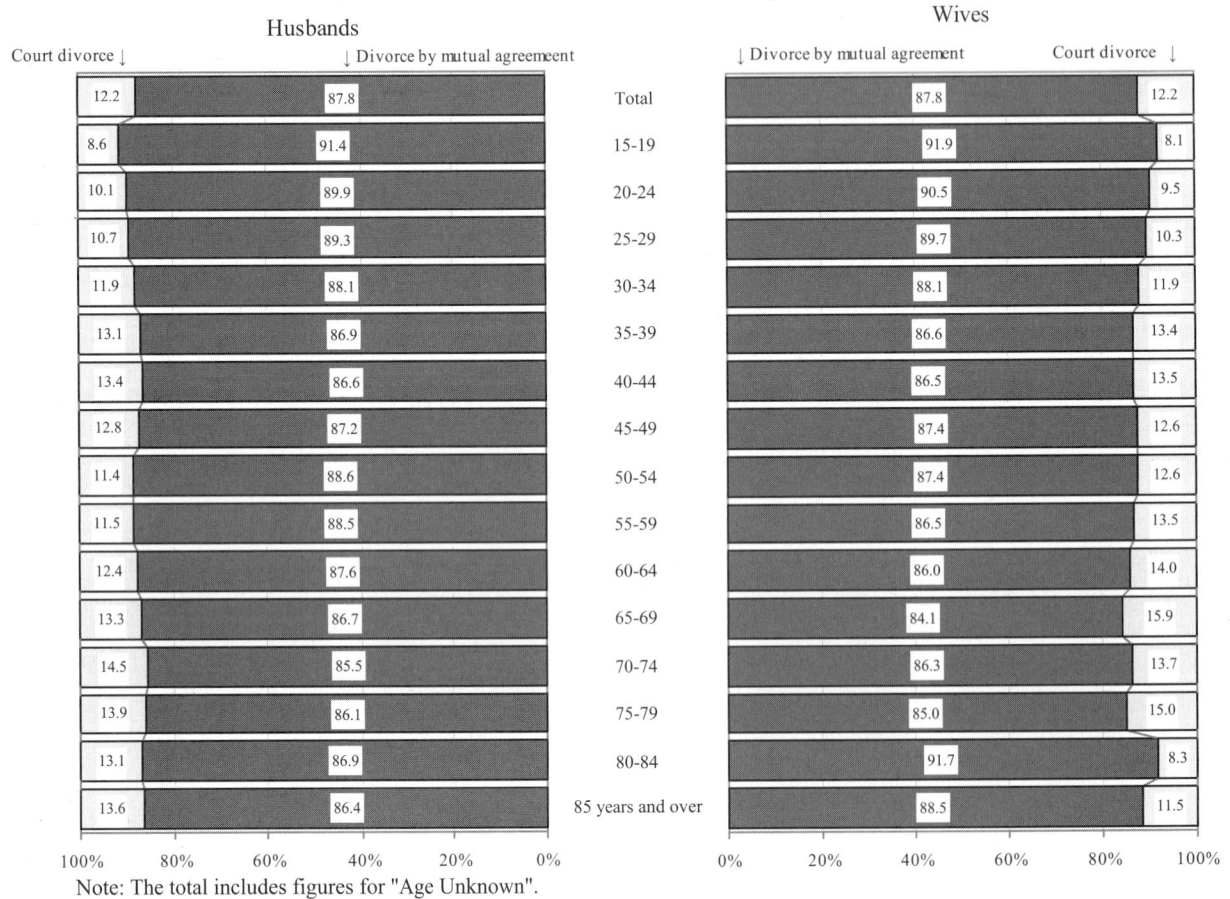

Husbands Court divorce	Husbands Divorce by mutual agreement	Age	Wives Divorce by mutual agreement	Wives Court divorce
12.2	87.8	Total	87.8	12.2
8.6	91.4	15-19	91.9	8.1
10.1	89.9	20-24	90.5	9.5
10.7	89.3	25-29	89.7	10.3
11.9	88.1	30-34	88.1	11.9
13.1	86.9	35-39	86.6	13.4
13.4	86.6	40-44	86.5	13.5
12.8	87.2	45-49	87.4	12.6
11.4	88.6	50-54	87.4	12.6
11.5	88.5	55-59	86.5	13.5
12.4	87.6	60-64	86.0	14.0
13.3	86.7	65-69	84.1	15.9
14.5	85.5	70-74	86.3	13.7
13.9	86.1	75-79	85.0	15.0
13.1	86.9	80-84	91.7	8.3
13.6	86.4	85 years and over	88.5	11.5

Note: The total includes figures for "Age Unknown".

(3) Divorces by person with parental authority

Statistics on divorce rates by person with parental authority by age (five-year age group) at the time divorce registered indicate that the divorce rates are the highest for both husband and wife at 30 - 34 years old, if there are children involved in divorce.

Divorce rates are the highest for both husband and wife at 40 - 44 years old, if the husband has parental authority for all their children. The figures are the highest for both husband and wife at 30 - 34 years old, if the wife has parental authority for all their children. (Figure 11)

Figure 11. Divorce rates by person with parental authority by age (five-year age group) of husband and wife at the time divorce registered (per 1,000 population), 2008

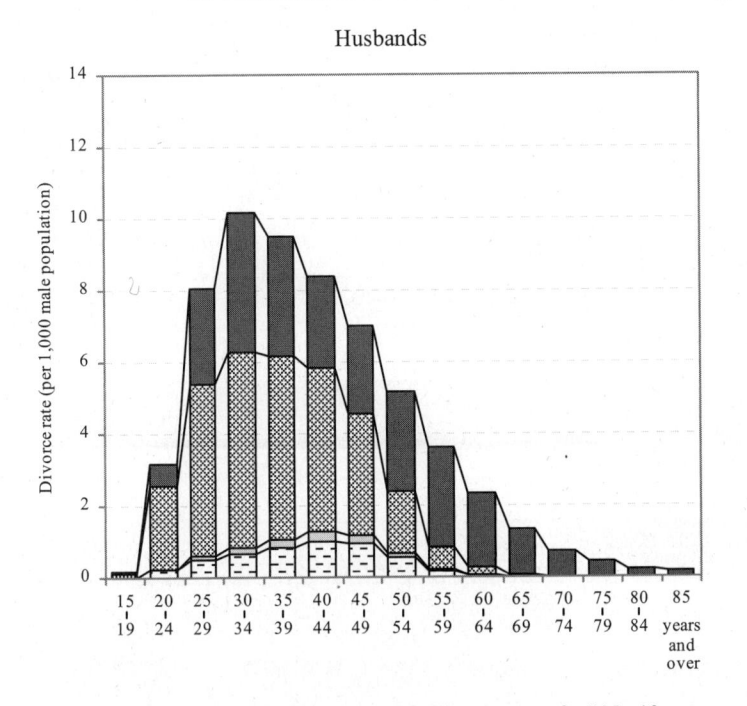

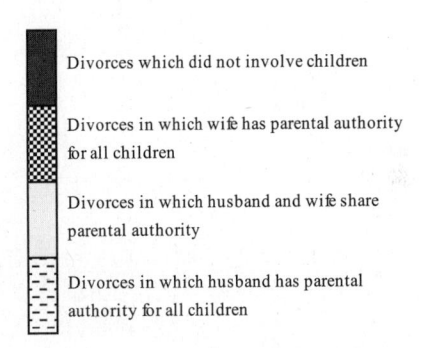

Note: Population used for the calculation of divorce rates for "15 - 19 years old" is the population of 15 - 19 years old.

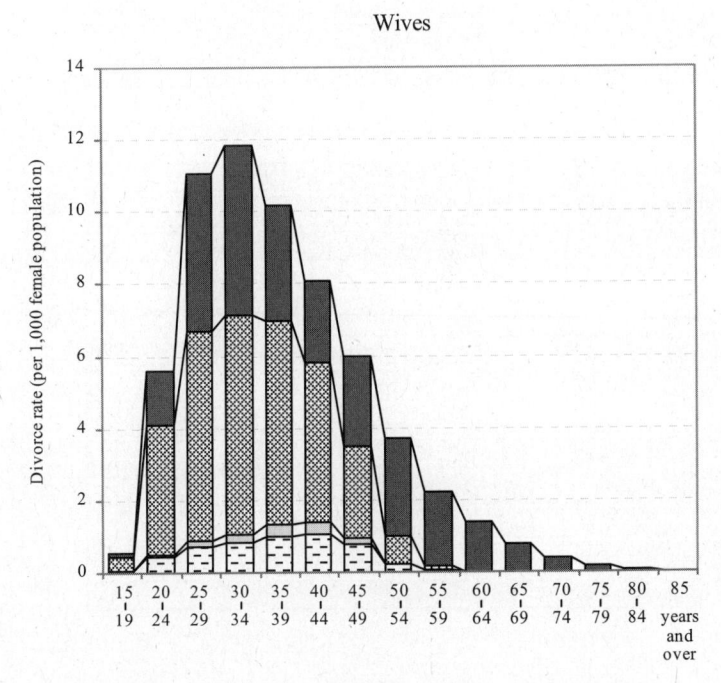

Note: Population used for the calculation of divorce rates for "15 - 19 years old" is the population of 15 - 19 years old.

(4) Divorces by duration from the time of terminating cohabitation to the time divorce registered (duration of separation)

The percent distribution of divorced couples who lived separately for less than one year stood at 82.5%. By type of divorce, divorces by mutual agreement stood at 85.1%, and court divorce stood at 64.4%. The proportion stood at 84.1% for divorces with children involved in divorce, and at 80.5% for divorces without children involved in divorce. By the type of occupation for household at the time cohabitation terminated, the proportion stood at 77.6% for Agriculture, 79.4% for Self-employed, 83.9% for Employee (I), 81.2% for Employee or director (II), 83.2% for Others, and 82.3% for Not working. By nationality, the proportion stood at 82.5% for Japanese couple, 84.5% for Japanese husband and foreigner wife, and 80.2% for foreigner husband and Japanese wife. By duration of cohabitation, the proportion stood at 84.5% for under 5 years, 83.0% for 5 - 10 years, 80.9% for 10 - 15 years, 78.6% for 15 - 20 years, and 82.5% for 35 years or more. (Figure 12-1)

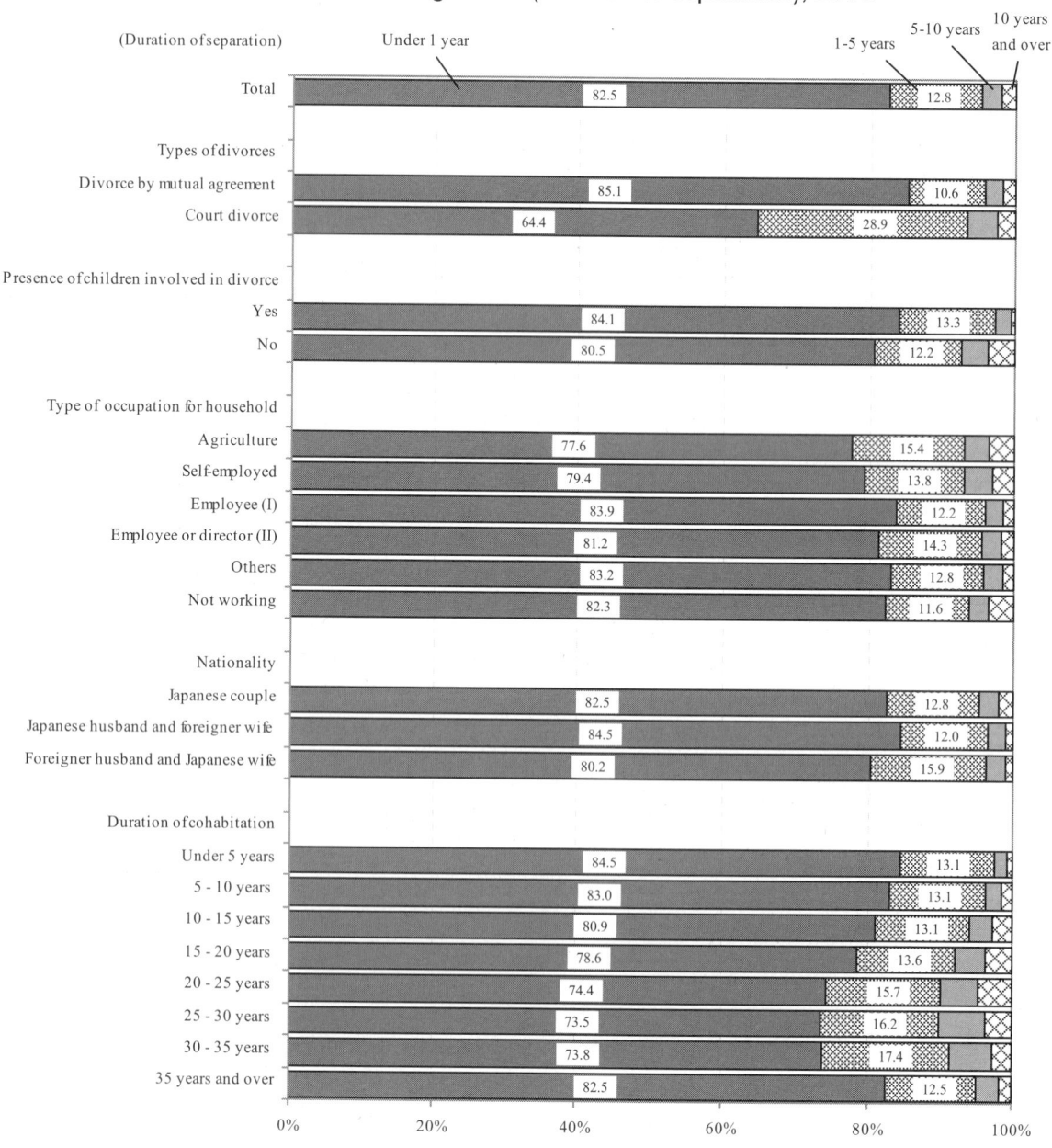

Figure 12-1. Percent distribution by duration from the time of terminating cohabitation to the time divorce registered (duration of separation), 2008

Note: The total includes figures for the "type of occupation for household unkown", and for "duration of cohabitation unknown".

By age of husband and wife at the time divorce registered, there is a trend that the proportion of duration of separation for less than one year declines as the age goes up. (Figure 12-2)

Figure 12-2. Percent distribution of husband and wife by duration of separation by age (five-year age group) of husband and wife at the time divorce registered, 2008

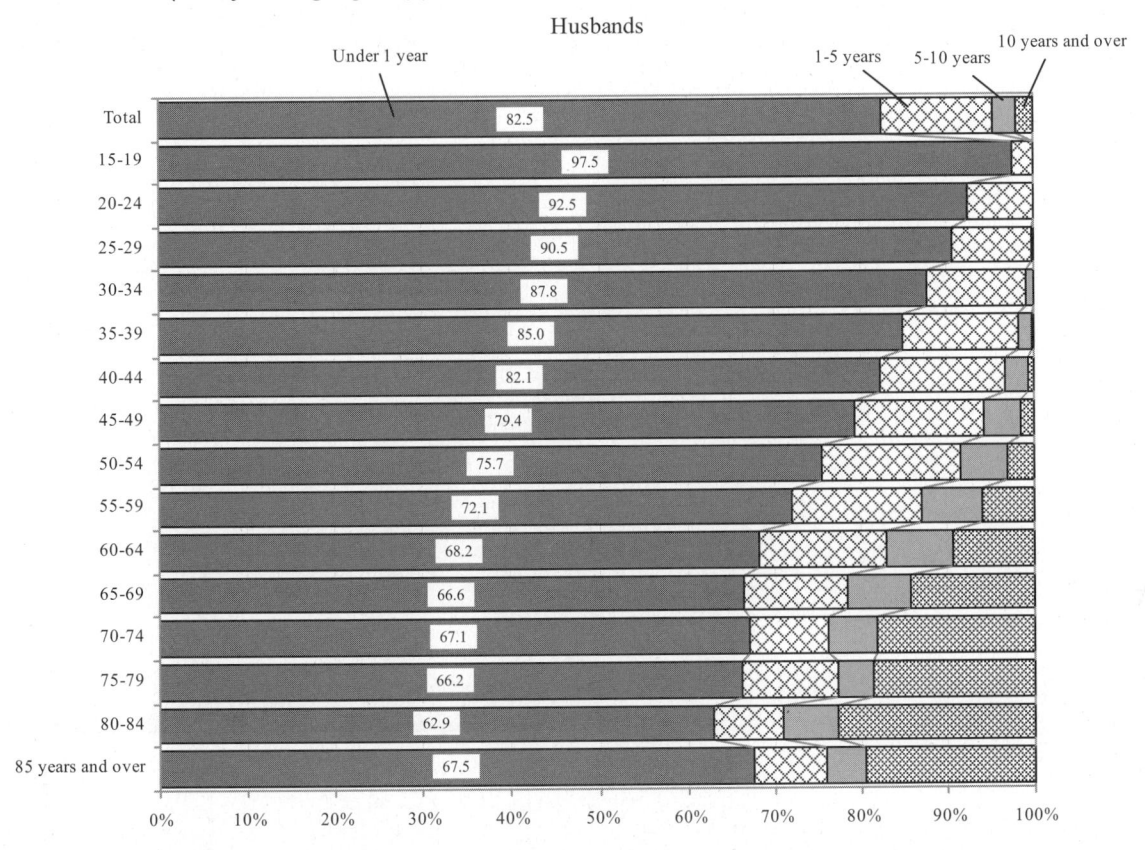

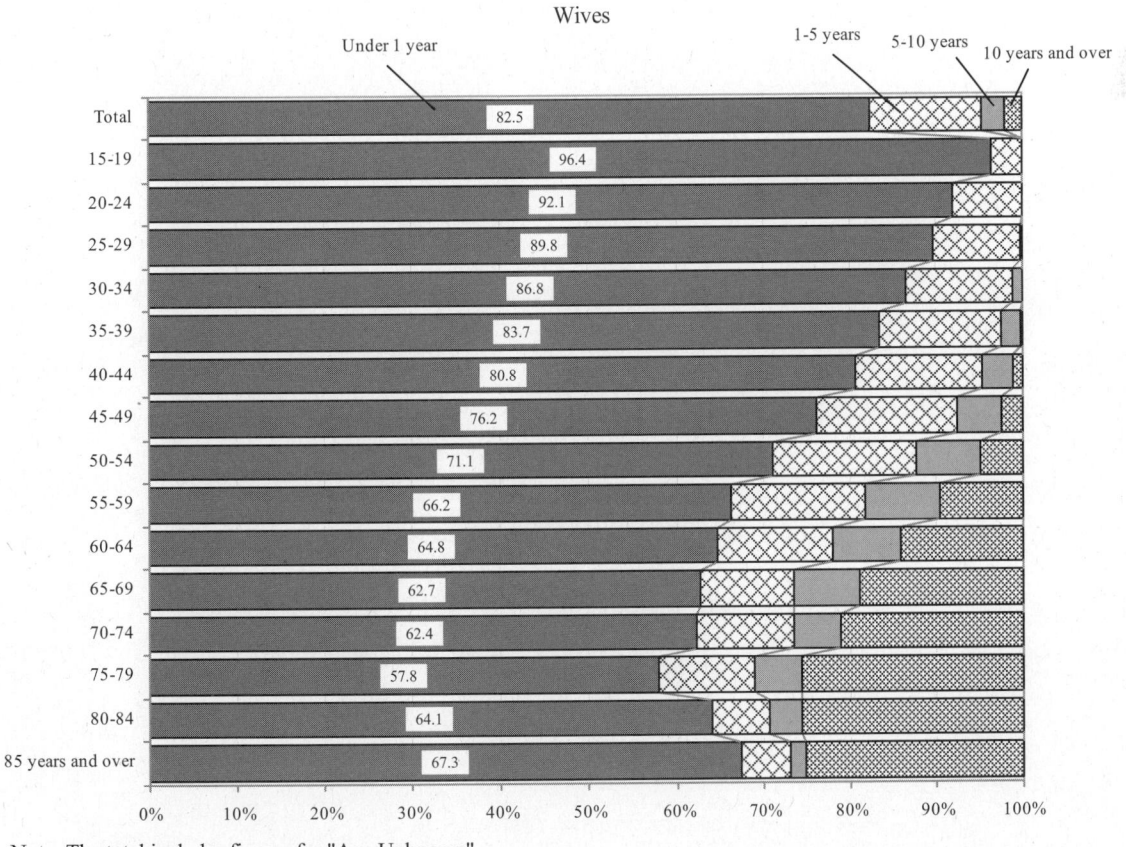

Husbands

Categories: Under 1 year, 1-5 years, 5-10 years, 10 years and over

Age	Under 1 year (%)
Total	82.5
15-19	97.5
20-24	92.5
25-29	90.5
30-34	87.8
35-39	85.0
40-44	82.1
45-49	79.4
50-54	75.7
55-59	72.1
60-64	68.2
65-69	66.6
70-74	67.1
75-79	66.2
80-84	62.9
85 years and over	67.5

Wives

Age	Under 1 year (%)
Total	82.5
15-19	96.4
20-24	92.1
25-29	89.8
30-34	86.8
35-39	83.7
40-44	80.8
45-49	76.2
50-54	71.1
55-59	66.2
60-64	64.8
65-69	62.7
70-74	62.4
75-79	57.8
80-84	64.1
85 years and over	67.3

Note: The total includes figures for "Age Unknown".

Ⅱ 統 計 表
Part Ⅱ Statistical tables

第1表 年次別離婚件数・率（人口千対）

Table 1. Trends in divorces, divorce rates (per 1,000 population)

年次 Year		離婚件数（組） Divorces (couples)	離婚率（人口千対） Divorce rates (per 1,000 population)	人口（人） Population
1899	明治32年	66 545	1.53	43 404 000
1900	33	63 828	1.46	43 847 000
01	34	63 442	1.43	44 359 000
02	35	64 139	1.43	44 964 000
03	36	65 392	1.44	45 546 000
04	37	63 913	1.39	46 135 000
05	38	60 061	1.29	46 620 000
06	39	65 398	1.39	47 038 000
07	40	61 058	1.29	47 416 000
08	41	60 226	1.26	47 965 000
09	42	58 936	1.21	48 554 000
1910	43	59 432	1.21	49 184 000
11	44	58 067	1.16	49 852 000
12	大正元年	59 143	1.17	50 577 000
13	2	59 536	1.16	51 305 000
14	3	59 992	1.15	52 039 000
15	4	59 943	1.14	52 752 000
16	5	60 254	1.13	53 496 000
17	6	55 812	1.03	54 134 000
18	7	56 474	1.03	54 739 000
19	8	56 812	1.03	55 033 000
1920	9	* 55 511	0.99	55 963 053
21	10	53 402	0.94	56 665 900
22	11	53 053	0.92	57 390 100
23	12	51 212	0.88	58 119 200
24	13	51 770	0.88	58 875 600
25	14	* 51 687	0.87	59 736 822
26	昭和元年	50 119	0.83	60 740 900
27	2	50 626	0.82	61 659 300
28	3	49 119	0.78	62 595 300
29	4	51 222	0.81	63 460 600
1930	5	* 51 259	0.80	64 450 005
31	6	50 609	0.77	65 457 500
32	7	51 437	0.77	66 433 800
33	8	49 282	0.73	67 431 600
34	9	48 610	0.71	68 308 900
35	10	* 48 528	0.70	69 254 148
36	11	46 167	0.66	70 113 600
37	12	46 500	0.66	70 630 400
38	13	44 656	0.63	71 012 600
39	14	45 970	0.64	71 379 700
1940	15	48 556	0.68	71 933 000
41	16	49 424	0.69	71 680 200
42	17	46 268	0.64	72 384 500
43	18	49 705	0.68	72 883 100
1947	昭和22年	* 79 551	1.02	78 101 473
48	23	79 032	0.99	80 002 500
49	24	82 575	1.01	81 772 600

注：1）各年次の人口は10月1日現在。＊印は国勢調査人口である。
　　2）昭和41年までは総人口、42年以降は日本人人口である。
　　3）昭和19〜21年は資料不備のため省略した。

Note: 1) Population of each year is the figure as of October 1. The mark * refers to population by population census.
　　 2) Population in this table is the total population as to years up to 1966 and Japanese population as to years 1967 and after.
　　 3) The number of population from 1944 to 1946 was omitted due to incompleteness in data.

人口　－明治32～平成20年－
and population, 1899-2008

年次 Year		離婚件数（組） Divorces (couples)	離婚率（人口千対） Divorce rates (per 1,000 population)	人口（人） Population
1950	昭和25年	* 83 689	1.01	83 199 637
51	26	82 331	0.97	84 573 000
52	27	79 021	0.92	85 852 000
53	28	75 255	0.86	87 033 000
54	29	76 759	0.87	88 293 000
55	30	* 75 267	0.84	89 275 529
56	31	72 040	0.80	90 259 000
57	32	71 651	0.79	91 088 000
58	33	74 004	0.80	92 010 000
59	34	72 455	0.78	92 971 000
1960	35	* 69 410	0.74	93 418 501
61	36	69 323	0.74	94 285 000
62	37	71 394	0.75	95 178 000
63	38	69 996	0.73	96 156 000
64	39	72 306	0.74	97 186 000
65	40	* 77 195	0.79	98 274 961
66	41	79 432	0.80	99 056 000
67	42	83 478	0.84	99 637 000
68	43	87 327	0.87	100 794 000
69	44	91 280	0.89	102 022 000
1970	45	* 95 937	0.93	103 119 447
71	46	103 595	0.99	104 345 000
72	47	108 382	1.02	105 742 000
73	48	111 877	1.04	108 079 000
74	49	113 622	1.04	109 410 000
75	50	* 119 135	1.07	111 251 507
76	51	124 512	1.11	112 420 000
77	52	129 485	1.14	113 499 000
78	53	132 146	1.15	114 511 000
79	54	135 250	1.17	115 465 000
1980	55	* 141 689	1.22	116 320 358
81	56	154 221	1.32	117 204 000
82	57	163 980	1.39	118 008 000
83	58	179 150	1.51	118 786 000
84	59	178 746	1.50	119 523 000
85	60	* 166 640	1.39	120 265 700
86	61	166 054	1.37	120 946 000
87	62	158 227	1.30	121 535 000
88	63	153 600	1.26	122 026 000
89	平成元年	157 811	1.29	122 460 000
1990	2	* 157 608	1.28	122 721 397
91	3	168 969	1.37	123 102 000
92	4	179 191	1.45	123 476 000
93	5	188 297	1.52	123 788 000
94	6	195 106	1.57	124 069 000
95	7	* 199 016	1.60	124 298 947
96	8	206 955	1.66	124 709 000
97	9	222 635	1.78	124 963 000
98	10	243 183	1.94	125 252 000
99	11	250 529	2.00	125 432 000
2000	12	* 264 246	2.10	125 612 633
01	13	285 911	2.27	125 908 000
02	14	289 836	2.30	126 008 000
03	15	283 854	2.25	126 139 000
04	16	270 804	2.15	126 176 000
05	17	* 261 917	2.08	126 204 902
06	18	257 475	2.04	126 154 000
07	19	254 832	2.02	126 085 000
08	20	251 136	1.99	125 947 000

第2表　年次別同年別居離婚件数・
Table 2. Trends in divorces of couples who terminated cohabitation

年次 Year		離婚件数（組） Divorces (couples)	同年別居離婚件数（組） Divorces of couples who terminated cohabitation (couples)	離婚全体に占める割合(%) Proportion in overall number of divorces (%)
1950	昭和25年	83 689	51 500	61.5
51	26	82 331	47 616	57.8
52	27	79 021	44 899	56.8
53	28	75 255	42 176	56.0
54	29	76 759	43 282	56.4
55	30	75 267	41 714	55.4
56	31	72 040	38 909	54.0
57	32	71 651	39 558	55.2
58	33	74 004	40 542	54.8
59	34	72 455	39 316	54.3
1960	35	69 410	36 832	53.1
61	36	69 323	37 401	54.0
62	37	71 394	37 978	53.2
63	38	69 996	37 848	54.1
64	39	72 306	39 932	55.2
65	40	77 195	42 705	55.3
66	41	79 432	44 255	55.7
67	42	83 478	46 897	56.2
68	43	87 327	51 164	58.6
69	44	91 280	53 494	58.6
1970	45	95 937	55 968	58.3
71	46	103 595	61 362	59.2
72	47	108 382	65 257	60.2
73	48	111 877	67 143	60.0
74	49	113 622	67 896	59.8
75	50	119 135	74 227	62.3
76	51	124 512	76 484	61.4
77	52	129 485	81 336	62.8
78	53	132 146	82 645	62.5
79	54	135 250	84 123	62.2

離婚全体に占める割合　—昭和25〜平成20年—

in the same year and their proportion in overall number of divorces, 1950-2008

年次 Year		離婚件数（組） Divorces (couples)	同年別居離婚件数（組） Divorces of couples who terminated cohabitation (couples)	離婚全体に占める割合(%) Proportion in overall number of divorces (%)
1980	昭和55年	141 689	89 361	63.1
81	56	154 221	99 170	64.3
82	57	163 980	107 337	65.5
83	58	179 150	121 873	68.0
84	59	178 746	120 114	67.2
85	60	166 640	110 085	66.1
86	61	166 054	109 759	66.1
87	62	158 227	104 225	65.9
88	63	153 600	100 833	65.6
89	平成元年	157 811	102 824	65.2
1990	2	157 608	104 522	66.3
91	3	168 969	113 374	67.1
92	4	179 191	122 196	68.2
93	5	188 297	128 541	68.3
94	6	195 106	134 542	69.0
95	7	199 016	137 209	68.9
96	8	206 955	144 990	70.1
97	9	222 635	156 334	70.2
98	10	243 183	174 043	71.6
99	11	250 529	180 043	71.9
2000	12	264 246	194 122	73.5
01	13	285 911	214 142	74.9
02	14	289 836	216 378	74.7
03	15	283 854	210 838	74.3
04	16	270 804	199 458	73.7
05	17	261 917	193 137	73.7
06	18	257 475	190 239	73.9
07	19	254 832	185 005	72.6
08	20	251 136	183 377	73.0

3表（2－1）

第3表　年次・届出月別離婚件数・平均発生間隔・
Table 3. Trends in divorces by month of registration, mean interval

離婚件数
Divorces

年次 Year		総数 Total	1月 January	2月 February	3月 March	4月 April	5月 May
1947	昭和22年	79 551	6 415	5 997	7 049	6 541	7 818
48	23	79 032	3 779	6 218	7 592	7 246	7 423
49	24	82 575	6 252	7 089	7 696	7 136	7 229
1950	25	83 689	5 802	6 784	7 794	7 161	7 539
51	26	82 331	6 140	6 710	7 867	6 297	7 701
52	27	79 021	6 289	7 090	7 634	7 028	6 895
53	28	75 255	5 583	6 377	7 146	6 518	6 633
54	29	76 759	5 812	6 436	7 667	6 741	6 551
55	30	75 267	5 697	6 504	7 419	6 394	6 537
56	31	72 040	5 659	6 405	6 958	6 594	6 386
57	32	71 651	5 453	6 040	6 731	6 514	6 690
58	33	74 004	5 619	6 425	7 000	6 537	6 468
59	34	72 455	5 661	6 491	7 091	6 175	6 271
1960	35	69 410	5 308	6 548	6 925	6 028	5 874
61	36	69 323	5 079	5 797	6 731	5 946	6 090
62	37	71 394	5 438	5 996	6 702	6 376	6 348
63	38	69 996	4 851	6 019	6 421	6 195	6 316
64	39	72 306	5 516	6 048	6 589	6 317	6 102
65	40	77 195	5 798	6 495	7 384	6 861	6 364
66	41	79 432	5 654	6 799	7 424	6 885	6 885
67	42	83 478	6 047	6 714	7 962	6 950	7 574
68	43	87 327	5 903	7 190	8 009	8 014	7 830
69	44	91 280	6 532	7 130	8 111	8 042	7 772
1970	45	95 937	7 007	7 832	8 561	8 555	8 046
71	46	103 595	7 276	8 279	9 788	8 911	8 620
72	47	108 382	8 317	9 067	9 949	8 923	9 413
73	48	111 877	8 581	9 402	10 615	9 053	9 965
74	49	113 622	8 596	9 075	10 087	9 802	10 112
75	50	119 135	8 541	9 323	10 687	10 319	10 433
76	51	124 512	8 975	9 849	11 987	10 474	10 127
77	52	129 485	9 388	9 905	12 161	11 081	10 998
78	53	132 146	9 406	10 314	12 749	10 935	11 555
79	54	135 250	9 693	10 587	12 613	10 930	12 027
1980	55	141 689	9 892	11 061	12 949	12 511	12 014
81	56	154 221	10 489	11 717	14 387	13 692	12 674
82	57	163 980	11 337	12 570	16 033	14 421	13 929
83	58	179 150	12 338	13 278	16 874	15 083	15 430
84	59	178 746	12 521	14 661	17 997	15 711	16 090
85	60	166 640	12 273	12 983	15 981	15 788	14 667
86	61	166 054	12 300	12 754	16 337	15 416	14 385
87	62	158 227	12 571	12 659	15 762	14 386	13 291
88	63	153 600	11 536	12 541	14 934	13 925	12 635
89	平成元年	157 811	12 209	12 352	16 203	14 224	13 472
1990	2	157 608	11 903	12 004	15 661	13 482	13 933
91	3	168 969	12 628	13 047	15 791	15 495	14 589
92	4	179 191	14 300	13 888	16 832	15 866	13 980
93	5	188 297	13 859	14 430	19 580	17 316	14 888
94	6	195 106	15 002	14 992	19 746	16 908	16 353
95	7	199 016	14 659	15 736	20 753	16 920	16 848
96	8	206 955	15 798	16 153	18 733	18 573	17 481
97	9	222 635	17 700	17 577	21 873	19 946	18 335
98	10	243 183	18 598	18 557	24 771	21 323	19 080
99	11	250 529	19 069	19 070	25 722	22 821	19 395
2000	12	264 246	19 731	20 653	26 187	21 491	22 105
01	13	285 911	21 737	21 155	27 666	23 800	24 818
02	14	289 836	23 425	23 037	28 071	26 427	24 120
03	15	283 854	23 136	23 049	28 708	25 634	24 148
04	16	270 804	21 831	21 884	29 509	24 202	20 158
05	17	261 917	21 001	20 029	26 835	22 227	21 735
06	18	257 475	20 654	20 796	27 851	21 927	21 656
07	19	254 832	20 057	19 562	25 934	23 370	22 597
08	20	251 136	20 217	20 600	25 888	22 413	20 212

構成割合 －昭和22～平成20年－
of occurrence, and percent distribution, 1947-2008

(組)
(couples)

6月 June	7月 July	8月 August	9月 September	10月 October	11月 Nobermber	12月 December	平均発生間隔 Interval of occurrence (minute:second)
							分　秒
5 979	6 158	6 634	7 230	6 732	5 612	7 386	6′ 36″
6 032	6 389	6 744	7 388	6 706	6 231	7 284	6′ 40″
5 945	6 061	7 139	7 539	6 965	6 177	7 347	6′ 22″
6 249	6 664	7 618	7 683	7 185	6 209	7 001	6′ 17″
6 303	6 737	7 015	7 191	7 301	6 136	6 933	6′ 23″
6 217	6 027	6 102	7 115	6 646	5 590	6 388	6′ 40″
5 692	5 776	5 975	7 012	6 726	5 319	6 498	6′ 59″
5 839	6 133	6 052	6 604	6 447	5 828	6 649	6′ 51″
5 849	5 697	6 311	6 807	6 098	5 431	6 523	6′ 59″
5 543	5 562	5 781	5 906	6 195	5 328	5 723	7′ 19″
5 354	5 615	5 542	5 974	6 213	5 451	6 074	7′ 20″
5 681	6 028	5 698	6 592	6 209	5 477	6 270	7′ 06″
5 692	5 872	5 630	6 334	5 819	5 401	6 018	7′ 15″
5 309	5 272	5 483	6 036	5 666	5 331	5 630	7′ 36″
5 479	5 344	5 711	6 032	5 875	5 405	5 834	7′ 35″
5 551	5 629	5 857	6 334	6 042	5 361	5 760	7′ 22″
5 605	5 514	5 667	6 132	6 168	5 324	5 784	7′ 31″
5 868	5 951	5 733	6 395	6 150	5 457	6 180	7′ 17″
6 233	6 210	6 401	6 678	6 328	6 102	6 341	6′ 49″
6 623	6 359	6 661	6 841	6 612	6 109	6 580	6′ 37″
6 855	6 694	7 017	7 309	6 899	6 472	6 985	6′ 18″
6 758	7 346	7 137	7 342	7 288	7 008	7 502	6′ 02″
7 497	7 599	7 483	8 329	8 314	7 182	7 289	5′ 45″
7 931	8 125	7 638	8 615	8 557	7 371	7 699	5′ 29″
8 638	8 457	8 402	9 376	8 763	8 379	8 706	5′ 04″
9 024	8 681	8 945	9 384	9 399	8 428	8 852	4′ 52″
9 503	9 316	9 187	9 434	9 891	8 542	8 388	4′ 42″
9 191	9 803	9 383	9 837	9 984	8 559	9 193	4′ 38″
10 146	10 249	9 250	11 102	10 518	8 774	9 793	4′ 25″
10 684	10 693	10 357	10 903	10 174	10 039	10 250	4′ 14″
10 824	10 474	11 049	11 720	11 046	10 323	10 516	4′ 04″
10 878	10 827	11 017	11 722	11 409	10 560	10 774	3′ 59″
10 963	11 508	11 393	10 898	11 991	10 856	11 791	3′ 53″
11 640	12 024	11 464	12 723	12 530	10 619	12 262	3′ 43″
13 209	13 089	12 904	13 680	13 156	11 814	13 410	3′ 24″
14 050	13 961	13 379	14 171	13 216	13 256	13 657	3′ 12″
15 282	15 062	15 735	15 812	15 476	14 142	14 638	2′ 56″
14 816	14 769	14 850	14 641	15 375	13 595	13 720	2′ 57″
13 477	14 508	13 431	13 543	14 233	12 506	13 250	3′ 09″
13 451	14 226	13 261	14 324	14 068	11 866	13 666	3′ 10″
13 731	13 198	12 747	13 299	13 178	11 510	11 895	3′ 19″
12 961	12 243	12 760	13 004	12 738	12 138	12 185	3′ 26″
13 344	12 863	12 812	13 184	12 975	11 811	12 362	3′ 20″
12 988	13 273	12 941	12 419	14 011	12 257	12 736	3′ 20″
13 353	14 824	13 764	13 903	14 848	13 040	13 687	3′ 07″
15 005	15 110	13 916	15 661	15 709	14 071	14 853	2′ 56″
15 642	15 663	15 682	16 151	15 086	15 107	14 893	2′ 47″
16 710	15 250	16 485	16 439	16 188	15 357	15 676	2′ 42″
16 987	16 021	16 732	16 441	16 884	15 268	15 767	2′ 38″
16 259	18 139	17 105	17 323	18 209	16 222	16 960	2′ 33″
18 373	18 253	17 082	19 645	19 525	15 912	18 414	2′ 22″
20 704	20 759	20 026	20 531	20 687	18 114	20 033	2′ 10″
21 041	20 689	21 004	21 011	20 141	20 060	20 506	2′ 06″
21 617	21 213	22 595	21 914	22 451	20 452	23 837	2′ 00″
23 020	24 077	25 188	22 956	25 622	22 677	23 195	1′ 50″
21 917	25 170	23 913	23 910	24 934	21 756	23 156	1′ 49″
23 490	24 638	21 916	23 593	23 491	19 498	22 553	1′ 51″
22 300	22 414	22 356	22 216	20 800	21 071	22 063	1′ 57″
21 988	20 967	22 416	21 795	21 706	20 378	20 840	2′ 00″
21 587	20 649	21 137	20 177	20 912	19 412	20 717	2′ 02″
20 564	20 934	21 043	19 194	21 800	19 527	20 250	2′ 04″
20 457	20 857	19 218	20 698	21 583	17 567	21 426	2′ 06″

3表（2－2）

第3表　年次・届出月別離婚件数・平均発生間隔・
Table 3. Trends in divorces by month of registration, mean interval

構成割合
Percent distribution

年次 Year		総数 Total	1月 January	2月 February	3月 March	4月 April	5月 May
1947	昭和22年	100.00	8.06	7.54	8.86	8.22	9.83
48	23	100.00	4.78	7.87	9.61	9.17	9.39
49	24	100.00	7.57	8.58	9.32	8.64	8.75
1950	25	100.00	6.93	8.11	9.31	8.56	9.01
51	26	100.00	7.46	8.15	9.56	7.65	9.35
52	27	100.00	7.96	8.97	9.66	8.89	8.73
53	28	100.00	7.42	8.47	9.50	8.66	8.81
54	29	100.00	7.57	8.38	9.99	8.78	8.53
55	30	100.00	7.57	8.64	9.86	8.50	8.69
56	31	100.00	7.86	8.89	9.66	9.15	8.86
57	32	100.00	7.61	8.43	9.39	9.09	9.34
58	33	100.00	7.59	8.68	9.46	8.83	8.74
59	34	100.00	7.81	8.96	9.79	8.52	8.66
1960	35	100.00	7.65	9.43	9.98	8.68	8.46
61	36	100.00	7.33	8.36	9.71	8.58	8.78
62	37	100.00	7.62	8.40	9.39	8.93	8.89
63	38	100.00	6.93	8.60	9.17	8.85	9.02
64	39	100.00	7.63	8.36	9.11	8.74	8.44
65	40	100.00	7.51	8.41	9.57	8.89	8.24
66	41	100.00	7.12	8.56	9.35	8.67	8.67
67	42	100.00	7.24	8.04	9.54	8.33	9.07
68	43	100.00	6.76	8.23	9.17	9.18	8.97
69	44	100.00	7.16	7.81	8.89	8.81	8.51
1970	45	100.00	7.30	8.16	8.92	8.92	8.39
71	46	100.00	7.02	7.99	9.45	8.60	8.32
72	47	100.00	7.67	8.37	9.18	8.23	8.69
73	48	100.00	7.67	8.40	9.49	8.09	8.91
74	49	100.00	7.57	7.99	8.88	8.63	8.90
75	50	100.00	7.17	7.83	8.97	8.66	8.76
76	51	100.00	7.21	7.91	9.63	8.41	8.13
77	52	100.00	7.25	7.65	9.39	8.56	8.49
78	53	100.00	7.12	7.81	9.65	8.27	8.74
79	54	100.00	7.17	7.83	9.33	8.08	8.89
1980	55	100.00	6.98	7.81	9.14	8.83	8.48
81	56	100.00	6.80	7.60	9.33	8.88	8.22
82	57	100.00	6.91	7.67	9.78	8.79	8.49
83	58	100.00	6.89	7.41	9.42	8.42	8.61
84	59	100.00	7.00	8.20	10.07	8.79	9.00
85	60	100.00	7.36	7.79	9.59	9.47	8.80
86	61	100.00	7.41	7.68	9.84	9.28	8.66
87	62	100.00	7.94	8.00	9.96	9.09	8.40
88	63	100.00	7.51	8.16	9.72	9.07	8.23
89	平成元年	100.00	7.74	7.83	10.27	9.01	8.54
1990	2	100.00	7.55	7.62	9.94	8.55	8.84
91	3	100.00	7.47	7.72	9.35	9.17	8.63
92	4	100.00	7.98	7.75	9.39	8.85	7.80
93	5	100.00	7.36	7.66	10.40	9.20	7.91
94	6	100.00	7.69	7.68	10.12	8.67	8.38
95	7	100.00	7.37	7.91	10.43	8.50	8.47
96	8	100.00	7.63	7.81	9.05	8.97	8.45
97	9	100.00	7.95	7.89	9.82	8.96	8.24
98	10	100.00	7.65	7.63	10.19	8.77	7.85
99	11	100.00	7.61	7.61	10.27	9.11	7.74
2000	12	100.00	7.47	7.82	9.91	8.13	8.37
01	13	100.00	7.60	7.40	9.68	8.32	8.68
02	14	100.00	8.08	7.95	9.69	9.12	8.32
03	15	100.00	8.15	8.12	10.11	9.03	8.51
04	16	100.00	8.06	8.08	10.90	8.94	7.44
05	17	100.00	8.02	7.65	10.25	8.49	8.30
06	18	100.00	8.02	8.08	10.82	8.52	8.41
07	19	100.00	7.87	7.68	10.18	9.17	8.87
08	20	100.00	8.05	8.20	10.31	8.92	8.05

構成割合 —昭和22～平成20年—
of occurrence, and percent distribution, 1947-2008

(%)

6月 June	7月 July	8月 August	9月 September	10月 October	11月 Nobermber	12月 December
7.52	7.74	8.34	9.09	8.46	7.05	9.28
7.63	8.08	8.53	9.35	8.49	7.88	9.22
7.20	7.34	8.65	9.13	8.43	7.48	8.90
7.47	7.96	9.10	9.18	8.59	7.42	8.37
7.66	8.18	8.52	8.73	8.87	7.45	8.42
7.87	7.63	7.72	9.00	8.41	7.07	8.08
7.56	7.68	7.94	9.32	8.94	7.07	8.63
7.61	7.99	7.88	8.60	8.40	7.59	8.66
7.77	7.57	8.38	9.04	8.10	7.22	8.67
7.69	7.72	8.02	8.20	8.60	7.40	7.94
7.47	7.84	7.73	8.34	8.67	7.61	8.48
7.68	8.15	7.70	8.91	8.39	7.40	8.47
7.86	8.10	7.77	8.74	8.03	7.45	8.31
7.65	7.60	7.90	8.70	8.16	7.68	8.11
7.90	7.71	8.24	8.70	8.47	7.80	8.42
7.78	7.88	8.20	8.87	8.46	7.51	8.07
8.01	7.88	8.10	8.76	8.81	7.61	8.26
8.12	8.23	7.93	8.84	8.51	7.55	8.55
8.07	8.04	8.29	8.65	8.20	7.90	8.21
8.34	8.01	8.39	8.61	8.32	7.69	8.28
8.21	8.02	8.41	8.76	8.26	7.75	8.37
7.74	8.41	8.17	8.41	8.35	8.03	8.59
8.21	8.32	8.20	9.12	9.11	7.87	7.99
8.27	8.47	7.96	8.98	8.92	7.68	8.03
8.34	8.16	8.11	9.05	8.46	8.09	8.40
8.33	8.01	8.25	8.66	8.67	7.78	8.17
8.49	8.33	8.21	8.43	8.84	7.64	7.50
8.09	8.63	8.26	8.66	8.79	7.53	8.09
8.52	8.60	7.76	9.32	8.83	7.36	8.22
8.58	8.59	8.32	8.76	8.17	8.06	8.23
8.36	8.09	8.53	9.05	8.53	7.97	8.12
8.23	8.19	8.34	8.87	8.63	7.99	8.15
8.11	8.51	8.42	8.06	8.87	8.03	8.72
8.22	8.49	8.09	8.98	8.84	7.49	8.65
8.56	8.49	8.37	8.87	8.53	7.66	8.70
8.57	8.51	8.16	8.64	8.06	8.08	8.33
8.53	8.41	8.78	8.83	8.64	7.89	8.17
8.29	8.26	8.31	8.19	8.60	7.61	7.68
8.09	8.71	8.06	8.13	8.54	7.50	7.95
8.10	8.57	7.99	8.63	8.47	7.15	8.23
8.68	8.34	8.06	8.41	8.33	7.27	7.52
8.44	7.97	8.31	8.47	8.29	7.90	7.93
8.46	8.15	8.12	8.35	8.22	7.48	7.83
8.24	8.42	8.21	7.88	8.89	7.78	8.08
7.90	8.77	8.15	8.23	8.79	7.72	8.10
8.37	8.43	7.77	8.74	8.77	7.85	8.29
8.31	8.32	8.33	8.58	8.01	8.02	7.91
8.56	7.82	8.45	8.43	8.30	7.87	8.03
8.54	8.05	8.41	8.26	8.48	7.67	7.92
7.86	8.76	8.27	8.37	8.80	7.84	8.20
8.25	8.20	7.67	8.82	8.77	7.15	8.27
8.51	8.54	8.23	8.44	8.51	7.45	8.24
8.40	8.26	8.38	8.39	8.04	8.01	8.19
8.18	8.03	8.55	8.29	8.50	7.74	9.02
8.05	8.42	8.81	8.03	8.96	7.93	8.11
7.56	8.68	8.25	8.25	8.60	7.51	7.99
8.28	8.68	7.72	8.31	8.28	6.87	7.95
8.23	8.28	8.26	8.20	7.68	7.78	8.15
8.40	8.01	8.56	8.32	8.29	7.78	7.96
8.38	8.02	8.21	7.84	8.12	7.54	8.05
8.07	8.21	8.26	7.53	8.55	7.66	7.95
8.15	8.31	7.65	8.24	8.59	7.00	8.53

4表（2−1）

第4表　年次・夫妻・同居をやめたときの年齢（5歳階級）別
Table 4.　Trends in divorces by age (five-year age group) of husband and wife who terminated

年次 Year		総数 Total	〜19歳 Years	20〜24	25〜29	30〜34	35〜39	40〜44
1950	昭和25年	51 500	389	9 426	15 364	9 578	6 610	4 239
55	30	41 714	69	4 504	13 834	8 930	5 089	3 533
1960	35	36 832	59	3 257	11 728	9 427	4 824	2 674
65	40	42 705	65	4 012	12 589	11 260	6 568	3 329
1970	45	55 968	134	5 924	16 293	13 406	8 961	5 102
75	50	74 227	160	7 041	21 228	17 807	11 314	7 700
1980	55	89 361	140	4 751	17 333	24 926	17 147	10 722
81	56	99 170	218	5 013	16 708	28 082	18 542	13 278
82	57	107 337	188	5 524	16 638	28 947	20 447	15 253
83	58	121 873	266	5 971	16 868	29 162	24 745	18 874
84	59	120 114	280	6 287	16 380	26 815	25 701	18 887
85	60	110 085	284	6 263	15 682	22 948	24 521	17 072
86	61	109 759	265	6 500	15 680	21 705	25 702	15 891
87	62	104 225	275	6 484	15 534	19 649	23 304	15 465
88	63	100 833	282	6 654	15 992	18 901	20 861	15 647
89	平成元年	102 824	301	6 989	16 787	19 223	19 574	16 685
1990	2	104 522	320	7 410	17 592	19 332	18 346	17 604
91	3	113 374	362	8 250	18 983	20 705	18 781	19 981
92	4	122 196	391	9 076	20 511	22 447	18 925	20 795
93	5	128 541	377	9 772	22 194	23 746	19 134	20 322
94	6	134 542	483	10 554	23 804	24 787	19 777	19 411
95	7	137 209	445	11 061	25 070	25 960	19 797	18 133
96	8	144 990	493	12 024	27 642	27 362	20 590	17 822
97	9	156 334	533	12 377	29 865	29 433	22 554	18 289
98	10	174 043	609	12 478	32 011	33 490	25 829	20 154
99	11	180 043	658	12 284	32 266	35 300	26 567	20 574
2000	12	194 122	683	12 808	35 288	39 040	29 660	22 207
01	13	214 142	709	13 648	38 244	45 363	33 973	24 744
02	14	216 378	730	12 628	34 822	44 571	34 969	26 366
03	15	210 838	696	12 301	31 869	42 897	34 816	26 737
04	16	199 458	541	11 543	29 025	41 270	34 176	25 390
05	17	193 137	505	11 026	27 308	39 789	33 242	25 276
06	18	190 239	450	10 525	26 358	39 488	34 421	24 985
07	19	185 005	437	9 707	24 716	36 534	33 861	24 443
08	20	183 377	465	9 247	23 851	34 776	33 727	25 397

夫の Age of

注：1）昭和25年の70〜74歳は70歳以上の数値である。
　　2）昭和30〜平成17年の75〜79歳は75歳以上の数値である。

同年別居離婚件数　—昭和25・30・35・40・45・50・55〜平成20年—
cohabitation in the same year, 1950, 1955, 1960, 1965, 1970, 1975, 1980-2008

(組)
(Couples)

年齢
husband

45 〜 49	50 〜 54	55 〜 59	60 〜 64	65 〜 69	70 〜 74	75 〜 79	80 〜	不詳 Not stated
2 608	1 534	845	467	241	180	…	…	19
2 292	1 479	982	493	286	151	72	…	-
1 808	1 196	804	501	281	167	101	…	5
1 754	1 172	804	506	347	173	122	…	4
2 467	1 250	962	604	398	207	143	…	117
4 350	2 085	1 081	676	386	250	147	…	2
7 305	3 730	1 624	745	485	263	189	…	1
8 880	4 615	2 012	807	523	273	219	…	-
10 304	5 617	2 413	951	496	301	258	…	-
12 711	7 545	3 396	1 229	532	333	240	…	1
12 314	7 414	3 504	1 312	616	327	277	…	-
11 064	6 736	3 165	1 187	559	331	272	…	1
11 252	6 665	3 481	1 361	605	357	294	…	1
11 060	6 611	3 338	1 323	591	319	270	…	2
10 540	6 164	3 307	1 406	499	305	275	…	-
11 098	6 198	3 326	1 473	578	294	298	…	-
11 312	6 359	3 504	1 580	619	281	263	…	-
11 908	7 364	3 967	1 809	707	272	285	…	-
13 538	8 491	4 493	2 088	828	327	286	…	-
14 956	9 227	4 896	2 237	968	383	327	…	2
16 436	9 891	5 077	2 510	1 084	409	317	…	2
17 186	10 022	5 242	2 515	1 085	386	307	…	-
18 469	10 059	5 654	2 830	1 190	528	327	…	-
19 455	11 394	6 690	3 335	1 474	577	358	…	-
20 841	13 898	7 845	3 960	1 815	691	421	…	1
20 156	15 697	8 985	4 296	1 970	795	495	…	-
19 789	17 444	9 168	4 446	2 153	897	539	…	-
20 219	18 969	9 294	5 086	2 362	965	566	…	-
21 705	20 062	10 518	5 508	2 759	1 134	606	…	-
20 769	19 005	11 299	5 759	2 765	1 260	665	…	-
19 406	16 682	11 102	5 748	2 615	1 236	722	…	2
19 021	15 331	11 381	5 552	2 663	1 305	737	…	1
18 255	14 223	11 676	5 110	2 736	1 240	513	259	-
18 671	13 955	11 797	5 609	2 975	1 459	546	295	-
19 120	13 640	11 314	6 347	3 064	1 487	641	297	4

Notes: 1) Divorces of 70 years old and over are shown in divorces of 70-74 years old in 1950.
　　　 2) Divorces of 75 years old and over are shown in divorces of 75-79 years old in 1955-2005.

4表（2－2）

第4表　年次・夫妻・同居をやめたときの年齢（5歳階級）別

Table 4. Trends in divorces by age (five-year age group) of husband and wife who terminated

年次 Year		総数 Total	～19歳 Years	20～24	25～29	30～34	35～39	40～44
1950	昭和25年	51 500	2 604	17 295	14 460	7 620	4 475	2 497
55	30	41 714	968	11 302	12 635	7 695	4 185	2 451
1960	35	36 832	682	9 249	11 288	7 053	4 107	2 083
65	40	42 705	693	10 762	12 664	8 305	4 954	2 612
1970	45	55 968	862	13 747	16 873	10 315	6 578	3 741
75	50	74 227	915	14 898	23 827	14 271	8 971	5 568
1980	55	89 361	797	10 556	23 081	22 824	14 297	8 513
81	56	99 170	940	10 726	22 688	26 799	16 038	10 684
82	57	107 337	1 038	11 475	22 731	27 953	18 076	12 768
83	58	121 873	1 175	12 224	23 300	29 457	22 441	15 853
84	59	120 114	1 279	12 488	22 895	26 471	23 545	16 050
85	60	110 085	1 292	12 304	21 500	22 479	22 340	14 502
86	61	109 759	1 274	12 575	21 917	21 306	23 019	13 354
87	62	104 225	1 242	12 355	21 173	19 021	21 215	13 247
88	63	100 833	1 296	12 526	21 696	18 109	18 539	13 161
89	平成元年	102 824	1 302	12 931	22 844	18 290	17 356	13 922
1990	2	104 522	1 312	13 554	23 730	18 532	16 219	14 779
91	3	113 374	1 411	14 886	25 426	20 123	16 394	16 916
92	4	122 196	1 426	16 332	27 075	21 973	16 949	17 848
93	5	128 541	1 452	17 193	29 008	23 293	17 171	17 430
94	6	134 542	1 460	18 422	30 770	24 512	17 421	16 432
95	7	137 209	1 413	19 188	31 825	25 628	17 462	15 536
96	8	144 990	1 464	20 173	35 134	27 111	18 123	15 038
97	9	156 334	1 589	20 270	38 488	29 432	19 877	15 808
98	10	174 043	1 648	20 074	42 106	33 856	23 226	17 311
99	11	180 043	1 672	19 009	42 844	36 472	24 266	17 985
2000	12	194 122	1 824	19 815	46 978	40 628	27 290	19 059
01	13	214 142	2 027	20 800	50 123	48 390	31 553	21 083
02	14	216 378	1 976	19 366	45 607	49 227	33 525	23 311
03	15	210 838	2 015	18 612	40 957	48 656	34 127	23 704
04	16	199 458	1 872	17 549	37 279	46 449	33 688	22 854
05	17	193 137	1 767	17 010	34 755	44 811	32 947	23 102
06	18	190 239	1 566	16 751	33 897	44 177	34 704	22 452
07	19	185 005	1 466	16 033	32 118	40 729	34 442	22 616
08	20	183 377	1 523	15 193	31 171	38 780	34 910	23 698

注：1）昭和25年の70～74歳は70歳以上の数値である。
　　2）昭和30～平成17年の75～79歳は75歳以上の数値である。

同年別居離婚件数 －昭和25・30・35・40・45・50・55～平成20年－
cohabitation in the same year, 1950, 1955, 1960, 1965, 1970, 1975, 1980-2008

(組)
(Couples)

年　　　　　齢 wife 45 ～ 49	50 ～ 54	55 ～ 59	60 ～ 64	65 ～ 69	70 ～ 74	75 ～ 79	80 ～	不　　詳 Not stated
1 304	641	333	112	83	36	…	…	40
1 114	699	376	162	73	38	16	…	-
1 106	612	318	174	79	47	33	…	1
1 289	721	361	190	92	36	26	…	-
1 888	946	493	230	119	42	22	…	112
3 066	1 534	667	299	131	47	31	…	2
5 049	2 466	1 061	429	185	66	37	…	-
6 174	3 040	1 276	480	217	78	30	…	-
7 358	3 529	1 483	558	245	82	41	…	-
9 420	4 785	2 082	736	261	91	46	…	2
9 236	4 816	2 125	783	267	108	51	…	-
8 180	4 304	1 972	760	294	107	51	…	-
8 514	4 398	2 070	814	324	129	65	…	-
8 377	4 321	1 991	771	339	110	63	…	-
8 163	4 077	1 933	808	333	126	66	…	-
8 656	4 120	1 948	878	373	138	66	…	-
8 608	4 238	2 094	894	369	117	76	…	-
9 274	4 919	2 392	1 030	398	132	72	…	1
10 254	5 842	2 670	1 157	438	170	62	…	-
11 540	6 369	2 957	1 302	494	216	114	…	2
12 936	7 072	3 180	1 410	605	218	103	…	1
13 655	6 999	3 102	1 462	631	226	82	…	-
14 755	7 033	3 409	1 648	707	273	122	…	-
15 587	7 955	4 192	1 886	822	287	139	…	2
16 885	9 950	5 100	2 331	1 035	363	158	…	-
16 268	11 307	5 661	2 678	1 229	443	208	…	1
15 721	12 291	5 717	2 801	1 302	478	217	…	1
15 866	13 228	5 849	2 982	1 505	500	235	…	1
16 900	13 946	6 539	3 424	1 682	619	256	…	-
16 504	13 050	6 985	3 588	1 639	701	299	…	1
15 407	11 283	6 887	3 512	1 678	694	306	…	-
15 300	10 326	7 140	3 288	1 612	731	346	…	2
14 573	9 459	6 970	2 975	1 653	693	273	96	-
14 979	9 284	6 928	3 377	1 845	771	296	121	-
15 570	9 184	6 514	3 755	1 842	816	277	143	1

Notes: 1) Divorces of 70 years old and over are shown in divorces of 70-74 years old in 1950.
　　　2) Divorces of 75 years old and over are shown in divorces of 75-79 years old in 1955-2005.

第5表 年次・夫妻・同居をやめたときの年齢（5歳階級）別離婚率（人口千対、同年別居） －昭和25～平成17年－

Table 5. Trends in divorce rates by age (five-year age group) of husband and wife at the time cohabitation terminated (per 1,000 population, terminated cohabitation in the same year), 1950-2005

年次 Year		～19歳 Years	20～24	25～29	30～34	35～39	40～44	45～49	50～54	55～59
\multicolumn{11}{c}{夫 Husband}
1950	昭和25年	0.09	2.46	5.44	4.06	2.78	1.93	1.29	0.89	0.61
55	30	0.02	1.07	3.66	3.19	2.19	1.52	1.07	0.77	0.61
1960	35	0.01	0.79	2.86	2.52	1.75	1.18	0.80	0.59	0.45
65	40	0.01	0.89	3.03	2.72	1.75	1.22	0.79	0.54	0.42
1970	45	0.03	1.12	3.63	3.22	2.18	1.40	0.93	0.58	0.47
75	50	0.04	1.55	3.94	3.87	2.70	1.87	1.20	0.80	0.53
1980	55	0.03	1.21	3.84	4.63	3.75	2.59	1.82	1.06	0.65
85	60	0.06	1.50	4.00	5.05	4.55	3.80	2.73	1.73	0.93
1990	平成2年	0.06	1.67	4.36	4.97	4.08	3.30	2.53	1.59	0.93
95	7	0.10	2.22	5.74	6.43	5.09	4.05	3.25	2.28	1.35
2000	12	0.18	3.01	7.21	8.94	7.35	5.72	4.46	3.36	2.14
05	17	0.15	2.99	6.63	8.18	7.65	6.29	4.96	3.52	2.25
\multicolumn{11}{c}{妻 Wife}
1950	昭和25年	0.61	4.45	4.30	2.68	1.67	1.09	0.66	0.38	0.24
55	30	0.23	2.69	3.30	2.32	1.50	0.94	0.50	0.36	0.24
1960	35	0.15	2.21	2.74	1.87	1.25	0.76	0.43	0.28	0.17
65	40	0.13	2.35	3.01	2.02	1.32	0.81	0.48	0.29	0.17
1970	45	0.19	2.59	3.71	2.47	1.62	1.02	0.59	0.36	0.21
75	50	0.24	3.33	4.46	3.10	2.14	1.36	0.83	0.49	0.26
1980	55	0.20	2.74	5.17	4.29	3.12	2.05	1.25	0.68	0.34
85	60	0.30	3.07	5.62	5.00	4.22	3.18	1.98	1.08	0.55
1990	平成2年	0.27	3.16	6.02	4.85	3.65	2.80	1.91	1.04	0.53
95	7	0.34	4.01	7.50	6.51	4.57	3.50	2.60	1.56	0.77
2000	12	0.50	4.90	9.93	9.57	6.92	4.98	3.57	2.36	1.29
05	17	0.56	4.85	8.73	9.48	7.76	5.85	4.01	2.36	1.38

注：19歳以下の離婚率算出に用いた人口は15～19歳の人口である。
Note: Population aged 15 to 19 years old was used for the calculation of divorce rate of population aged 19 or younger.

第6表　年次・夫妻・同居をやめたときの年齢（5歳階級）別
有配偶離婚率（有配偶人口千対、同年別居）　—昭和25〜平成17年—

Table 6. Trends in divorce rates for married population by age (five-year age group) of husband and wife at the time cohabitation terminated (per 1,000 married population, terminated cohabitation in the same year), 1950-2005

年次 Year		〜19歳 Years	20〜24	25〜29	30〜34	35〜39	40〜44	45〜49	50〜54	55〜59
\multicolumn{11}{c}{夫　Husband}
1950	昭和25年	20.63	14.83	8.51	4.50	2.94	2.03	1.38	0.99	0.71
55	30	11.45	11.17	6.34	3.58	2.31	1.59	1.13	0.83	0.69
1960	35	7.40	9.60	5.39	2.84	1.85	1.23	0.84	0.62	0.49
65	40	3.54	9.40	5.63	3.08	1.86	1.28	0.82	0.57	0.45
1970	45	4.56	11.43	6.81	3.67	2.32	1.46	0.96	0.61	0.50
75	50	7.86	13.08	7.65	4.55	2.91	1.98	1.25	0.84	0.55
1980	55	10.25	14.92	8.71	6.01	4.20	2.80	1.94	1.12	0.69
85	60	24.76	20.52	10.34	7.23	5.49	4.23	2.97	1.86	1.00
1990	平成2年	23.26	27.14	12.91	7.64	5.24	3.93	2.87	1.77	1.02
95	7	40.67	34.76	18.19	10.66	6.85	5.10	3.89	2.62	1.52
2000	12	42.06	44.87	24.52	16.35	10.66	7.54	5.67	4.10	2.51
05	17	45.85	49.21	24.43	16.28	12.27	8.99	6.64	4.57	2.80
\multicolumn{11}{c}{妻　Wife}
1950	昭和25年	18.85	10.41	5.44	3.22	2.03	1.33	0.84	0.53	0.39
55	30	13.30	8.25	4.33	2.72	1.80	1.16	0.64	0.50	0.37
1960	35	11.12	7.07	3.59	2.17	1.46	0.93	0.56	0.39	0.26
65	40	9.92	7.49	3.78	2.30	1.51	0.95	0.60	0.40	0.26
1970	45	10.50	9.28	4.59	2.74	1.80	1.17	0.71	0.48	0.31
75	50	17.48	10.89	5.71	3.44	2.35	1.53	0.97	0.61	0.37
1980	55	21.01	12.54	6.94	4.87	3.46	2.29	1.44	0.82	0.46
85	60	34.83	17.17	8.27	5.85	4.76	3.60	2.28	1.29	0.71
1990	平成2年	37.81	23.76	10.49	5.87	4.18	3.21	2.21	1.23	0.67
95	7	55.31	32.53	15.18	8.53	5.39	4.07	3.05	1.87	0.96
2000	12	62.28	44.24	23.00	13.96	8.76	5.99	4.26	2.87	1.61
05	17	74.63	48.42	23.18	15.21	10.78	7.58	4.99	2.92	1.75

注：19歳以下の有配偶離婚率算出に用いた人口は15〜19歳の有配偶人口である。
Note: Married population aged 15 to 19 years old was used for the calculation of divorce rate of married population aged 19 or younger.

第7表 年次・性・59歳までの年齢別婚姻率（同年同居）・離婚率（同年別居）の合計・比 —昭和25～平成17年—

Table 7. Trends in the total and proportion of marriage rates (started cohabitation in the same year) and divorce rates (terminated cohabitation in the same year) by sex and age up to 59 years old, 1950-2005

年次 Year		年齢別婚姻率の合計 Total of marriage rates by age	初婚 First marriage	再婚 Remarriage	年齢別離婚率の合計 Total of divorce rates by age	離婚率の合計と婚姻率の合計の比 Total of divorce rates vs. total of marriage rates
\multicolumn{7}{c}{男性 Male}
1950	昭和25年	0.57	0.48	0.10	0.10	0.17
55	30	0.61	0.53	0.08	0.07	0.12
1960	35	0.74	0.67	0.07	0.05	0.07
65	40	0.87	0.79	0.07	0.06	0.07
1970	45	0.94	0.87	0.07	0.07	0.07
75	50	0.84	0.77	0.07	0.08	0.10
1980	55	0.77	0.70	0.06	0.10	0.13
85	60	0.79	0.72	0.07	0.12	0.15
1990	平成2年	0.78	0.70	0.08	0.12	0.15
95	7	0.82	0.73	0.09	0.15	0.19
2000	12	0.78	0.68	0.10	0.21	0.27
05	17	0.72	0.61	0.11	0.21	0.30
\multicolumn{7}{c}{女性 Female}
1950	昭和25年	0.47	0.41	0.06	0.08	0.17
55	30	0.55	0.51	0.04	0.06	0.11
1960	35	0.70	0.67	0.04	0.05	0.07
65	40	0.82	0.77	0.04	0.05	0.06
1970	45	0.87	0.82	0.04	0.06	0.07
75	50	0.88	0.83	0.05	0.08	0.09
1980	55	0.83	0.77	0.06	0.10	0.12
85	60	0.83	0.76	0.06	0.13	0.15
1990	平成2年	0.79	0.72	0.07	0.12	0.15
95	7	0.82	0.74	0.08	0.16	0.19
2000	12	0.81	0.72	0.09	0.22	0.27
05	17	0.77	0.66	0.10	0.22	0.29

注：年齢別婚姻率・離婚率の合計は5歳階級別婚姻率・離婚率を5倍して合計した。
Note: The total of marriage rates and divorce rates by age were given by multiplying figures for respective five-year age group by five and totaling their sums.

第8表　年次・離婚の種類別離婚件数・
Table 8. Trends in divorces by legal type and

離婚件数
Divorces
(組) (Couples)

年次 Year		総数 Total	協議離婚 Divorces by mutual agreement	調停離婚 Divorces by conciliation	審判離婚 Divorces by adjustment	和解離婚 Divorces by compromise	認諾離婚 Divorces by acknowledgment of claim	判決離婚 Judicial divorces
1948	昭和23年	79 032	77 573	1 220	92	…	…	147
49	24	82 575	80 028	2 202	37	…	…	308
1950	25	83 689	79 955	3 276	25	…	…	433
51	26	82 331	77 679	4 001	24	…	…	627
52	27	79 021	74 139	4 260	23	…	…	599
53	28	75 255	70 477	4 253	26	…	…	499
54	29	76 759	71 544	4 615	33	…	…	567
55	30	75 267	69 839	4 833	27	…	…	568
56	31	72 040	66 607	4 863	23	…	…	547
57	32	71 651	65 995	5 040	34	…	…	582
58	33	74 004	67 781	5 614	36	…	…	573
59	34	72 455	66 316	5 430	44	…	…	665
1960	35	69 410	63 302	5 413	43	…	…	652
61	36	69 323	63 010	5 537	33	…	…	743
62	37	71 394	64 787	5 802	60	…	…	745
63	38	69 996	63 647	5 528	57	…	…	764
64	39	72 306	65 876	5 621	43	…	…	766
65	40	77 195	69 599	6 692	41	…	…	863
66	41	79 432	71 168	7 314	41	…	…	909
67	42	83 478	74 843	7 719	62	…	…	854
68	43	87 327	78 181	8 177	85	…	…	884
69	44	91 280	81 883	8 391	84	…	…	922
1970	45	95 937	85 920	8 960	64	…	…	993
71	46	103 595	92 892	9 576	57	…	…	1 070
72	47	108 382	97 068	10 175	69	…	…	1 070
73	48	111 877	100 353	10 325	69	…	…	1 130
74	49	113 622	101 988	10 391	50	…	…	1 193
75	50	119 135	107 138	10 771	54	…	…	1 172
76	51	124 512	111 207	11 924	39	…	…	1 342
77	52	129 485	115 733	12 277	54	…	…	1 421
78	53	132 146	118 212	12 355	40	…	…	1 539
79	54	135 250	121 063	12 529	42	…	…	1 616
1980	55	141 689	127 379	12 732	46	…	…	1 532
81	56	154 221	139 233	13 333	31	…	…	1 624
82	57	163 980	148 253	13 931	31	…	…	1 765
83	58	179 150	163 607	13 689	54	…	…	1 800
84	59	178 746	163 209	13 617	63	…	…	1 857
85	60	166 640	151 918	12 928	59	…	…	1 735
86	61	166 054	151 079	13 196	50	…	…	1 729
87	62	158 227	143 735	12 830	39	…	…	1 623
88	63	153 600	139 296	12 727	48	…	…	1 529
89	平成元年	157 811	142 612	13 610	51	…	…	1 538
1990	2	157 608	142 623	13 317	44	…	…	1 624
91	3	168 969	152 963	14 318	76	…	…	1 612
92	4	179 191	162 654	14 837	72	…	…	1 628
93	5	188 297	170 413	16 131	65	…	…	1 688
94	6	195 106	176 547	16 725	72	…	…	1 762
95	7	199 016	179 844	17 302	66	…	…	1 804
96	8	206 955	187 856	17 228	72	…	…	1 799
97	9	222 635	202 431	18 341	81	…	…	1 782
98	10	243 183	221 761	19 182	76	…	…	2 164
99	11	250 529	229 126	19 291	77	…	…	2 035
2000	12	264 246	241 703	20 230	85	…	…	2 228
01	13	285 911	261 631	21 957	81	…	…	2 242
02	14	289 836	264 430	22 846	74	…	…	2 486
03	15	283 854	257 361	23 856	61	…	…	2 576
04	16	270 804	242 680	23 609	152	1 341	14	3 008
05	17	261 917	233 086	22 906	185	2 476	19	3 245
06	18	257 475	228 802	22 683	121	2 805	17	3 047
07	19	254 832	225 215	23 476	97	3 243	15	2 786
08	20	251 136	220 487	24 432	84	3 486	11	2 636

注：平成16年の「和解離婚」と「認諾離婚」は、4月からの数値である。

構成割合　－昭和23～平成20年－
percent distribution, 1948-2008

構成割合
Percent distribution

(%)

年次 Year		総数 Total	協議離婚 Divorces by mutual agreement	調停離婚 Divorces by conciliation	審判離婚 Divorces by adjustment	和解離婚 Divorces by compromise	認諾離婚 Divorces by acknowledgment of claim	判決離婚 Judicial divorces
1948	昭和23年	100.0	98.2	1.5	0.1	…	…	0.2
49	24	100.0	96.9	2.7	0.0	…	…	0.4
1950	25	100.0	95.5	3.9	0.0	…	…	0.5
51	26	100.0	94.3	4.9	0.0	…	…	0.8
52	27	100.0	93.8	5.4	0.0	…	…	0.8
53	28	100.0	93.7	5.7	0.0	…	…	0.7
54	29	100.0	93.2	6.0	0.0	…	…	0.7
55	30	100.0	92.8	6.4	0.0	…	…	0.8
56	31	100.0	92.5	6.8	0.0	…	…	0.8
57	32	100.0	92.1	7.0	0.0	…	…	0.8
58	33	100.0	91.6	7.6	0.0	…	…	0.8
59	34	100.0	91.5	7.5	0.1	…	…	0.9
1960	35	100.0	91.2	7.8	0.1	…	…	0.9
61	36	100.0	90.9	8.0	0.0	…	…	1.1
62	37	100.0	90.7	8.1	0.1	…	…	1.0
63	38	100.0	90.9	7.9	0.1	…	…	1.1
64	39	100.0	91.1	7.8	0.1	…	…	1.1
65	40	100.0	90.2	8.7	0.1	…	…	1.1
66	41	100.0	89.6	9.2	0.1	…	…	1.1
67	42	100.0	89.7	9.2	0.1	…	…	1.0
68	43	100.0	89.5	9.4	0.1	…	…	1.0
69	44	100.0	89.7	9.2	0.1	…	…	1.0
1970	45	100.0	89.6	9.3	0.1	…	…	1.0
71	46	100.0	89.7	9.2	0.1	…	…	1.0
72	47	100.0	89.6	9.4	0.1	…	…	1.0
73	48	100.0	89.7	9.2	0.1	…	…	1.0
74	49	100.0	89.8	9.1	0.0	…	…	1.0
75	50	100.0	89.9	9.0	0.0	…	…	1.0
76	51	100.0	89.3	9.6	0.0	…	…	1.1
77	52	100.0	89.4	9.5	0.0	…	…	1.1
78	53	100.0	89.5	9.3	0.0	…	…	1.2
79	54	100.0	89.5	9.3	0.0	…	…	1.2
1980	55	100.0	89.9	9.0	0.0	…	…	1.1
81	56	100.0	90.3	8.6	0.0	…	…	1.1
82	57	100.0	90.4	8.5	0.0	…	…	1.1
83	58	100.0	91.3	7.6	0.0	…	…	1.0
84	59	100.0	91.3	7.6	0.0	…	…	1.0
85	60	100.0	91.2	7.8	0.0	…	…	1.0
86	61	100.0	91.0	7.9	0.0	…	…	1.0
87	62	100.0	90.8	8.1	0.0	…	…	1.0
88	63	100.0	90.7	8.3	0.0	…	…	1.0
89	平成元年	100.0	90.4	8.6	0.0	…	…	1.0
1990	2	100.0	90.5	8.4	0.0	…	…	1.0
91	3	100.0	90.5	8.5	0.0	…	…	1.0
92	4	100.0	90.8	8.3	0.0	…	…	0.9
93	5	100.0	90.5	8.6	0.0	…	…	0.9
94	6	100.0	90.5	8.6	0.0	…	…	0.9
95	7	100.0	90.4	8.7	0.0	…	…	0.9
96	8	100.0	90.8	8.3	0.0	…	…	0.9
97	9	100.0	90.9	8.2	0.0	…	…	0.8
98	10	100.0	91.2	7.9	0.0	…	…	0.9
99	11	100.0	91.5	7.7	0.0	…	…	0.8
2000	12	100.0	91.5	7.7	0.0	…	…	0.8
01	13	100.0	91.5	7.7	0.0	…	…	0.8
02	14	100.0	91.2	7.9	0.0	…	…	0.9
03	15	100.0	90.7	8.4	0.0	…	…	0.9
04	16	100.0	89.6	8.7	0.1	0.5	0.0	1.1
05	17	100.0	89.0	8.7	0.1	0.9	0.0	1.2
06	18	100.0	88.9	8.8	0.0	1.1	0.0	1.2
07	19	100.0	88.4	9.2	0.0	1.3	0.0	1.1
08	20	100.0	87.8	9.7	0.0	1.4	0.0	1.0

Note: Figures for divorces by compromise and by acknowledgment of claim include April through December of 2004.

第9表 年次・同居をやめたときの世帯の主な仕事別離婚件数 －平成7～20年－
Table 9. Trends in divorces by type of occupation for household at the time cohabitation terminated, 1995-2008

(組) (Couples)

年次 Year		総数 Total	農家世帯 Agricultural households	自営業者世帯 Self-employed households	常用勤労者世帯（Ⅰ） Employee households (I)	常用勤労者世帯（Ⅱ） Employee or director households (II)	その他の世帯 Other households	無職の世帯 Not working households	不詳 Not stated
1995	平成 7年	199 016	5 749	29 002	62 028	52 837	35 192	10 333	3 875
96	8	206 955	5 667	32 585	68 568	53 556	30 133	9 223	7 223
97	9	222 635	6 064	35 755	74 955	56 631	29 820	9 638	9 772
98	10	243 183	6 373	39 556	83 490	60 724	30 073	11 133	11 834
99	11	250 529	6 195	40 623	86 064	61 324	29 888	12 719	13 716
2000	12	264 246	6 326	42 889	94 810	65 135	29 718	14 624	10 744
01	13	285 911	6 708	44 024	103 293	68 454	31 388	14 553	17 491
02	14	289 836	6 721	43 855	102 790	67 798	31 874	15 277	21 521
03	15	283 854	6 527	42 586	99 548	65 647	30 856	15 244	23 446
04	16	270 804	6 072	39 397	94 639	63 230	29 081	14 223	24 162
05	17	261 917	5 666	37 872	94 703	64 673	26 379	14 185	18 439
06	18	257 475	5 228	36 202	91 959	62 648	25 545	12 816	23 077
07	19	254 832	4 873	34 626	89 671	63 741	24 539	11 927	25 455
08	20	251 136	4 524	33 606	87 715	63 170	23 280	11 497	27 344

10表（2－1）

第10表　年次・同居期間別離婚件数・構成割合・
Table 10.　Trends in divorces by duration of cohabitation, percent distribution

離婚件数
Divorces

年次 Year		総数 Total	5年未満 Under 5 years	1年未満 Under 1 year	1年以上2年未満 1 year to under 2 years	2～3	3～4	4～5
1947	昭和22年	79 551	48 505	11 184	11 645	8 639	9 649	7 388
48	23	79 032	47 740	12 071	15 434	8 155	5 900	6 180
49	24	82 575	49 064	10 925	15 540	11 729	6 470	4 400
1950	25	83 689	54 014	14 255	15 272	11 661	7 956	4 870
51	26	82 331	52 484	13 031	13 410	11 030	8 564	6 449
52	27	79 021	48 309	12 104	11 726	9 559	8 111	6 809
53	28	75 255	44 309	11 721	10 829	8 214	7 094	6 451
54	29	76 759	42 490	11 394	10 387	8 053	6 582	6 074
55	30	75 267	40 493	11 198	9 949	7 575	6 239	5 532
56	31	72 040	38 267	11 122	9 441	7 149	5 636	4 919
57	32	71 651	38 065	10 672	9 763	7 189	5 675	4 766
58	33	74 004	39 123	11 675	9 355	7 455	5 828	4 810
59	34	72 455	38 412	11 644	9 355	6 939	5 749	4 725
1960	35	69 410	37 433	11 345	9 327	6 844	5 359	4 558
61	36	69 323	37 821	11 246	9 243	7 171	5 638	4 523
62	37	71 394	39 315	11 702	9 391	7 321	5 968	4 933
63	38	69 996	38 453	11 409	9 270	7 173	5 919	4 682
64	39	72 306	39 466	11 843	9 380	7 408	5 892	4 943
65	40	77 195	41 965	12 540	9 849	7 777	6 421	5 378
66	41	79 432	43 181	12 730	10 079	8 130	6 766	5 476
67	42	83 478	45 262	13 354	10 145	8 695	7 226	5 842
68	43	87 327	45 990	13 032	10 240	8 638	7 605	6 475
69	44	91 280	47 541	13 456	10 669	8 822	7 813	6 781
1970	45	95 937	49 489	14 523	11 149	9 193	7 772	6 852
71	46	103 595	52 887	15 436	12 037	9 959	8 373	7 082
72	47	108 382	55 894	16 060	12 817	10 520	8 834	7 663
73	48	111 877	57 720	16 229	13 236	11 229	9 258	7 768
74	49	113 622	57 490	15 423	13 031	11 405	9 558	8 073
75	50	119 135	58 336	14 773	13 014	11 731	10 141	8 677
76	51	124 512	58 385	14 534	12 576	11 847	10 340	9 088
77	52	129 485	57 123	13 984	11 915	11 281	10 420	9 523
78	53	132 146	55 300	13 268	11 460	10 744	10 174	9 654
79	54	135 250	53 538	13 138	11 331	10 158	9 601	9 310
1980	55	141 689	52 597	12 990	11 430	10 209	9 204	8 764
81	56	154 221	53 693	12 629	11 947	10 620	9 654	8 843
82	57	163 980	54 981	13 143	12 195	11 020	9 813	8 810
83	58	179 150	57 502	13 244	12 899	11 539	10 398	9 422
84	59	178 746	58 227	13 177	13 207	11 732	10 628	9 483
85	60	166 640	56 442	12 656	12 817	11 710	10 434	8 825
86	61	166 054	57 584	13 099	12 993	12 007	10 478	9 007
87	62	158 227	56 363	12 367	12 581	11 743	10 532	9 140
88	63	153 600	56 786	12 445	12 829	11 687	10 662	9 163
89	平成元年	157 811	58 474	12 982	13 195	11 876	10 739	9 682
1990	2	157 608	59 676	13 066	14 387	12 325	10 452	9 446
91	3	168 969	64 077	13 428	15 478	14 047	11 547	9 577
92	4	179 191	68 385	13 788	15 907	15 067	13 041	10 582
93	5	188 297	72 094	13 941	16 741	15 643	13 867	11 902
94	6	195 106	74 853	14 695	17 342	16 143	14 488	12 185
95	7	199 016	76 710	14 893	18 081	16 591	14 576	12 569
96	8	206 955	80 434	15 512	19 123	17 605	15 117	13 077
97	9	222 635	86 302	16 592	20 318	18 860	16 274	14 258
98	10	243 183	90 790	16 791	20 989	19 986	17 738	15 286
99	11	250 529	90 996	16 606	20 814	19 808	18 008	15 760
2000	12	264 246	96 212	17 522	21 748	21 093	18 956	16 893
01	13	285 911	102 833	18 422	23 167	22 390	20 601	18 253
02	14	289 836	99 682	18 368	22 805	21 595	19 419	17 495
03	15	283 854	96 825	16 932	21 907	21 937	19 372	16 677
04	16	270 804	93 926	17 276	20 557	20 398	18 971	16 724
05	17	261 917	90 885	16 558	20 159	19 435	18 144	16 589
06	18	257 475	89 655	17 348	19 535	18 918	17 425	16 429
07	19	254 832	86 607	17 206	19 617	18 162	16 572	15 050
08	20	251 136	84 198	16 668	19 115	17 999	15 812	14 604

注：昭和22～平成元年の同居期間20～25年は、20年以上の数値である。

平均同居期間 －昭和22～平成20年－
and mean duration of cohabitation, 1947-2008

								(組) (couples)	(年) (Years)
5 ～ 10	10 ～ 15	15 ～ 20	20 ～ 25	25 ～ 30	30 ～ 35	35 ～	不　詳 Not stated	平均同居期間 Mean duration of cohabitation	

5 ～ 10	10 ～ 15	15 ～ 20	20 ～ 25	25 ～ 30	30 ～ 35	35 ～	不詳 Not stated	平均同居期間
18 525	6 766	3 036	2 479	…	…	…	240	5.5
17 550	7 161	3 321	3 085	…	…	…	175	5.7
17 796	7 729	3 875	4 095	…	…	…	16	5.6
14 871	7 285	3 655	2 925	…	…	…	939	5.3
14 825	7 371	3 547	3 021	…	…	…	1 083	5.5
15 815	7 508	3 600	3 139	…	…	…	650	5.8
17 180	7 149	3 624	2 939	…	…	…	54	5.9
19 486	7 710	3 842	3 192	…	…	…	39	6.2
19 879	7 678	3 933	3 231	…	…	…	53	6.3
19 076	7 678	3 745	3 225	…	…	…	49	6.3
18 323	8 402	3 776	3 036	…	…	…	49	6.4
17 999	9 538	3 949	3 341	…	…	…	54	6.5
16 798	9 955	3 908	3 323	…	…	…	59	6.5
15 313	9 740	3 836	3 037	…	…	…	51	6.5
15 196	9 562	3 703	2 984	…	…	…	57	6.4
15 522	9 471	4 084	2 945	…	…	…	57	6.4
15 182	8 942	4 374	2 978	…	…	…	67	6.4
16 213	8 753	4 720	3 094	…	…	…	60	6.4
17 326	9 092	5 382	3 355	…	…	…	75	6.5
17 993	9 223	5 486	3 471	…	…	…	78	6.5
19 232	9 537	5 557	3 831	…	…	…	59	6.5
20 901	10 286	5 517	4 273	…	…	…	360	6.6
21 993	11 110	5 589	4 778	…	…	…	269	6.7
23 299	11 898	5 858	5 072	…	…	…	321	6.8
25 257	12 924	6 422	5 694	…	…	…	411	6.8
26 209	13 648	6 480	5 632	…	…	…	519	6.8
26 476	14 298	6 963	5 925	…	…	…	495	6.8
27 086	14 973	7 410	6 255	…	…	…	408	6.9
28 597	16 206	8 172	6 810	…	…	…	1 014	7.1
30 874	17 737	9 004	7 465	…	…	…	1 047	7.4
33 460	19 369	10 148	8 294	…	…	…	1 091	7.7
35 279	20 730	11 117	8 670	…	…	…	1 050	8.0
37 428	21 872	12 223	9 540	…	…	…	649	8.3
39 034	24 425	14 089	10 882	…	…	…	662	8.6
40 644	28 969	16 954	13 131	…	…	…	830	9.1
41 159	32 196	19 358	15 790	…	…	…	496	9.5
41 417	36 015	23 390	20 257	…	…	…	569	10.0
39 567	36 059	23 205	21 215	…	…	…	473	10.1
35 338	32 310	21 528	20 434	…	…	…	588	10.1
34 406	30 128	21 970	21 285	…	…	…	681	10.1
32 436	26 702	21 263	20 732	…	…	…	731	10.1
32 110	23 824	20 103	19 931	…	…	…	846	9.9
33 330	23 065	20 565	21 354	…	…	…	1 023	9.9
33 169	21 988	19 925	12 801	5 767	1 964	1 185	1 133	9.9
35 216	22 858	20 759	14 547	6 593	2 282	1 301	1 336	10.0
37 078	23 445	20 791	16 191	7 324	2 630	1 408	1 939	10.0
38 608	24 838	20 687	17 162	7 861	3 030	1 638	2 379	10.1
40 125	25 529	19 960	17 743	8 345	3 384	1 784	3 383	10.0
41 185	25 308	19 153	17 847	8 684	3 506	1 840	4 783	10.0
42 725	25 962	18 970	17 701	9 135	3 810	2 013	6 205	9.8
46 558	26 944	20 447	17 782	10 502	4 277	2 432	7 391	9.9
51 661	29 315	22 596	19 072	12 295	5 160	3 087	9 207	10.2
53 793	30 604	23 518	18 898	13 052	5 526	3 488	10 654	10.3
58 204	33 023	24 325	18 701	13 402	5 839	3 882	10 658	10.3
65 155	36 855	26 195	19 021	13 363	6 318	4 290	11 881	10.2
64 479	39 031	27 300	20 417	13 531	6 969	4 619	13 808	10.5
62 661	39 089	26 718	20 308	12 742	7 032	4 963	13 516	10.6
58 923	36 701	25 317	19 041	11 449	6 758	4 710	13 979	10.5
57 562	35 093	24 885	18 401	10 747	6 453	4 794	13 097	10.4
58 002	34 740	23 675	17 059	10 029	5 947	4 747	13 621	10.3
56 335	33 693	24 166	17 789	10 796	6 261	5 507	13 678	10.6
55 004	33 606	24 264	16 932	10 673	5 867	5 448	15 144	10.6

Note: Figures for duration of cohabitation "20 - 25" for 1947 to 1989 were for 20 years or longer.

10表（2－2）

第10表　年次・同居期間別離婚件数・構成割合・
Table 10. Trends in divorces by duration of cohabitation, percent distribution

構成割合
Percent distribution

年次 Year		総数 Total	5年未満 Under 5 years	1年未満 Under 1 year	1年以上2年未満 1 year to under 2 years	2～3	3～4	4～5
1947	昭和22年	100.0	61.2	14.1	14.7	10.9	12.2	9.3
48	23	100.0	60.5	15.3	19.6	10.3	7.5	7.8
49	24	100.0	59.4	13.2	18.8	14.2	7.8	5.3
1950	25	100.0	65.3	17.2	18.5	14.1	9.6	5.9
51	26	100.0	64.6	16.0	16.5	13.6	10.5	7.9
52	27	100.0	61.6	15.4	15.0	12.2	10.3	8.7
53	28	100.0	58.9	15.6	14.4	10.9	9.4	8.6
54	29	100.0	55.4	14.9	13.5	10.5	8.6	7.9
55	30	100.0	53.8	14.9	13.2	10.1	8.3	7.4
56	31	100.0	53.2	15.4	13.1	9.9	7.8	6.8
57	32	100.0	53.2	14.9	13.6	10.0	7.9	6.7
58	33	100.0	52.9	15.8	12.7	10.1	7.9	6.5
59	34	100.0	53.1	16.1	12.9	9.6	7.9	6.5
1960	35	100.0	54.0	16.4	13.4	9.9	7.7	6.6
61	36	100.0	54.6	16.2	13.3	10.4	8.1	6.5
62	37	100.0	55.1	16.4	13.2	10.3	8.4	6.9
63	38	100.0	55.0	16.3	13.3	10.3	8.5	6.7
64	39	100.0	54.6	16.4	13.0	10.3	8.2	6.8
65	40	100.0	54.4	16.3	12.8	10.1	8.3	7.0
66	41	100.0	54.4	16.0	12.7	10.2	8.5	6.9
67	42	100.0	54.3	16.0	12.2	10.4	8.7	7.0
68	43	100.0	52.9	15.0	11.8	9.9	8.7	7.4
69	44	100.0	52.2	14.8	11.7	9.7	8.6	7.5
1970	45	100.0	51.8	15.2	11.7	9.6	8.1	7.2
71	46	100.0	51.3	15.0	11.7	9.7	8.1	6.9
72	47	100.0	51.8	14.9	11.9	9.8	8.2	7.1
73	48	100.0	51.8	14.6	11.9	10.1	8.3	7.0
74	49	100.0	50.8	13.6	11.5	10.1	8.4	7.1
75	50	100.0	49.4	12.5	11.0	9.9	8.6	7.3
76	51	100.0	47.3	11.8	10.2	9.6	8.4	7.4
77	52	100.0	44.5	10.9	9.3	8.8	8.1	7.4
78	53	100.0	42.2	10.1	8.7	8.2	7.8	7.4
79	54	100.0	39.8	9.8	8.4	7.5	7.1	6.9
1980	55	100.0	37.3	9.2	8.1	7.2	6.5	6.2
81	56	100.0	35.0	8.2	7.8	6.9	6.3	5.8
82	57	100.0	33.6	8.0	7.5	6.7	6.0	5.4
83	58	100.0	32.2	7.4	7.2	6.5	5.8	5.3
84	59	100.0	32.7	7.4	7.4	6.6	6.0	5.3
85	60	100.0	34.0	7.6	7.7	7.1	6.3	5.3
86	61	100.0	34.8	7.9	7.9	7.3	6.3	5.4
87	62	100.0	35.8	7.9	8.0	7.5	6.7	5.8
88	63	100.0	37.2	8.1	8.4	7.7	7.0	6.0
89	平成元年	100.0	37.3	8.3	8.4	7.6	6.8	6.2
1990	2	100.0	38.1	8.4	9.2	7.9	6.7	6.0
91	3	100.0	38.2	8.0	9.2	8.4	6.9	5.7
92	4	100.0	38.6	7.8	9.0	8.5	7.4	6.0
93	5	100.0	38.8	7.5	9.0	8.4	7.5	6.4
94	6	100.0	39.0	7.7	9.0	8.4	7.6	6.4
95	7	100.0	39.5	7.7	9.3	8.5	7.5	6.5
96	8	100.0	40.1	7.7	9.5	8.8	7.5	6.5
97	9	100.0	40.1	7.7	9.4	8.8	7.6	6.6
98	10	100.0	38.8	7.2	9.0	8.5	7.6	6.5
99	11	100.0	37.9	6.9	8.7	8.3	7.5	6.6
2000	12	100.0	37.9	6.9	8.6	8.3	7.5	6.7
01	13	100.0	37.5	6.7	8.5	8.2	7.5	6.7
02	14	100.0	36.1	6.7	8.3	7.8	7.0	6.3
03	15	100.0	35.8	6.3	8.1	8.1	7.2	6.2
04	16	100.0	36.6	6.7	8.0	7.9	7.4	6.5
05	17	100.0	36.5	6.7	8.1	7.8	7.3	6.7
06	18	100.0	36.8	7.1	8.0	7.8	7.1	6.7
07	19	100.0	35.9	7.1	8.1	7.5	6.9	6.2
08	20	100.0	35.7	7.1	8.1	7.6	6.7	6.2

注：1）昭和22～平成元年の同居期間20～25年は、20年以上の数値である。
　　2）同居期間不詳を除いた総数に対する構成割合である。

平均同居期間 －昭和22～平成20年－
and mean duration of cohabitation, 1947-2008

(%)

5 ～ 10	10 ～ 15	15 ～ 20	20 ～ 25	25 ～ 30	30 ～ 35	35 ～
23.4	8.5	3.8	3.1	…	…	…
22.3	9.1	4.2	3.9	…	…	…
21.6	9.4	4.7	5.0	…	…	…
18.0	8.8	4.4	3.5	…	…	…
18.2	9.1	4.4	3.7	…	…	…
20.2	9.6	4.6	4.0	…	…	…
22.8	9.5	4.8	3.9	…	…	…
25.4	10.0	5.0	4.2	…	…	…
26.4	10.2	5.2	4.3	…	…	…
26.5	10.7	5.2	4.5	…	…	…
25.6	11.7	5.3	4.2	…	…	…
24.3	12.9	5.3	4.5	…	…	…
23.2	13.8	5.4	4.6	…	…	…
22.1	14.0	5.5	4.4	…	…	…
21.9	13.8	5.3	4.3	…	…	…
21.8	13.3	5.7	4.1	…	…	…
21.7	12.8	6.3	4.3	…	…	…
22.4	12.1	6.5	4.3	…	…	…
22.5	11.8	7.0	4.4	…	…	…
22.7	11.6	6.9	4.4	…	…	…
23.1	11.4	6.7	4.6	…	…	…
24.0	11.8	6.3	4.9	…	…	…
24.2	12.2	6.1	5.2	…	…	…
24.4	12.4	6.1	5.3	…	…	…
24.5	12.5	6.2	5.5	…	…	…
24.3	12.7	6.0	5.2	…	…	…
23.8	12.8	6.3	5.3	…	…	…
23.9	13.2	6.5	5.5	…	…	…
24.2	13.7	6.9	5.8	…	…	…
25.0	14.4	7.3	6.0	…	…	…
26.1	15.1	7.9	6.5	…	…	…
26.9	15.8	8.5	6.6	…	…	…
27.8	16.2	9.1	7.1	…	…	…
27.7	17.3	10.0	7.7	…	…	…
26.5	18.9	11.1	8.6	…	…	…
25.2	19.7	11.8	9.7	…	…	…
23.2	20.2	13.1	11.3	…	…	…
22.2	20.2	13.0	11.9	…	…	…
21.3	19.5	13.0	12.3	…	…	…
20.8	18.2	13.3	12.9	…	…	…
20.6	17.0	13.5	13.2	…	…	…
21.0	15.6	13.2	13.0	…	…	…
21.3	14.7	13.1	13.6	…	…	…
21.2	14.1	12.7	8.2	3.7	1.3	0.8
21.0	13.6	12.4	8.7	3.9	1.4	0.8
20.9	13.2	11.7	9.1	4.1	1.5	0.8
20.8	13.4	11.1	9.2	4.2	1.6	0.9
20.9	13.3	10.4	9.3	4.4	1.8	0.9
21.2	13.0	9.9	9.2	4.5	1.8	0.9
21.3	12.9	9.4	8.8	4.6	1.9	1.0
21.6	12.5	9.5	8.3	4.9	2.0	1.1
22.1	12.5	9.7	8.2	5.3	2.2	1.3
22.4	12.8	9.8	7.9	5.4	2.3	1.5
23.0	13.0	9.6	7.4	5.3	2.3	1.5
23.8	13.4	9.6	6.9	4.9	2.3	1.6
23.4	14.1	9.9	7.4	4.9	2.5	1.7
23.2	14.5	9.9	7.5	4.7	2.6	1.8
22.9	14.3	9.9	7.4	4.5	2.6	1.8
23.1	14.1	10.0	7.4	4.3	2.6	1.9
23.8	14.2	9.7	7.0	4.1	2.4	1.9
23.4	14.0	10.0	7.4	4.5	2.6	2.3
23.3	14.2	10.3	7.2	4.5	2.5	2.3

Notes: 1) Figures for duration of cohabitation "20 - 25" for 1947 to 1989 were for 20 years or longer.
    2) The percent distribution is for the total excluding duration of cohabitation unknown.

11表（2－1）

第11表　年次・夫妻が親権を行わなければならない子の数別
Table 11.　Trends in divorces, percent distribution and mean number of children

離婚件数
Divorces

年次 Year		総数 Total	子どもなし Divorces where no children are involved 0 人	子どもあり Divorces where children are involved 1 人～	1 人
1950	昭和25年	83 689	35 705	47 984	29 579
51	26	82 331	33 945	48 386	28 634
52	27	79 021	32 465	46 556	26 331
53	28	75 255	30 738	44 517	24 284
54	29	76 759	30 681	46 078	24 314
55	30	75 267	29 557	45 710	23 240
56	31	72 040	28 901	43 139	21 901
57	32	71 651	28 689	42 962	21 904
58	33	74 004	29 965	44 039	22 341
59	34	72 455	29 353	43 102	21 833
1960	35	69 410	28 958	40 452	20 993
61	36	69 323	29 130	40 193	21 182
62	37	71 394	29 792	41 602	22 098
63	38	69 996	29 597	40 399	21 568
64	39	72 306	30 552	41 754	22 718
65	40	77 195	32 232	44 963	24 372
66	41	79 432	32 892	46 540	25 689
67	42	83 478	34 342	49 136	27 151
68	43	87 327	36 383	50 944	28 408
69	44	91 280	37 500	53 780	30 191
1970	45	95 937	39 254	56 683	31 374
71	46	103 595	42 245	61 350	33 515
72	47	108 382	43 778	64 604	35 229
73	48	111 877	44 753	67 124	35 955
74	49	113 622	44 094	69 528	36 438
75	50	119 135	44 467	74 668	38 412
76	51	124 512	45 034	79 478	39 532
77	52	129 485	45 365	84 120	40 375
78	53	132 146	44 954	87 192	40 563
79	54	135 250	45 639	89 611	40 344
1980	55	141 689	45 934	95 755	41 829
81	56	154 221	48 074	106 147	44 280
82	57	163 980	50 206	113 774	46 547
83	58	179 150	53 759	125 391	49 793
84	59	178 746	54 206	124 540	50 367
85	60	166 640	52 959	113 681	46 573
86	61	166 054	54 607	111 447	46 352
87	62	158 227	53 329	104 898	44 512
88	63	153 600	53 639	99 961	43 836
89	平成元年	157 811	56 508	101 303	44 754
1990	2	157 608	58 790	98 818	44 509
91	3	168 969	63 515	105 454	48 114
92	4	179 191	67 825	111 366	51 342
93	5	188 297	71 786	116 511	54 376
94	6	195 106	75 594	119 512	56 656
95	7	199 016	76 949	122 067	58 268
96	8	206 955	82 465	124 490	59 382
97	9	222 635	89 586	133 049	63 808
98	10	243 183	98 190	144 993	68 374
99	11	250 529	101 685	148 844	69 493
2000	12	264 246	106 947	157 299	73 405
01	13	285 911	114 109	171 802	78 849
02	14	289 836	115 794	174 042	79 534
03	15	283 854	113 523	170 331	77 973
04	16	270 804	109 506	161 298	74 662
05	17	261 917	107 813	154 104	71 921
06	18	257 475	107 425	150 050	70 323
07	19	254 832	110 074	144 758	68 022
08	20	251 136	107 302	143 834	67 452

注：平均子ども数は子ども数の合計を子どもあり件数で割って算出（子ども数が10人以上は10人とした）。

離婚件数・構成割合・平均子ども数　—昭和25～平成20年—
by the number of children involved in divorce, 1950-2008

				(組) (couples)	(人) (Person)
2 人	3 人	4 人	5 人 ～	平均子ども数 Mean number of children	

2 人	3 人	4 人	5 人 ～	平均子ども数
10 367	4 380	2 095	1 563	1.68
11 661	4 558	2 081	1 452	1.70
11 805	4 859	2 136	1 425	1.74
11 945	4 996	2 100	1 192	1.75
12 457	5 700	2 353	1 254	1.79
12 817	6 018	2 417	1 218	1.82
12 111	5 863	2 241	1 023	1.81
12 249	5 637	2 292	880	1.80
12 712	5 998	2 178	810	1.79
12 463	5 910	2 135	761	1.79
11 502	5 391	1 860	706	1.76
11 679	5 145	1 647	540	1.73
12 243	5 088	1 647	526	1.71
12 191	4 812	1 373	455	1.69
12 698	4 695	1 234	409	1.66
14 068	4 743	1 361	419	1.65
14 689	4 615	1 180	367	1.62
15 963	4 612	1 100	310	1.61
16 532	4 552	1 046	406	1.60
17 766	4 547	985	291	1.58
19 317	4 776	921	295	1.58
21 493	5 124	970	248	1.58
22 955	5 248	920	252	1.58
24 282	5 648	914	325	1.59
25 674	6 033	1 065	318	1.61
27 984	6 785	1 123	364	1.62
30 724	7 618	1 226	378	1.65
33 472	8 391	1 425	457	1.67
35 597	9 051	1 481	500	1.69
37 482	9 708	1 603	474	1.71
40 756	10 755	1 841	574	1.73
46 336	12 759	2 097	675	1.76
49 808	14 290	2 314	815	1.78
55 457	16 388	2 842	911	1.80
54 445	16 144	2 723	861	1.79
49 356	14 796	2 220	736	1.78
47 939	14 110	2 336	710	1.77
44 882	12 982	1 927	595	1.76
41 760	11 898	1 913	554	1.74
42 000	12 233	1 800	516	1.73
40 655	11 473	1 724	457	1.72
42 758	12 259	1 798	525	1.71
44 694	12 902	1 897	531	1.71
45 686	13 919	2 035	495	1.70
46 540	13 715	2 008	593	1.69
47 171	13 956	2 159	513	1.69
48 037	14 318	2 197	556	1.69
50 693	15 520	2 435	593	1.69
55 783	17 373	2 708	755	1.70
57 830	18 027	2 735	759	1.71
60 984	19 097	3 103	710	1.71
67 758	21 111	3 254	830	1.72
68 854	21 495	3 326	833	1.72
67 461	20 894	3 196	807	1.72
63 537	19 297	3 097	705	1.71
60 504	18 194	2 826	659	1.70
58 811	17 511	2 744	661	1.70
56 761	16 660	2 662	653	1.70
56 199	16 842	2 681	660	1.70

Note: The mean number of children is calculated by dividing total number of children by the number of divorces where children are involved (when the number of children involved is over 10, it is counted as 10).

11表（2－2）

第11表　年次・夫妻が親権を行わなければならない子の数別
Table 11.　Trends in divorces, percent distribution and mean number of children

構成割合（離婚総数＝100）
Percent distribution (Total number of divorces=100) (%)

年次 Year		総数 Total	子どもなし Divorces where no children are involved 0人	子どもあり Divorces where children are involved 1人～	1人	2人	3人	4人	5人～
1950	昭和25年	100.0	42.7	57.3	35.3	12.4	5.2	2.5	1.9
51	26	100.0	41.2	58.8	34.8	14.2	5.5	2.5	1.8
52	27	100.0	41.1	58.9	33.3	14.9	6.1	2.7	1.8
53	28	100.0	40.8	59.2	32.3	15.9	6.6	2.8	1.6
54	29	100.0	40.0	60.0	31.7	16.2	7.4	3.1	1.6
55	30	100.0	39.3	60.7	30.9	17.0	8.0	3.2	1.6
56	31	100.0	40.1	59.9	30.4	16.8	8.1	3.1	1.4
57	32	100.0	40.0	60.0	30.6	17.1	7.9	3.2	1.2
58	33	100.0	40.5	59.5	30.2	17.2	8.1	2.9	1.1
59	34	100.0	40.5	59.5	30.1	17.2	8.2	2.9	1.1
1960	35	100.0	41.7	58.3	30.2	16.6	7.8	2.7	1.0
61	36	100.0	42.0	58.0	30.6	16.8	7.4	2.4	0.8
62	37	100.0	41.7	58.3	31.0	17.1	7.1	2.3	0.7
63	38	100.0	42.3	57.7	30.8	17.4	6.9	2.0	0.7
64	39	100.0	42.3	57.7	31.4	17.6	6.5	1.7	0.6
65	40	100.0	41.8	58.2	31.6	18.2	6.1	1.8	0.5
66	41	100.0	41.4	58.6	32.3	18.5	5.8	1.5	0.5
67	42	100.0	41.1	58.9	32.5	19.1	5.5	1.3	0.4
68	43	100.0	41.7	58.3	32.5	18.9	5.2	1.2	0.5
69	44	100.0	41.1	58.9	33.1	19.5	5.0	1.1	0.3
1970	45	100.0	40.9	59.1	32.7	20.1	5.0	1.0	0.3
71	46	100.0	40.8	59.2	32.4	20.7	4.9	0.9	0.2
72	47	100.0	40.4	59.6	32.5	21.2	4.8	0.8	0.2
73	48	100.0	40.0	60.0	32.1	21.7	5.0	0.8	0.3
74	49	100.0	38.8	61.2	32.1	22.6	5.3	0.9	0.3
75	50	100.0	37.3	62.7	32.2	23.5	5.7	0.9	0.3
76	51	100.0	36.2	63.8	31.7	24.7	6.1	1.0	0.3
77	52	100.0	35.0	65.0	31.2	25.9	6.5	1.1	0.4
78	53	100.0	34.0	66.0	30.7	26.9	6.8	1.1	0.4
79	54	100.0	33.7	66.3	29.8	27.7	7.2	1.2	0.4
1980	55	100.0	32.4	67.6	29.5	28.8	7.6	1.3	0.4
81	56	100.0	31.2	68.8	28.7	30.0	8.3	1.4	0.4
82	57	100.0	30.6	69.4	28.4	30.4	8.7	1.4	0.5
83	58	100.0	30.0	70.0	27.8	31.0	9.1	1.6	0.5
84	59	100.0	30.3	69.7	28.2	30.5	9.0	1.5	0.5
85	60	100.0	31.8	68.2	27.9	29.6	8.9	1.3	0.4
86	61	100.0	32.9	67.1	27.9	28.9	8.5	1.4	0.4
87	62	100.0	33.7	66.3	28.1	28.4	8.2	1.2	0.4
88	63	100.0	34.9	65.1	28.5	27.2	7.7	1.2	0.4
89	平成元年	100.0	35.8	64.2	28.4	26.6	7.8	1.1	0.3
1990	2	100.0	37.3	62.7	28.2	25.8	7.3	1.1	0.3
91	3	100.0	37.6	62.4	28.5	25.3	7.3	1.1	0.3
92	4	100.0	37.9	62.1	28.7	24.9	7.2	1.1	0.3
93	5	100.0	38.1	61.9	28.9	24.3	7.4	1.1	0.3
94	6	100.0	38.7	61.3	29.0	23.9	7.0	1.0	0.3
95	7	100.0	38.7	61.3	29.3	23.7	7.0	1.1	0.3
96	8	100.0	39.8	60.2	28.7	23.2	6.9	1.1	0.3
97	9	100.0	40.2	59.8	28.7	22.8	7.0	1.1	0.3
98	10	100.0	40.4	59.6	28.1	22.9	7.1	1.1	0.3
99	11	100.0	40.6	59.4	27.7	23.1	7.2	1.1	0.3
2000	12	100.0	40.5	59.5	27.8	23.1	7.2	1.2	0.3
01	13	100.0	39.9	60.1	27.6	23.7	7.4	1.1	0.3
02	14	100.0	40.0	60.0	27.4	23.8	7.4	1.1	0.3
03	15	100.0	40.0	60.0	27.5	23.8	7.4	1.1	0.3
04	16	100.0	40.4	59.6	27.6	23.5	7.1	1.1	0.3
05	17	100.0	41.2	58.8	27.5	23.1	6.9	1.1	0.3
06	18	100.0	41.7	58.3	27.3	22.8	6.8	1.1	0.3
07	19	100.0	43.2	56.8	26.7	22.3	6.5	1.0	0.3
08	20	100.0	42.7	57.3	26.9	22.4	6.7	1.1	0.3

離婚件数・構成割合・平均子ども数 －昭和25～平成20年－
by the number of children involved in divorce, 1950-2008

構成割合（子どもあり＝100）
Percent distribution (Total number of divorces where children are involved=100) (%)

年次 Year	子どもあり Divorces where children are involved 1人～	1 人	2 人	3 人	4 人	5 人～
1950 昭和25年	100.0	61.6	21.6	9.1	4.4	3.3
51 26	100.0	59.2	24.1	9.4	4.3	3.0
52 27	100.0	56.6	25.4	10.4	4.6	3.1
53 28	100.0	54.5	26.8	11.2	4.7	2.7
54 29	100.0	52.8	27.0	12.4	5.1	2.7
55 30	100.0	50.8	28.0	13.2	5.3	2.7
56 31	100.0	50.8	28.1	13.6	5.2	2.4
57 32	100.0	51.0	28.5	13.1	5.3	2.0
58 33	100.0	50.7	28.9	13.6	4.9	1.8
59 34	100.0	50.7	28.9	13.7	5.0	1.8
1960 35	100.0	51.9	28.4	13.3	4.6	1.7
61 36	100.0	52.7	29.1	12.8	4.1	1.3
62 37	100.0	53.1	29.4	12.2	4.0	1.3
63 38	100.0	53.4	30.2	11.9	3.4	1.1
64 39	100.0	54.4	30.4	11.2	3.0	1.0
65 40	100.0	54.2	31.3	10.5	3.0	0.9
66 41	100.0	55.2	31.6	9.9	2.5	0.8
67 42	100.0	55.3	32.5	9.4	2.2	0.6
68 43	100.0	55.8	32.5	8.9	2.1	0.8
69 44	100.0	56.1	33.0	8.5	1.8	0.5
1970 45	100.0	55.3	34.1	8.4	1.6	0.5
71 46	100.0	54.6	35.0	8.4	1.6	0.4
72 47	100.0	54.5	35.5	8.1	1.4	0.4
73 48	100.0	53.6	36.2	8.4	1.4	0.5
74 49	100.0	52.4	36.9	8.7	1.5	0.5
75 50	100.0	51.4	37.5	9.1	1.5	0.5
76 51	100.0	49.7	38.7	9.6	1.5	0.5
77 52	100.0	48.0	39.8	10.0	1.7	0.5
78 53	100.0	46.5	40.8	10.4	1.7	0.6
79 54	100.0	45.0	41.8	10.8	1.8	0.5
1980 55	100.0	43.7	42.6	11.2	1.9	0.6
81 56	100.0	41.7	43.7	12.0	2.0	0.6
82 57	100.0	40.9	43.8	12.6	2.0	0.7
83 58	100.0	39.7	44.2	13.1	2.3	0.7
84 59	100.0	40.4	43.7	13.0	2.2	0.7
85 60	100.0	41.0	43.4	13.0	2.0	0.6
86 61	100.0	41.6	43.0	12.7	2.1	0.6
87 62	100.0	42.4	42.8	12.4	1.8	0.6
88 63	100.0	43.9	41.8	11.9	1.9	0.6
89 平成元年	100.0	44.2	41.5	12.1	1.8	0.5
1990 2	100.0	45.0	41.1	11.6	1.7	0.5
91 3	100.0	45.6	40.5	11.6	1.7	0.5
92 4	100.0	46.1	40.1	11.6	1.7	0.5
93 5	100.0	46.7	39.2	11.9	1.7	0.4
94 6	100.0	47.4	38.9	11.5	1.7	0.5
95 7	100.0	47.7	38.6	11.4	1.8	0.4
96 8	100.0	47.7	38.6	11.5	1.8	0.4
97 9	100.0	48.0	38.1	11.7	1.8	0.4
98 10	100.0	47.2	38.5	12.0	1.9	0.5
99 11	100.0	46.7	38.9	12.1	1.8	0.5
2000 12	100.0	46.7	38.8	12.1	2.0	0.5
01 13	100.0	45.9	39.4	12.3	1.9	0.5
02 14	100.0	45.7	39.6	12.4	1.9	0.5
03 15	100.0	45.8	39.6	12.3	1.9	0.5
04 16	100.0	46.3	39.4	12.0	1.9	0.4
05 17	100.0	46.7	39.3	11.8	1.8	0.4
06 18	100.0	46.9	39.2	11.7	1.8	0.4
07 19	100.0	47.0	39.2	11.5	1.8	0.5
08 20	100.0	46.9	39.1	11.7	1.9	0.5

12表（3－1）

第12表　年次・親権を行わなければならない子の数・
Table 12.　Trends in divorces and percent distribution by the number of children involved in

離婚件数
Divorces

年次 Year		総数 Total	0 人	1 人	夫 In case husband has parental authority	妻 In case wife has parental authority	2 人
1950	昭和25年	83 689	35 705	29 579	16 273	13 306	10 367
51	26	82 331	33 945	28 634	15 661	12 973	11 661
52	27	79 021	32 465	26 331	14 288	12 043	11 805
53	28	75 255	30 738	24 284	13 207	11 077	11 945
54	29	76 759	30 681	24 314	13 085	11 229	12 457
55	30	75 267	29 557	23 240	12 385	10 855	12 817
56	31	72 040	28 901	21 901	11 530	10 371	12 111
57	32	71 651	28 689	21 904	11 593	10 311	12 249
58	33	74 004	29 965	22 341	11 881	10 460	12 712
59	34	72 455	29 353	21 833	11 378	10 455	12 463
1960	35	69 410	28 958	20 993	10 849	10 144	11 502
61	36	69 323	29 130	21 182	10 789	10 393	11 679
62	37	71 394	29 792	22 098	11 073	11 025	12 243
63	38	69 996	29 597	21 568	10 703	10 865	12 191
64	39	72 306	30 552	22 718	11 183	11 535	12 698
65	40	77 195	32 232	24 372	11 607	12 765	14 068
66	41	79 432	32 892	25 689	11 767	13 922	14 689
67	42	83 478	34 342	27 151	12 318	14 833	15 963
68	43	87 327	36 383	28 408	12 378	16 030	16 532
69	44	91 280	37 500	30 191	12 949	17 242	17 766
1970	45	95 937	39 254	31 374	13 060	18 314	19 317
71	46	103 595	42 245	33 515	13 557	19 958	21 493
72	47	108 382	43 778	35 229	13 500	21 729	22 955
73	48	111 877	44 753	35 955	13 613	22 342	24 282
74	49	113 622	44 094	36 438	13 307	23 131	25 674
75	50	119 135	44 467	38 412	13 419	24 993	27 984
76	51	124 512	45 034	39 532	12 848	26 684	30 724
77	52	129 485	45 365	40 375	12 283	28 092	33 472
78	53	132 146	44 954	40 563	11 449	29 114	35 597
79	54	135 250	45 639	40 344	11 325	29 019	37 482
1980	55	141 689	45 934	41 829	11 229	30 600	40 756
81	56	154 221	48 074	44 280	11 241	33 039	46 336
82	57	163 980	50 206	46 547	11 414	35 133	49 808
83	58	179 150	53 759	49 793	11 776	38 017	55 457
84	59	178 746	54 206	50 367	11 615	38 752	54 445
85	60	166 640	52 959	46 573	10 780	35 793	49 356
86	61	166 054	54 607	46 352	10 715	35 637	47 939
87	62	158 227	53 329	44 512	10 251	34 261	44 882
88	63	153 600	53 639	43 836	10 110	33 726	41 760
89	平成元年	157 811	56 508	44 754	10 296	34 458	42 000
1990	2	157 608	58 790	44 509	10 070	34 439	40 655
91	3	168 969	63 515	48 114	10 585	37 529	42 758
92	4	179 191	67 825	51 342	10 915	40 427	44 694
93	5	188 297	71 786	54 376	10 993	43 383	45 686
94	6	195 106	75 594	56 656	10 957	45 699	46 540
95	7	199 016	76 949	58 268	11 005	47 263	47 171
96	8	206 955	82 465	59 382	10 593	48 789	48 037
97	9	222 635	89 586	63 808	11 158	52 650	50 693
98	10	243 183	98 190	68 374	11 535	56 839	55 783
99	11	250 529	101 685	69 493	11 265	58 228	57 830
2000	12	264 246	106 947	73 405	11 574	61 831	60 984
01	13	285 911	114 109	78 849	12 578	66 271	67 758
02	14	289 836	115 794	79 534	12 871	66 663	68 854
03	15	283 854	113 523	77 973	11 948	66 025	67 461
04	16	270 804	109 506	74 662	11 264	63 398	63 537
05	17	261 917	107 813	71 921	10 935	60 986	60 504
06	18	257 475	107 425	70 323	10 512	59 811	58 811
07	19	254 832	110 074	68 022	10 444	57 578	56 761
08	20	251 136	107 302	67 452	9 859	57 593	56 199

注：その他とは、夫と妻がそれぞれ分け合って子どもの親権を行う場合である。

親権者別離婚件数・構成割合 －昭和25～平成20年－
divorce and person with parental authority, and percent distribution, 1950-2008

(組)
(Couples)

夫が2人 In case husband has parental authority for his two children	妻が2人 In case wife has parental authority for her two children	各 1 人 One for each	3 人 ～	夫が全て In case husband has parental authority for his children of all	妻が全て In case wife has parental authority for her children of all	その他 Others
4 249	3 479	2 639	8 038	2 854	2 530	2 654
4 848	3 825	2 988	8 091	2 932	2 425	2 734
4 805	4 057	2 943	8 420	3 035	2 543	2 842
5 020	3 966	2 959	8 288	3 092	2 510	2 686
5 002	4 338	3 117	9 307	3 446	2 923	2 938
5 234	4 517	3 066	9 653	3 511	3 201	2 941
5 044	4 178	2 889	9 127	3 373	2 958	2 796
5 272	4 154	2 823	8 809	3 402	2 785	2 622
5 412	4 420	2 880	8 986	3 554	2 824	2 608
5 361	4 432	2 670	8 806	3 454	2 830	2 522
4 993	4 088	2 421	7 957	3 103	2 627	2 227
5 217	4 083	2 379	7 332	3 037	2 314	1 981
5 377	4 372	2 494	7 261	2 936	2 413	1 912
5 249	4 480	2 462	6 640	2 731	2 165	1 744
5 571	4 581	2 546	6 338	2 580	2 106	1 652
6 067	5 214	2 787	6 523	2 654	2 226	1 643
6 101	5 843	2 745	6 162	2 402	2 222	1 538
6 492	6 379	3 092	6 022	2 395	2 121	1 506
6 705	6 605	3 222	6 004	2 325	2 114	1 565
7 059	7 300	3 407	5 823	2 134	2 195	1 494
7 562	8 290	3 465	5 992	2 183	2 298	1 511
8 160	9 621	3 712	6 342	2 304	2 461	1 577
8 609	10 417	3 929	6 420	2 216	2 553	1 651
8 737	11 584	3 961	6 887	2 367	2 802	1 718
9 083	12 427	4 164	7 416	2 442	3 148	1 826
9 213	14 435	4 336	8 272	2 530	3 831	1 911
9 268	16 997	4 459	9 222	2 614	4 565	2 043
9 438	19 573	4 461	10 273	2 652	5 484	2 137
9 601	21 675	4 321	11 032	2 710	6 117	2 205
10 125	23 055	4 302	11 785	2 956	6 528	2 301
10 366	26 041	4 349	13 170	3 021	7 734	2 415
11 127	30 508	4 701	15 531	3 337	9 515	2 679
11 463	33 663	4 682	17 419	3 629	10 923	2 867
11 916	38 809	4 732	20 141	3 987	13 179	2 975
11 782	38 039	4 624	19 728	3 780	12 990	2 958
10 756	34 216	4 384	17 752	3 558	11 386	2 808
10 364	33 469	4 106	17 156	3 353	11 044	2 759
9 985	30 798	4 099	15 504	3 056	9 971	2 477
9 392	28 702	3 666	14 365	2 952	8 936	2 477
9 445	28 814	3 741	14 549	3 167	8 946	2 436
9 289	27 828	3 538	13 654	3 030	8 287	2 337
9 301	29 898	3 559	14 582	2 996	9 244	2 342
9 232	31 941	3 521	15 330	3 123	9 921	2 286
8 982	33 234	3 470	16 449	3 044	10 966	2 439
8 682	34 428	3 430	16 316	2 984	10 961	2 371
8 832	34 890	3 449	16 628	2 980	11 173	2 475
8 589	36 050	3 398	17 071	3 007	11 650	2 414
8 873	38 418	3 402	18 548	3 177	12 882	2 489
9 154	43 153	3 476	20 836	3 237	14 909	2 690
8 948	45 257	3 625	21 521	3 204	15 522	2 795
9 532	47 707	3 745	22 910	3 339	16 796	2 775
10 966	52 856	3 936	25 195	3 906	18 220	3 069
11 144	53 682	4 028	25 654	4 055	18 585	3 014
10 421	53 291	3 749	24 897	3 671	18 318	2 908
9 619	50 456	3 462	23 099	3 435	17 055	2 609
9 107	48 107	3 290	21 679	3 112	16 081	2 486
8 763	46 937	3 111	20 916	3 044	15 533	2 339
8 670	45 045	3 046	19 975	2 935	14 749	2 291
8 018	45 318	2 863	20 183	2 718	15 126	2 339

Note: "Others" refers to divorces where husband and wife share parental authority.

12表（3-2）

第12表　年次・親権を行わなければならない子の数・
Table 12. Trends in divorces and percent distribution by the number of children involved in

構成割合（離婚総数＝100）
Percent distribution (Total number of divorces=100)

年次 Year		総数 Total	0 人	1 人	夫 In case husband has parental authority	妻 In case wife has parental authority	2 人
1950	昭和25年	100.0	42.7	35.3	19.4	15.9	12.4
51	26	100.0	41.2	34.8	19.0	15.8	14.2
52	27	100.0	41.1	33.3	18.1	15.2	14.9
53	28	100.0	40.8	32.3	17.5	14.7	15.9
54	29	100.0	40.0	31.7	17.0	14.6	16.2
55	30	100.0	39.3	30.9	16.5	14.4	17.0
56	31	100.0	40.1	30.4	16.0	14.4	16.8
57	32	100.0	40.0	30.6	16.2	14.4	17.1
58	33	100.0	40.5	30.2	16.1	14.1	17.2
59	34	100.0	40.5	30.1	15.7	14.4	17.2
1960	35	100.0	41.7	30.2	15.6	14.6	16.6
61	36	100.0	42.0	30.6	15.6	15.0	16.8
62	37	100.0	41.7	31.0	15.5	15.4	17.1
63	38	100.0	42.3	30.8	15.3	15.5	17.4
64	39	100.0	42.3	31.4	15.5	16.0	17.6
65	40	100.0	41.8	31.6	15.0	16.5	18.2
66	41	100.0	41.4	32.3	14.8	17.5	18.5
67	42	100.0	41.1	32.5	14.8	17.8	19.1
68	43	100.0	41.7	32.5	14.2	18.4	18.9
69	44	100.0	41.1	33.1	14.2	18.9	19.5
1970	45	100.0	40.9	32.7	13.6	19.1	20.1
71	46	100.0	40.8	32.4	13.1	19.3	20.7
72	47	100.0	40.4	32.5	12.5	20.0	21.2
73	48	100.0	40.0	32.1	12.2	20.0	21.7
74	49	100.0	38.8	32.1	11.7	20.4	22.6
75	50	100.0	37.3	32.2	11.3	21.0	23.5
76	51	100.0	36.2	31.7	10.3	21.4	24.7
77	52	100.0	35.0	31.2	9.5	21.7	25.9
78	53	100.0	34.0	30.7	8.7	22.0	26.9
79	54	100.0	33.7	29.8	8.4	21.5	27.7
1980	55	100.0	32.4	29.5	7.9	21.6	28.8
81	56	100.0	31.2	28.7	7.3	21.4	30.0
82	57	100.0	30.6	28.4	7.0	21.4	30.4
83	58	100.0	30.0	27.8	6.6	21.2	31.0
84	59	100.0	30.3	28.2	6.5	21.7	30.5
85	60	100.0	31.8	27.9	6.5	21.5	29.6
86	61	100.0	32.9	27.9	6.5	21.5	28.9
87	62	100.0	33.7	28.1	6.5	21.7	28.4
88	63	100.0	34.9	28.5	6.6	22.0	27.2
89	平成元年	100.0	35.8	28.4	6.5	21.8	26.6
1990	2	100.0	37.3	28.2	6.4	21.9	25.8
91	3	100.0	37.6	28.5	6.3	22.2	25.3
92	4	100.0	37.9	28.7	6.1	22.6	24.9
93	5	100.0	38.1	28.9	5.8	23.0	24.3
94	6	100.0	38.7	29.0	5.6	23.4	23.9
95	7	100.0	38.7	29.3	5.5	23.7	23.7
96	8	100.0	39.8	28.7	5.1	23.6	23.2
97	9	100.0	40.2	28.7	5.0	23.6	22.8
98	10	100.0	40.4	28.1	4.7	23.4	22.9
99	11	100.0	40.6	27.7	4.5	23.2	23.1
2000	12	100.0	40.5	27.8	4.4	23.4	23.1
01	13	100.0	39.9	27.6	4.4	23.2	23.7
02	14	100.0	40.0	27.4	4.4	23.0	23.8
03	15	100.0	40.0	27.5	4.2	23.3	23.8
04	16	100.0	40.4	27.6	4.2	23.4	23.5
05	17	100.0	41.2	27.5	4.2	23.3	23.1
06	18	100.0	41.7	27.3	4.1	23.2	22.8
07	19	100.0	43.2	26.7	4.1	22.6	22.3
08	20	100.0	42.7	26.9	3.9	22.9	22.4

注：その他とは、夫と妻がそれぞれ分け合って子どもの親権を行う場合である。

親権者別離婚件数・構成割合 —昭和25～平成20年—
divorce and person with parental authority, and percent distribution, 1950-2008

(%)

夫が2人 In case husband has parental authority for his two children	妻が2人 In case wife has parental authority for her two children	各1人 One for each	3人～	夫が全て In case husband has parental authority for his children of all	妻が全て In case wife has parental authority for her children of all	その他 Others
5.1	4.2	3.2	9.6	3.4	3.0	3.2
5.9	4.6	3.6	9.8	3.6	2.9	3.3
6.1	5.1	3.7	10.7	3.8	3.2	3.6
6.7	5.3	3.9	11.0	4.1	3.3	3.6
6.5	5.7	4.1	12.1	4.5	3.8	3.8
7.0	6.0	4.1	12.8	4.7	4.3	3.9
7.0	5.8	4.0	12.7	4.7	4.1	3.9
7.4	5.8	3.9	12.3	4.7	3.9	3.7
7.3	6.0	3.9	12.1	4.8	3.8	3.5
7.4	6.1	3.7	12.2	4.8	3.9	3.5
7.2	5.9	3.5	11.5	4.5	3.8	3.2
7.5	5.9	3.4	10.6	4.4	3.3	2.9
7.5	6.1	3.5	10.2	4.1	3.4	2.7
7.5	6.4	3.5	9.5	3.9	3.1	2.5
7.7	6.3	3.5	8.8	3.6	2.9	2.3
7.9	6.8	3.6	8.5	3.4	2.9	2.1
7.7	7.4	3.5	7.8	3.0	2.8	1.9
7.8	7.6	3.7	7.2	2.9	2.5	1.8
7.7	7.6	3.7	6.9	2.7	2.4	1.8
7.7	8.0	3.7	6.4	2.3	2.4	1.6
7.9	8.6	3.6	6.2	2.3	2.4	1.6
7.9	9.3	3.6	6.1	2.2	2.4	1.5
7.9	9.6	3.6	5.9	2.0	2.4	1.5
7.8	10.4	3.5	6.2	2.1	2.5	1.5
8.0	10.9	3.7	6.5	2.1	2.8	1.6
7.7	12.1	3.6	6.9	2.1	3.2	1.6
7.4	13.7	3.6	7.4	2.1	3.7	1.6
7.3	15.1	3.4	7.9	2.0	4.2	1.7
7.3	16.4	3.3	8.3	2.1	4.6	1.7
7.5	17.0	3.2	8.7	2.2	4.8	1.7
7.3	18.4	3.1	9.3	2.1	5.5	1.7
7.2	19.8	3.0	10.1	2.2	6.2	1.7
7.0	20.5	2.9	10.6	2.2	6.7	1.7
6.7	21.7	2.6	11.2	2.2	7.4	1.7
6.6	21.3	2.6	11.0	2.1	7.3	1.7
6.5	20.5	2.6	10.7	2.1	6.8	1.7
6.2	20.2	2.5	10.3	2.0	6.7	1.7
6.3	19.5	2.6	9.8	1.9	6.3	1.6
6.1	18.7	2.4	9.4	1.9	5.8	1.6
6.0	18.3	2.4	9.2	2.0	5.7	1.5
5.9	17.7	2.2	8.7	1.9	5.3	1.5
5.5	17.7	2.1	8.6	1.8	5.5	1.4
5.2	17.8	2.0	8.6	1.7	5.5	1.3
4.8	17.6	1.8	8.7	1.6	5.8	1.3
4.4	17.6	1.8	8.4	1.5	5.6	1.2
4.4	17.5	1.7	8.4	1.5	5.6	1.2
4.2	17.4	1.6	8.2	1.5	5.6	1.2
4.0	17.3	1.5	8.3	1.4	5.8	1.1
3.8	17.7	1.4	8.6	1.3	6.1	1.1
3.6	18.1	1.4	8.6	1.3	6.2	1.1
3.6	18.1	1.4	8.7	1.3	6.4	1.1
3.8	18.5	1.4	8.8	1.4	6.4	1.1
3.8	18.5	1.4	8.9	1.4	6.4	1.0
3.7	18.8	1.3	8.8	1.3	6.5	1.0
3.6	18.6	1.3	8.5	1.3	6.3	1.0
3.5	18.4	1.3	8.3	1.2	6.1	0.9
3.4	18.2	1.2	8.1	1.2	6.0	0.9
3.4	17.7	1.2	7.8	1.2	5.8	0.9
3.2	18.0	1.1	8.0	1.1	6.0	0.9

Note: "Others" refers to divorces where husband and wife share parental authority.

12表（3-3）

第12表　年次・親権を行わなければならない子の数・
Table 12. Trends in divorces and percent distribution by the number of children involved in

構成割合（各子ども数＝100）
Percent distribution (Total of number of children=100)

年次 Year		1 人	夫 In case husband has parental authority	妻 In case wife has parental authority	2 人	夫が2人 In case husband has parental authority for his two children
1950	昭和25年	100.0	55.0	45.0	100.0	41.0
51	26	100.0	54.7	45.3	100.0	41.6
52	27	100.0	54.3	45.7	100.0	40.7
53	28	100.0	54.4	45.6	100.0	42.0
54	29	100.0	53.8	46.2	100.0	40.2
55	30	100.0	53.3	46.7	100.0	40.8
56	31	100.0	52.6	47.4	100.0	41.6
57	32	100.0	52.9	47.1	100.0	43.0
58	33	100.0	53.2	46.8	100.0	42.6
59	34	100.0	52.1	47.9	100.0	43.0
1960	35	100.0	51.7	48.3	100.0	43.4
61	36	100.0	50.9	49.1	100.0	44.7
62	37	100.0	50.1	49.9	100.0	43.9
63	38	100.0	49.6	50.4	100.0	43.1
64	39	100.0	49.2	50.8	100.0	43.9
65	40	100.0	47.6	52.4	100.0	43.1
66	41	100.0	45.8	54.2	100.0	41.5
67	42	100.0	45.4	54.6	100.0	40.7
68	43	100.0	43.6	56.4	100.0	40.6
69	44	100.0	42.9	57.1	100.0	39.7
1970	45	100.0	41.6	58.4	100.0	39.1
71	46	100.0	40.5	59.5	100.0	38.0
72	47	100.0	38.3	61.7	100.0	37.5
73	48	100.0	37.9	62.1	100.0	36.0
74	49	100.0	36.5	63.5	100.0	35.4
75	50	100.0	34.9	65.1	100.0	32.9
76	51	100.0	32.5	67.5	100.0	30.2
77	52	100.0	30.4	69.6	100.0	28.2
78	53	100.0	28.2	71.8	100.0	27.0
79	54	100.0	28.1	71.9	100.0	27.0
1980	55	100.0	26.8	73.2	100.0	25.4
81	56	100.0	25.4	74.6	100.0	24.0
82	57	100.0	24.5	75.5	100.0	23.0
83	58	100.0	23.6	76.4	100.0	21.5
84	59	100.0	23.1	76.9	100.0	21.6
85	60	100.0	23.1	76.9	100.0	21.8
86	61	100.0	23.1	76.9	100.0	21.6
87	62	100.0	23.0	77.0	100.0	22.2
88	63	100.0	23.1	76.9	100.0	22.5
89	平成元年	100.0	23.0	77.0	100.0	22.5
1990	2	100.0	22.6	77.4	100.0	22.8
91	3	100.0	22.0	78.0	100.0	21.8
92	4	100.0	21.3	78.7	100.0	20.7
93	5	100.0	20.2	79.8	100.0	19.7
94	6	100.0	19.3	80.7	100.0	18.7
95	7	100.0	18.9	81.1	100.0	18.7
96	8	100.0	17.8	82.2	100.0	17.9
97	9	100.0	17.5	82.5	100.0	17.5
98	10	100.0	16.9	83.1	100.0	16.4
99	11	100.0	16.2	83.8	100.0	15.5
2000	12	100.0	15.8	84.2	100.0	15.6
01	13	100.0	16.0	84.0	100.0	16.2
02	14	100.0	16.2	83.8	100.0	16.2
03	15	100.0	15.3	84.7	100.0	15.4
04	16	100.0	15.1	84.9	100.0	15.1
05	17	100.0	15.2	84.8	100.0	15.1
06	18	100.0	14.9	85.1	100.0	14.9
07	19	100.0	15.4	84.6	100.0	15.3
08	20	100.0	14.6	85.4	100.0	14.3

注：その他とは、夫と妻がそれぞれ分け合って子どもの親権を行う場合である。

親権者別離婚件数・構成割合　—昭和25〜平成20年—
divorce and person with parental authority, and percent distribution, 1950-2008

(%)

妻が2人 In case wife has parental authority for her two children	各1人 One for each	3人〜	夫が全て In case husband has parental authority for his children of all	妻が全て In case wife has parental authority for her children of all	その他 Others
33.6	25.5	100.0	35.5	31.5	33.0
32.8	25.6	100.0	36.2	30.0	33.8
34.4	24.9	100.0	36.0	30.2	33.8
33.2	24.8	100.0	37.3	30.3	32.4
34.8	25.0	100.0	37.0	31.4	31.6
35.2	23.9	100.0	36.4	33.2	30.5
34.5	23.9	100.0	37.0	32.4	30.6
33.9	23.0	100.0	38.6	31.6	29.8
34.8	22.7	100.0	39.6	31.4	29.0
35.6	21.4	100.0	39.2	32.1	28.6
35.5	21.0	100.0	39.0	33.0	28.0
35.0	20.4	100.0	41.4	31.6	27.0
35.7	20.4	100.0	40.4	33.2	26.3
36.7	20.2	100.0	41.1	32.6	26.3
36.1	20.1	100.0	40.7	33.2	26.1
37.1	19.8	100.0	40.7	34.1	25.2
39.8	18.7	100.0	39.0	36.1	25.0
40.0	19.4	100.0	39.8	35.2	25.0
40.0	19.5	100.0	38.7	35.2	26.1
41.1	19.2	100.0	36.6	37.7	25.7
42.9	17.9	100.0	36.4	38.4	25.2
44.8	17.3	100.0	36.3	38.8	24.9
45.4	17.1	100.0	34.5	39.8	25.7
47.7	16.3	100.0	34.4	40.7	24.9
48.4	16.2	100.0	32.9	42.4	24.6
51.6	15.5	100.0	30.6	46.3	23.1
55.3	14.5	100.0	28.3	49.5	22.2
58.5	13.3	100.0	25.8	53.4	20.8
60.9	12.1	100.0	24.6	55.4	20.0
61.5	11.5	100.0	25.1	55.4	19.5
63.9	10.7	100.0	22.9	58.7	18.3
65.8	10.1	100.0	21.5	61.3	17.2
67.6	9.4	100.0	20.8	62.7	16.5
70.0	8.5	100.0	19.8	65.4	14.8
69.9	8.5	100.0	19.2	65.8	15.0
69.3	8.9	100.0	20.0	64.1	15.8
69.8	8.6	100.0	19.5	64.4	16.1
68.6	9.1	100.0	19.7	64.3	16.0
68.7	8.8	100.0	20.5	62.2	17.2
68.6	8.9	100.0	21.8	61.5	16.7
68.4	8.7	100.0	22.2	60.7	17.1
69.9	8.3	100.0	20.5	63.4	16.1
71.5	7.9	100.0	20.4	64.7	14.9
72.7	7.6	100.0	18.5	66.7	14.8
74.0	7.4	100.0	18.3	67.2	14.5
74.0	7.3	100.0	17.9	67.2	14.9
75.0	7.1	100.0	17.6	68.2	14.1
75.8	6.7	100.0	17.1	69.5	13.4
77.4	6.2	100.0	15.5	71.6	12.9
78.3	6.3	100.0	14.9	72.1	13.0
78.2	6.1	100.0	14.6	73.3	12.1
78.0	5.8	100.0	15.5	72.3	12.2
78.0	5.9	100.0	15.8	72.4	11.7
79.0	5.6	100.0	14.7	73.6	11.7
79.4	5.4	100.0	14.9	73.8	11.3
79.5	5.4	100.0	14.4	74.2	11.5
79.8	5.3	100.0	14.6	74.3	11.2
79.4	5.4	100.0	14.7	73.8	11.5
80.6	5.1	100.0	13.5	74.9	11.6

Note: "Others" refers to divorces where husband and wife share parental authority.

第13表　年次・夫妻の国籍別離婚件数・
Table 13. Trends in divorces and percent distribution

離婚件数
Divorces

国籍 Nationality	1992 平成4年	1993 5	1994 6	1995 7	1996 8	1997 9	1998 10	1999 11
総数 Total	179 191	188 297	195 106	199 016	206 955	222 635	243 183	250 529
夫妻とも日本 Japanese couple	171 475	180 700	187 369	191 024	198 860	213 486	232 877	239 479
夫妻の一方が外国 One of couple is foreigner	7 716	7 597	7 737	7 992	8 095	9 149	10 306	11 050
夫日本・妻外国 Japanese husband and foreign wife	6 174	5 987	5 996	6 153	6 171	7 080	7 867	8 514
韓国・朝鮮 Korea	3 591	3 154	2 835	2 582	2 313	2 185	2 146	2 312
中国 China	1 163	1 234	1 323	1 486	1 462	1 901	2 318	2 476
フィリピン Philippines	988	1 111	1 281	1 456	1 706	2 216	2 440	2 575
タイ Thailand	171	186	239	315	320	362	435	540
米国 U.S.A.	75	62	63	53	60	67	76	75
英国 United Kingdom	15	17	17	25	19	27	29	29
ブラジル Brazil	39	43	35	47	52	66	71	91
ペルー Peru	6	6	11	15	18	19	27	25
その他の国 Other foreign countries	126	174	192	174	221	237	325	391
妻日本・夫外国 Japanese wife and foreign husband	1 542	1 610	1 741	1 839	1 924	2 069	2 439	2 536
韓国・朝鮮 Korea	956	889	885	939	912	983	1 091	1 096
中国 China	148	167	190	198	203	237	286	320
フィリピン Philippines	33	40	52	43	66	53	48	59
タイ Thailand	4	8	12	8	14	15	14	20
米国 U.S.A.	203	265	273	299	298	328	383	356
英国 United Kingdom	22	31	48	40	39	43	57	42
ブラジル Brazil	3	10	12	20	23	26	33	39
ペルー Peru	3	7	7	7	15	17	41	35
その他の国 Other foreign countries	170	193	262	285	354	367	486	569

構成割合
Percent distribution

国籍 Nationality	1992 平成4年	1993 5	1994 6	1995 7	1996 8	1997 9	1998 10	1999 11
総数 Total	100.0	100.0	100.0	100.0	100.0	100.0	100.0	100.0
夫妻とも日本 Japanese couple	95.7	96.0	96.0	96.0	96.1	95.9	95.8	95.6
夫妻の一方が外国 One of couple is foreigner	4.3	4.0	4.0	4.0	3.9	4.1	4.2	4.4
夫日本・妻外国 Japanese husband and foreign wife	3.4	3.2	3.1	3.1	3.0	3.2	3.2	3.4
妻日本・夫外国 Japanese wife and foreign husband	0.9	0.9	0.9	0.9	0.9	0.9	1.0	1.0
夫日本・妻外国 Japanese husband and foreign wife	100.0	100.0	100.0	100.0	100.0	100.0	100.0	100.0
韓国・朝鮮 Korea	58.2	52.7	47.3	42.0	37.5	30.9	27.3	27.2
中国 China	18.8	20.6	22.1	24.2	23.7	26.9	29.5	29.1
フィリピン Philippines	16.0	18.6	21.4	23.7	27.6	31.3	31.0	30.2
タイ Thailand	2.8	3.1	4.0	5.1	5.2	5.1	5.5	6.3
米国 U.S.A.	1.2	1.0	1.1	0.9	1.0	0.9	1.0	0.9
英国 United Kingdom	0.2	0.3	0.3	0.4	0.3	0.4	0.4	0.3
ブラジル Brazil	0.6	0.7	0.6	0.8	0.8	0.9	0.9	1.1
ペルー Peru	0.1	0.1	0.2	0.2	0.3	0.3	0.3	0.3
その他の国 Other foreign countries	2.0	2.9	3.2	2.8	3.6	3.3	4.1	4.6
妻日本・夫外国 Japanese wife and foreign husband	100.0	100.0	100.0	100.0	100.0	100.0	100.0	100.0
韓国・朝鮮 Korea	62.0	55.2	50.8	51.1	47.4	47.5	44.7	43.2
中国 China	9.6	10.4	10.9	10.8	10.6	11.5	11.7	12.6
フィリピン Philippines	2.1	2.5	3.0	2.3	3.4	2.6	2.0	2.3
タイ Thailand	0.3	0.5	0.7	0.4	0.7	0.7	0.6	0.8
米国 U.S.A.	13.2	16.5	15.7	16.3	15.5	15.9	15.7	14.0
英国 United Kingdom	1.4	1.9	2.8	2.2	2.0	2.1	2.3	1.7
ブラジル Brazil	0.2	0.6	0.7	1.1	1.2	1.3	1.4	1.5
ペルー Peru	0.2	0.4	0.4	0.4	0.8	0.8	1.7	1.4
その他の国 Other foreign countries	11.0	12.0	15.0	15.5	18.4	17.7	19.9	22.4

構成割合 －平成4～20年－
by nationality of husband and wife, 1992-2008

(組) (Couples)

2000 12	2001 13	2002 14	2003 15	2004 16	2005 17	2006 18	2007 19	2008 20
264 246	285 911	289 836	283 854	270 804	261 917	257 475	254 832	251 136
251 879	272 244	274 584	268 598	255 505	246 228	240 373	236 612	232 362
12 367	13 667	15 252	15 256	15 299	15 689	17 102	18 220	18 774
9 607	10 676	12 087	12 103	12 071	12 430	13 713	14 784	15 135
2 555	2 652	2 745	2 653	2 504	2 555	2 718	2 826	2 648
2 918	3 610	4 629	4 480	4 386	4 363	4 728	5 020	5 338
2 816	2 963	3 133	3 282	3 395	3 485	4 065	4 625	4 782
612	682	699	678	685	782	867	831	795
68	69	76	75	75	76	60	68	64
41	31	33	17	21	28	27	15	29
92	101	91	101	103	116	90	100	96
40	41	45	57	65	59	59	49	56
465	527	636	760	837	966	1 099	1 250	1 327
2 760	2 991	3 165	3 153	3 228	3 259	3 389	3 436	3 639
1 113	1 184	1 167	1 098	966	971	927	916	899
369	397	447	411	502	492	499	568	608
66	62	77	84	84	86	105	112	128
19	38	36	43	46	30	39	50	40
385	359	364	371	367	398	393	374	413
58	59	58	79	63	86	84	61	92
59	54	78	72	81	81	98	100	111
41	52	56	57	56	68	73	70	63
650	786	882	938	1 063	1 047	1 171	1 185	1 285

(%)

2000 12	2001 13	2002 14	2003 15	2004 16	2005 17	2006 18	2007 19	2008 20
100.0	100.0	100.0	100.0	100.0	100.0	100.0	100.0	100.0
95.3	95.2	94.7	94.6	94.4	94.0	93.4	92.9	92.5
4.7	4.8	5.3	5.4	5.6	6.0	6.6	7.1	7.5
3.6	3.7	4.2	4.3	4.5	4.7	5.3	5.8	6.0
1.0	1.0	1.1	1.1	1.2	1.2	1.3	1.3	1.4
100.0	100.0	100.0	100.0	100.0	100.0	100.0	100.0	100.0
26.6	24.8	22.7	21.9	20.7	20.6	19.8	19.1	17.5
30.4	33.8	38.3	37.0	36.3	35.1	34.5	34.0	35.3
29.3	27.8	25.9	27.1	28.1	28.0	29.6	31.3	31.6
6.4	6.4	5.8	5.6	5.7	6.3	6.3	5.6	5.3
0.7	0.6	0.6	0.6	0.6	0.6	0.4	0.5	0.4
0.4	0.3	0.3	0.1	0.2	0.2	0.2	0.1	0.2
1.0	0.9	0.8	0.8	0.9	0.9	0.7	0.7	0.6
0.4	0.4	0.4	0.5	0.5	0.5	0.4	0.3	0.4
4.8	4.9	5.3	6.3	6.9	7.8	8.0	8.5	8.8
100.0	100.0	100.0	100.0	100.0	100.0	100.0	100.0	100.0
40.3	39.6	36.9	34.8	29.9	29.8	27.4	26.7	24.7
13.4	13.3	14.1	13.0	15.6	15.1	14.7	16.5	16.7
2.4	2.1	2.4	2.7	2.6	2.6	3.1	3.3	3.5
0.7	1.3	1.1	1.4	1.4	0.9	1.2	1.5	1.1
13.9	12.0	11.5	11.8	11.4	12.2	11.6	10.9	11.3
2.1	2.0	1.8	2.5	2.0	2.6	2.5	1.8	2.5
2.1	1.8	2.5	2.3	2.5	2.5	2.9	2.9	3.1
1.5	1.7	1.8	1.8	1.7	2.1	2.2	2.0	1.7
23.6	26.3	27.9	29.7	32.9	32.1	34.6	34.5	35.3

14表（2－1）

第14表　年次・都道府県別離婚件数・率（人口千対）
Table 14.　Trends in divorces and divorce rates (per 1,000 population) in each prefecture,

離婚件数
Divorces

都道府県 Prefecture	1950 昭和25年	1955 30	1960 35	1965 40	1970 45	1975 50	1980 55	1985 60	1990 平成2年	1995 7	1996 8
全国　Total	83 689	75 267	69 410	77 195	95 937	119 135	141 689	166 640	157 608	199 016	206 955
01 北海道	4 134	4 620	4 663	5 850	7 416	8 818	10 342	12 042	9 722	11 227	11 706
02 青森	1 396	1 329	1 276	1 480	1 763	2 047	2 307	2 512	2 001	2 429	2 496
03 岩手	1 330	1 085	973	946	1 019	1 180	1 290	1 521	1 328	1 590	1 715
04 宮城	1 346	1 196	1 138	1 234	1 486	1 841	2 167	2 628	2 517	3 198	3 284
05 秋田	1 625	1 173	1 077	995	1 025	1 184	1 317	1 451	1 256	1 478	1 475
06 山形	1 462	1 007	821	664	804	866	993	1 160	1 097	1 330	1 408
07 福島	1 988	1 584	1 415	1 312	1 475	1 784	2 102	2 439	2 179	2 903	2 966
08 茨城	1 314	1 046	996	955	1 358	1 888	2 315	3 102	3 014	4 249	4 354
09 栃木	1 310	1 039	822	917	1 145	1 524	1 914	2 127	2 179	2 835	2 975
10 群馬	1 383	1 077	920	1 004	1 246	1 709	1 969	2 099	2 180	2 892	3 106
11 埼玉	1 590	1 340	1 182	1 797	2 990	4 584	5 901	7 494	7 775	11 062	11 630
12 千葉	1 650	1 352	1 244	1 638	2 596	3 937	5 426	6 858	7 092	9 639	9 899
13 東京	6 646	7 429	7 719	9 834	12 297	14 503	15 969	17 955	17 935	21 548	22 273
14 神奈川	2 262	2 632	2 725	3 906	5 506	7 508	8 897	10 633	11 059	14 588	15 263
15 新潟	2 456	1 702	1 485	1 228	1 472	1 661	1 952	2 266	2 003	2 644	2 660
16 富山	1 117	877	771	720	823	972	1 016	1 073	1 086	1 217	1 284
17 石川	1 079	824	751	763	955	1 120	1 267	1 374	1 208	1 437	1 468
18 福井	827	684	585	499	582	719	779	896	780	889	996
19 山梨	565	435	397	430	523	657	784	852	848	1 112	1 258
20 長野	1 375	1 080	889	907	1 150	1 432	1 715	2 055	2 022	2 589	2 732
21 岐阜	1 346	1 112	1 028	1 027	1 288	1 552	1 728	2 085	1 994	2 507	2 577
22 静岡	2 269	1 955	1 818	2 064	2 701	3 536	4 202	4 572	4 432	5 723	5 795
23 愛知	3 042	2 767	2 643	3 298	4 337	5 430	6 550	7 766	7 998	10 405	10 819
24 三重	1 259	1 016	833	932	1 098	1 236	1 589	1 869	1 918	2 510	2 660
25 滋賀	598	480	404	426	509	617	867	1 015	1 120	1 594	1 700
26 京都	1 903	1 630	1 327	1 520	1 871	2 329	2 884	3 248	3 050	4 047	4 115
27 大阪	4 579	4 618	4 632	6 317	8 161	10 146	12 100	14 355	13 524	17 238	17 395
28 兵庫	3 423	3 255	3 094	3 485	4 259	5 025	5 747	6 802	6 622	7 715	8 533
29 奈良	810	657	533	573	730	922	1 125	1 519	1 512	2 097	2 085
30 和歌山	1 006	914	810	885	1 042	1 107	1 418	1 524	1 461	1 790	1 816
31 鳥取	699	578	475	440	439	566	580	750	674	809	918
32 島根	886	676	563	432	460	499	579	742	645	818	836
33 岡山	1 702	1 518	1 317	1 262	1 449	1 814	2 029	2 479	2 169	2 844	2 979
34 広島	2 530	2 448	2 027	2 056	2 274	2 767	3 160	3 480	3 402	4 376	4 506
35 山口	1 802	1 726	1 570	1 482	1 742	1 789	1 958	2 229	1 948	2 341	2 379
36 徳島	865	712	574	532	622	829	1 024	1 017	934	1 160	1 201
37 香川	1 078	900	720	712	844	990	1 220	1 263	1 226	1 503	1 577
38 愛媛	1 906	1 550	1 277	1 301	1 446	1 764	2 062	2 254	1 954	2 290	2 477
39 高知	1 127	1 100	1 009	977	1 072	1 172	1 267	1 343	1 251	1 525	1 511
40 福岡	4 402	4 336	3 971	4 113	4 879	5 655	7 156	8 918	7 699	9 064	9 581
41 佐賀	943	805	665	641	658	751	859	1 106	991	1 224	1 216
42 長崎	2 102	1 761	1 687	1 380	1 503	1 723	1 965	2 304	1 922	2 361	2 391
43 熊本	1 847	1 421	1 332	1 262	1 427	1 472	1 865	2 527	2 171	2 893	3 046
44 大分	1 284	1 122	921	838	1 098	1 216	1 587	1 788	1 583	1 959	2 044
45 宮崎	1 185	1 045	922	897	1 063	1 316	1 634	1 981	1 615	1 940	2 152
46 鹿児島	1 671	1 654	1 409	1 264	1 334	1 638	2 080	2 577	2 199	2 623	2 726
47 沖縄	…	…	…	…	…	1 340	2 032	2 590	2 313	2 804	2 972

注：1）昭和25～40年は離婚当時の夫の住所、昭和45年以降は別居する前の住所による。
　　2）昭和25年の全国には、不詳570を含む。

―昭和25・30・35・40・45・50・55・60・平成2・7～20年―
1950, 1955, 1960, 1965, 1970, 1975, 1980, 1985, 1990 and 1995-2008

(組)
(Couples)

1997 9	1998 10	1999 11	2000 12	2001 13	2002 14	2003 15	2004 16	2005 17	2006 18	2007 19	2008 20
222 635	243 183	250 529	264 246	285 911	289 836	283 854	270 804	261 917	257 475	254 832	251 136
12 703	13 532	13 677	14 233	15 626	15 676	15 365	14 564	13 597	13 182	12 956	12 677
2 650	2 806	2 888	3 092	3 440	3 631	3 645	3 429	3 281	3 044	3 014	2 828
1 841	2 136	2 086	2 292	2 548	2 619	2 661	2 655	2 506	2 391	2 308	2 323
3 604	3 993	4 092	4 508	5 114	5 237	5 104	5 028	4 820	4 757	4 665	4 554
1 712	1 782	1 849	1 925	2 206	2 214	2 159	2 033	1 856	1 899	1 894	1 823
1 480	1 720	1 770	1 952	2 212	2 187	2 225	2 136	2 048	2 036	1 988	2 009
3 257	3 624	3 686	3 950	4 388	4 627	4 609	4 354	4 366	4 152	4 159	3 991
4 881	5 099	5 518	5 834	6 301	6 534	6 285	6 004	5 833	5 877	5 824	5 853
3 196	3 571	3 662	3 902	4 230	4 407	4 324	4 264	4 045	4 083	4 041	3 963
3 186	3 450	3 607	3 977	4 198	4 309	4 250	4 019	3 948	3 899	3 914	3 831
12 451	13 455	13 988	14 368	15 664	15 573	15 370	14 895	14 521	14 117	14 201	14 112
10 825	11 545	12 145	12 700	13 204	13 633	13 365	13 015	12 579	12 440	12 352	12 187
23 690	25 685	26 375	27 032	28 593	28 780	28 211	27 123	26 984	26 347	26 627	26 300
16 240	17 537	17 723	18 828	19 851	20 124	19 695	19 140	18 516	18 447	18 265	18 227
2 977	3 322	3 375	3 635	3 909	4 039	4 054	3 846	3 601	3 660	3 506	3 513
1 354	1 541	1 667	1 727	1 888	1 838	1 910	1 786	1 735	1 768	1 674	1 679
1 608	1 852	1 861	2 036	2 241	2 208	2 160	2 070	1 907	2 007	1 886	1 900
947	1 189	1 174	1 327	1 437	1 466	1 470	1 421	1 395	1 342	1 334	1 298
1 295	1 408	1 509	1 638	1 757	1 868	1 762	1 727	1 743	1 707	1 723	1 742
2 875	3 355	3 469	3 733	4 026	4 055	4 311	4 120	3 953	3 872	3 938	3 762
2 958	3 199	3 298	3 472	3 918	4 011	3 857	3 721	3 564	3 447	3 560	3 413
6 298	6 780	6 975	7 380	7 967	7 985	8 087	7 688	7 474	7 281	7 208	6 959
11 689	12 889	13 071	13 841	15 082	15 446	14 934	14 232	13 997	13 861	13 772	13 527
2 830	3 189	3 251	3 549	3 955	4 088	3 895	3 595	3 700	3 508	3 377	3 402
1 803	2 123	2 057	2 244	2 663	2 697	2 598	2 505	2 472	2 459	2 495	2 427
4 384	4 732	5 089	5 403	5 903	5 922	5 612	5 408	5 116	5 091	4 962	4 877
18 870	20 906	21 833	22 715	24 252	24 808	23 459	21 741	20 973	20 465	20 328	20 490
9 413	10 404	11 065	11 905	12 935	12 884	12 215	11 669	11 369	10 914	10 821	10 658
2 307	2 484	2 623	2 755	2 968	3 000	2 955	2 740	2 604	2 549	2 580	2 542
1 894	2 134	2 130	2 403	2 603	2 685	2 515	2 415	2 181	2 261	2 229	2 174
979	1 042	1 117	1 191	1 255	1 274	1 325	1 337	1 192	1 201	1 172	1 073
930	965	1 050	1 095	1 146	1 235	1 278	1 235	1 124	1 199	1 119	1 117
3 122	3 543	3 608	3 878	4 347	4 187	4 090	4 006	3 722	3 739	3 657	3 624
4 749	5 235	5 416	5 706	6 184	6 214	6 347	5 726	5 609	5 484	5 514	5 332
2 570	2 787	2 848	2 999	3 239	3 314	3 262	2 954	2 846	2 729	2 683	2 606
1 286	1 384	1 462	1 598	1 700	1 672	1 651	1 649	1 576	1 557	1 530	1 447
1 682	1 830	1 994	2 026	2 302	2 331	2 231	2 105	2 029	2 034	1 987	1 929
2 596	2 884	2 864	3 102	3 199	3 288	3 405	3 215	3 037	3 056	2 898	2 816
1 668	1 781	1 705	1 859	1 995	1 985	1 981	1 793	1 787	1 720	1 663	1 676
10 455	11 069	11 577	12 053	13 230	13 241	12 779	11 870	11 567	11 291	11 115	11 037
1 380	1 482	1 468	1 635	1 815	1 786	1 837	1 714	1 759	1 658	1 542	1 468
2 499	2 766	2 865	2 906	3 268	3 308	3 218	3 150	2 976	2 926	2 734	2 528
3 049	3 397	3 425	3 716	4 030	4 145	4 110	3 959	3 718	3 632	3 570	3 493
2 115	2 324	2 410	2 351	2 606	2 682	2 731	2 591	2 382	2 478	2 412	2 318
2 279	2 459	2 493	2 713	2 866	2 948	2 961	2 784	2 658	2 675	2 601	2 619
2 949	3 269	3 272	3 473	3 748	3 888	3 864	3 699	3 584	3 583	3 336	3 447
3 109	3 524	3 442	3 589	3 902	3 787	3 722	3 674	3 667	3 650	3 698	3 565

Notes: 1) Place of residence of husband at the time of divorce as at data in 1950-1965, and place of residence before divorce as to data 1970 and after.
   2) The figure in "Total" in 1950 includes 570 unknown divorces.

第14表　年次・都道府県別離婚件数・率（人口千対）
Table 14. Trends in divorces and divorce rates (per 1,000 population) in each prefecture,

離婚率
Divorce rates

都道府県 Prefecture	1950 昭和25年	1955 30	1960 35	1965 40	1970 45	1975 50	1980 55	1985 60	1990 平成2年	1995 7	1996 8
全国　Total	1.01	0.84	0.74	0.79	0.93	1.07	1.22	1.39	1.28	1.60	1.66
01 北海道	0.96	0.97	0.93	1.13	1.43	1.65	1.86	2.12	1.73	1.98	2.06
02 青森	1.09	0.96	0.89	1.04	1.24	1.40	1.52	1.65	1.35	1.64	1.69
03 岩手	0.99	0.76	0.67	0.67	0.74	0.85	0.91	1.05	0.94	1.12	1.21
04 宮城	0.81	0.69	0.65	0.70	0.82	0.94	1.04	1.21	1.12	1.38	1.41
05 秋田	1.24	0.87	0.81	0.78	0.83	0.96	1.05	1.16	1.02	1.22	1.22
06 山形	1.08	0.74	0.62	0.53	0.66	0.71	0.79	0.93	0.87	1.06	1.12
07 福島	0.96	0.76	0.69	0.66	0.76	0.91	1.03	1.19	1.04	1.36	1.39
08 茨城	0.64	0.51	0.49	0.46	0.63	0.81	0.91	1.14	1.06	1.45	1.48
09 栃木	0.84	0.67	0.54	0.60	0.73	0.90	1.07	1.13	1.13	1.44	1.51
10 群馬	0.86	0.67	0.58	0.63	0.75	0.97	1.07	1.10	1.11	1.46	1.56
11 埼玉	0.74	0.59	0.49	0.60	0.77	0.95	1.09	1.28	1.22	1.65	1.72
12 千葉	0.77	0.61	0.54	0.61	0.77	0.95	1.15	1.33	1.28	1.68	1.71
13 東京	1.06	0.92	0.80	0.90	1.09	1.25	1.39	1.52	1.53	1.87	1.92
14 神奈川	0.91	0.90	0.79	0.88	1.01	1.18	1.29	1.44	1.40	1.79	1.86
15 新潟	1.00	0.69	0.61	0.51	0.62	0.70	0.80	0.93	0.81	1.07	1.07
16 富山	1.11	0.86	0.75	0.70	0.80	0.91	0.92	0.95	0.97	1.09	1.15
17 石川	1.13	0.85	0.77	0.78	0.96	1.05	1.14	1.19	1.04	1.22	1.25
18 福井	1.10	0.91	0.78	0.66	0.79	0.94	0.99	1.09	0.95	1.09	1.21
19 山梨	0.70	0.54	0.51	0.56	0.69	0.84	0.98	1.04	1.00	1.27	1.43
20 長野	0.67	0.53	0.45	0.46	0.59	0.71	0.82	0.95	0.94	1.19	1.25
21 岐阜	0.87	0.70	0.63	0.60	0.74	0.84	0.89	1.02	0.97	1.20	1.24
22 静岡	0.92	0.74	0.66	0.71	0.88	1.07	1.22	1.28	1.21	1.55	1.56
23 愛知	0.90	0.73	0.63	0.69	0.81	0.92	1.06	1.20	1.21	1.54	1.59
24 三重	0.86	0.68	0.56	0.62	0.71	0.76	0.95	1.08	1.08	1.38	1.45
25 滋賀	0.69	0.56	0.48	0.50	0.58	0.63	0.81	0.87	0.92	1.25	1.33
26 京都	1.04	0.84	0.67	0.72	0.85	0.98	1.16	1.27	1.19	1.57	1.59
27 大阪	1.19	1.00	0.84	0.95	1.09	1.25	1.46	1.66	1.58	2.00	2.02
28 兵庫	1.03	0.90	0.79	0.81	0.93	1.02	1.13	1.29	1.24	1.45	1.60
29 奈良	1.06	0.85	0.68	0.69	0.79	0.86	0.94	1.16	1.10	1.47	1.46
30 和歌山	1.02	0.91	0.81	0.86	1.00	1.04	1.31	1.40	1.37	1.66	1.69
31 鳥取	1.16	0.94	0.79	0.76	0.77	0.98	0.96	1.21	1.10	1.32	1.50
32 島根	0.97	0.73	0.63	0.53	0.60	0.65	0.74	0.93	0.83	1.06	1.09
33 岡山	1.02	0.90	0.79	0.77	0.85	1.00	1.09	1.30	1.13	1.47	1.53
34 広島	1.22	1.14	0.93	0.90	0.94	1.05	1.16	1.23	1.20	1.53	1.57
35 山口	1.17	1.07	0.98	0.96	1.16	1.16	1.24	1.40	1.25	1.52	1.55
36 徳島	0.98	0.81	0.68	0.65	0.79	1.03	1.24	1.22	1.12	1.40	1.45
37 香川	1.14	0.95	0.78	0.79	0.93	1.03	1.22	1.22	1.20	1.47	1.54
38 愛媛	1.25	1.01	0.85	0.90	1.02	1.21	1.37	1.47	1.29	1.52	1.65
39 高知	1.29	1.25	1.18	1.20	1.36	1.45	1.53	1.59	1.52	1.87	1.86
40 福岡	1.25	1.12	0.99	1.04	1.22	1.33	1.58	1.88	1.61	1.85	1.94
41 佐賀	1.00	0.83	0.71	0.74	0.79	0.90	0.99	1.24	1.13	1.39	1.38
42 長崎	1.28	1.01	0.96	0.84	0.96	1.10	1.24	1.44	1.23	1.53	1.55
43 熊本	1.01	0.75	0.72	0.71	0.84	0.86	1.04	1.38	1.18	1.56	1.64
44 大分	1.02	0.88	0.74	0.71	0.95	1.02	1.29	1.43	1.28	1.60	1.67
45 宮崎	1.09	0.92	0.81	0.83	1.01	1.21	1.42	1.67	1.38	1.65	1.83
46 鹿児島	0.93	0.81	0.72	0.68	0.77	0.95	1.17	1.41	1.22	1.46	1.52
47 沖縄	…	…	…	…	…	1.29	1.85	2.20	1.90	2.22	2.33

注：1）昭和25～40年は離婚当時の夫の住所、昭和45年以降は別居する前の住所による。
　　2）昭和25年の全国には、不詳を含む。

―昭和25・30・35・40・45・50・55・60・平成2・7～20年―
1950, 1955, 1960, 1965, 1970, 1975, 1980, 1985, 1990 and 1995-2008

1997 9	1998 10	1999 11	2000 12	2001 13	2002 14	2003 15	2004 16	2005 17	2006 18	2007 19	2008 20
1.78	1.94	2.00	2.10	2.27	2.30	2.25	2.15	2.08	2.04	2.02	1.99
2.23	2.38	2.41	2.51	2.76	2.77	2.72	2.59	2.42	2.36	2.33	2.30
1.79	1.90	1.96	2.10	2.34	2.48	2.50	2.37	2.29	2.15	2.15	2.04
1.30	1.51	1.48	1.62	1.81	1.87	1.91	1.91	1.82	1.75	1.70	1.72
1.54	1.70	1.74	1.91	2.17	2.22	2.16	2.13	2.05	2.03	2.00	1.96
1.42	1.49	1.55	1.62	1.87	1.89	1.85	1.76	1.63	1.68	1.70	1.65
1.18	1.38	1.42	1.58	1.79	1.78	1.82	1.75	1.69	1.70	1.67	1.70
1.53	1.70	1.73	1.86	2.07	2.19	2.19	2.08	2.10	2.01	2.02	1.95
1.65	1.72	1.86	1.97	2.13	2.21	2.13	2.04	1.99	2.00	1.99	2.00
1.61	1.80	1.84	1.97	2.13	2.22	2.18	2.15	2.03	2.05	2.04	2.00
1.60	1.73	1.80	1.99	2.10	2.16	2.13	2.01	1.98	1.96	1.98	1.94
1.83	1.97	2.04	2.09	2.27	2.25	2.21	2.14	2.08	2.02	2.03	2.01
1.87	1.98	2.07	2.16	2.24	2.30	2.24	2.18	2.10	2.07	2.05	2.02
2.04	2.21	2.27	2.28	2.40	2.40	2.34	2.24	2.19	2.12	2.13	2.10
1.97	2.11	2.12	2.24	2.34	2.36	2.30	2.22	2.13	2.12	2.09	2.08
1.20	1.34	1.36	1.47	1.59	1.65	1.66	1.58	1.49	1.52	1.46	1.48
1.21	1.38	1.49	1.55	1.70	1.65	1.72	1.61	1.58	1.61	1.53	1.54
1.37	1.57	1.58	1.73	1.91	1.88	1.84	1.77	1.63	1.73	1.62	1.64
1.15	1.45	1.43	1.62	1.75	1.79	1.80	1.75	1.72	1.66	1.66	1.62
1.47	1.60	1.71	1.87	2.00	2.13	2.02	1.98	2.00	1.97	2.00	2.03
1.32	1.54	1.59	1.71	1.84	1.86	1.98	1.89	1.83	1.80	1.84	1.76
1.42	1.53	1.58	1.67	1.88	1.93	1.86	1.79	1.72	1.67	1.73	1.66
1.70	1.82	1.87	1.99	2.14	2.14	2.17	2.06	2.01	1.96	1.94	1.87
1.71	1.88	1.89	2.00	2.16	2.21	2.12	2.02	1.97	1.94	1.92	1.88
1.54	1.74	1.77	1.94	2.16	2.23	2.12	1.96	2.02	1.91	1.84	1.86
1.39	1.63	1.56	1.69	2.00	2.01	1.93	1.85	1.82	1.80	1.82	1.77
1.69	1.83	1.96	2.08	2.27	2.28	2.16	2.08	1.97	1.96	1.92	1.89
2.19	2.42	2.53	2.63	2.80	2.87	2.71	2.51	2.43	2.37	2.35	2.37
1.76	1.93	2.05	2.18	2.36	2.34	2.22	2.12	2.07	1.98	1.97	1.94
1.61	1.73	1.82	1.92	2.07	2.10	2.07	1.93	1.84	1.81	1.84	1.82
1.76	1.99	1.99	2.26	2.45	2.54	2.39	2.31	2.12	2.21	2.20	2.16
1.60	1.70	1.83	1.95	2.06	2.09	2.18	2.21	1.98	2.00	1.97	1.82
1.22	1.27	1.38	1.45	1.52	1.64	1.71	1.66	1.52	1.64	1.54	1.55
1.61	1.82	1.85	2.00	2.24	2.16	2.11	2.07	1.92	1.93	1.89	1.88
1.66	1.83	1.89	2.00	2.17	2.18	2.22	2.01	1.97	1.93	1.94	1.88
1.67	1.82	1.86	1.98	2.14	2.20	2.17	1.98	1.92	1.86	1.84	1.79
1.55	1.67	1.77	1.95	2.08	2.05	2.03	2.04	1.96	1.94	1.92	1.83
1.64	1.79	1.95	1.99	2.26	2.30	2.20	2.08	2.02	2.03	1.99	1.94
1.73	1.93	1.92	2.08	2.15	2.22	2.31	2.19	2.08	2.10	2.01	1.96
2.05	2.20	2.11	2.29	2.46	2.46	2.46	2.24	2.25	2.19	2.13	2.17
2.11	2.23	2.33	2.42	2.65	2.64	2.55	2.36	2.31	2.25	2.22	2.20
1.56	1.68	1.67	1.87	2.08	2.05	2.11	1.98	2.04	1.93	1.80	1.72
1.63	1.81	1.88	1.92	2.17	2.20	2.15	2.12	2.02	2.00	1.89	1.76
1.64	1.82	1.84	2.00	2.17	2.24	2.22	2.14	2.03	1.99	1.96	1.93
1.73	1.90	1.97	1.93	2.14	2.21	2.26	2.14	1.98	2.07	2.02	1.94
1.94	2.09	2.12	2.32	2.46	2.53	2.55	2.40	2.31	2.34	2.28	2.31
1.65	1.83	1.83	1.95	2.11	2.19	2.18	2.10	2.05	2.06	1.93	2.01
2.42	2.72	2.64	2.74	2.95	2.84	2.77	2.72	2.71	2.68	2.71	2.60

Notes: 1) Place of residence of husband at the time of divorce as at data in 1950-1965, and place of residence before divorce as to data 1970 and after.
2) The figure in "Total" in 1950 includes unknown divorces.

第15表　年次・都道府県・離婚の種類別
Table 15. Trends in percent distribution of divorces

都道府県 Prefecture	1995 平成7年 協議離婚 Divorces by mutual agreement	1995 裁判離婚 Court divorces	1996 8 協議離婚 Divorces by mutual agreement	1996 裁判離婚 Court divorces	1997 9 協議離婚 Divorces by mutual agreement	1997 裁判離婚 Court divorces
全　国　Total	90.4	9.6	90.8	9.2	90.9	9.1
01 北海道	90.5	9.5	91.3	8.7	91.1	8.9
02 青森	89.0	11.0	89.9	10.1	89.9	10.1
03 岩手	82.5	17.5	84.1	15.9	85.4	14.6
04 宮城	85.1	14.9	87.5	12.5	87.6	12.4
05 秋田	83.8	16.2	84.5	15.5	86.1	13.9
06 山形	80.3	19.7	80.3	19.7	83.4	16.6
07 福島	88.6	11.4	88.4	11.6	89.2	10.8
08 茨城	88.6	11.4	88.7	11.3	89.1	10.9
09 栃木	88.0	12.0	89.1	10.9	88.6	11.4
10 群馬	88.9	11.1	90.7	9.3	89.0	11.0
11 埼玉	90.4	9.6	91.1	8.9	90.8	9.2
12 千葉	91.0	9.0	91.7	8.3	91.0	9.0
13 東京	92.5	7.5	92.3	7.7	92.3	7.7
14 神奈川	91.1	8.9	90.9	9.1	91.3	8.7
15 新潟	86.7	13.3	86.2	13.8	87.5	12.5
16 富山	84.6	15.4	85.0	15.0	86.0	14.0
17 石川	82.2	17.8	85.6	14.4	86.0	14.0
18 福井	88.5	11.5	86.0	14.0	87.9	12.1
19 山梨	89.1	10.9	89.2	10.8	90.3	9.7
20 長野	83.9	16.1	84.0	16.0	85.0	15.0
21 岐阜	88.3	11.7	87.9	12.1	88.5	11.5
22 静岡	89.4	10.6	90.3	9.7	91.0	9.0
23 愛知	89.7	10.3	90.2	9.8	90.4	9.6
24 三重	88.5	11.5	89.9	10.1	91.1	8.9
25 滋賀	88.8	11.2	88.7	11.3	90.5	9.5
26 京都	91.3	8.7	91.5	8.5	90.8	9.2
27 大阪	93.1	6.9	93.5	6.5	93.5	6.5
28 兵庫	92.0	8.0	91.2	8.8	92.3	7.7
29 奈良	91.1	8.9	90.8	9.2	89.5	10.5
30 和歌山	90.6	9.4	92.0	8.0	91.2	8.8
31 鳥取	88.6	11.4	88.8	11.2	89.7	10.3
32 島根	90.0	10.0	90.3	9.7	89.8	10.2
33 岡山	91.1	8.9	90.3	9.7	91.2	8.8
34 広島	90.6	9.4	91.4	8.6	92.0	8.0
35 山口	89.3	10.7	88.3	11.7	90.9	9.1
36 徳島	89.1	10.9	91.5	8.5	92.3	7.7
37 香川	89.0	11.0	90.4	9.6	89.4	10.6
38 愛媛	91.5	8.5	91.0	9.0	91.7	8.3
39 高知	91.5	8.5	92.5	7.5	91.7	8.3
40 福岡	92.1	7.9	92.5	7.5	92.1	7.9
41 佐賀	89.9	10.1	89.0	11.0	91.0	9.0
42 長崎	90.4	9.6	91.8	8.2	92.2	7.8
43 熊本	90.5	9.5	91.4	8.6	90.0	10.0
44 大分	89.2	10.8	90.6	9.4	90.7	9.3
45 宮崎	88.0	12.0	90.4	9.6	90.1	9.9
46 鹿児島	91.2	8.8	92.3	7.7	91.2	8.8
47 沖縄	95.0	5.0	95.8	4.2	96.3	3.7

構成割合 －平成7～20年－
by legal type in each prefecture, 1995-2008

(%)

1998 10		1999 11		2000 12		2001 13	
協議離婚 Divorces by mutual agreement	裁判離婚 Court divorces	協議離婚 Divorces by mutual agreement	裁判離婚 Court divorces	協議離婚 Divorces by mutual agreement	裁判離婚 Court divorces	協議離婚 Divorces by mutual agreement	裁判離婚 Court divorces
91.2	8.8	91.5	8.5	91.5	8.5	91.5	8.5
91.9	8.1	91.4	8.6	91.3	8.7	92.2	7.8
92.1	7.9	91.5	8.5	91.9	8.1	92.1	7.9
85.9	14.1	86.9	13.1	85.5	14.5	87.6	12.4
88.2	11.8	88.4	11.6	90.0	10.0	89.5	10.5
84.3	15.7	83.5	16.5	86.4	13.6	86.0	14.0
84.0	16.0	85.5	14.5	85.1	14.9	86.0	14.0
89.0	11.0	89.2	10.8	88.5	11.5	89.4	10.6
90.4	9.6	90.2	9.8	90.8	9.2	91.0	9.0
90.1	9.9	89.1	10.9	89.2	10.8	89.6	10.4
89.4	10.6	89.3	10.7	89.5	10.5	88.2	11.8
90.8	9.2	91.2	8.8	91.2	8.8	91.1	8.9
91.1	8.9	91.7	8.3	91.7	8.3	91.7	8.3
92.2	7.8	92.5	7.5	92.4	7.6	92.5	7.5
91.5	8.5	92.0	8.0	91.7	8.3	91.5	8.5
86.8	13.2	87.5	12.5	88.0	12.0	88.1	11.9
87.9	12.1	88.2	11.8	88.3	11.7	89.9	10.1
87.5	12.5	87.5	12.5	85.6	14.4	88.0	12.0
89.7	10.3	89.6	10.4	91.3	8.7	90.5	9.5
89.4	10.6	89.7	10.3	89.6	10.4	90.3	9.7
86.1	13.9	87.5	12.5	86.8	13.2	87.5	12.5
88.4	11.6	90.1	9.9	90.2	9.8	89.8	10.2
91.5	8.5	90.7	9.3	90.8	9.2	90.4	9.6
91.0	9.0	91.3	8.7	91.3	8.7	91.3	8.7
91.1	8.9	91.2	8.8	91.5	8.5	91.7	8.3
89.6	10.4	88.8	11.2	90.6	9.4	90.0	10.0
91.8	8.2	91.7	8.3	91.5	8.5	92.3	7.7
93.6	6.4	93.9	6.1	94.3	5.7	93.9	6.1
92.7	7.3	93.1	6.9	92.9	7.1	92.8	7.2
90.6	9.4	90.8	9.2	90.7	9.3	91.1	8.9
90.8	9.2	91.3	8.7	90.7	9.3	91.6	8.4
91.7	8.3	91.5	8.5	90.3	9.7	91.9	8.1
89.6	10.4	89.0	11.0	88.9	11.1	89.4	10.6
91.5	8.5	91.6	8.4	91.8	8.2	92.3	7.7
91.5	8.5	92.4	7.6	92.7	7.3	92.0	8.0
91.4	8.6	91.8	8.2	91.5	8.5	92.2	7.8
91.5	8.5	91.8	8.2	91.6	8.4	92.8	7.2
89.3	10.7	90.7	9.3	89.3	10.7	90.2	9.8
92.0	8.0	92.3	7.7	92.0	8.0	91.2	8.8
91.4	8.6	92.7	7.3	92.0	8.0	93.7	6.3
92.1	7.9	92.5	7.5	92.9	7.1	92.4	7.6
90.1	9.9	90.5	9.5	91.6	8.4	90.6	9.4
90.4	9.6	92.6	7.4	92.7	7.3	91.6	8.4
90.7	9.3	91.5	8.5	90.7	9.3	91.0	9.0
89.9	10.1	91.5	8.5	91.5	8.5	91.0	9.0
90.6	9.4	91.2	8.8	90.7	9.3	91.6	8.4
92.7	7.3	91.2	8.8	92.0	8.0	91.6	8.4
95.9	4.1	95.5	4.5	95.5	4.5	94.9	5.1

15表（2－2）

第15表　年次・都道府県・離婚の種類別
Table 15.　Trends in percent distribution of divorces

都道府県 Prefecture	2002 平成14年 協議離婚 Divorces by mutual agreement	2002 裁判離婚 Court divorces	2003 15 協議離婚 Divorces by mutual agreement	2003 裁判離婚 Court divorces	2004 16 協議離婚 Divorces by mutual agreement	2004 裁判離婚 Court divorces
全 国　Total	91.2	8.8	90.7	9.3	89.6	10.4
01 北 海 道	91.6	8.4	91.3	8.7	90.6	9.4
02 青 森	91.0	9.0	89.9	10.1	89.9	10.1
03 岩 手	86.8	13.2	86.8	13.2	84.9	15.1
04 宮 城	89.1	10.9	88.1	11.9	86.6	13.4
05 秋 田	86.5	13.5	86.1	13.9	86.6	13.4
06 山 形	85.0	15.0	86.2	13.8	82.2	17.8
07 福 島	90.6	9.4	88.5	11.5	89.1	10.9
08 茨 城	89.8	10.2	89.7	10.3	88.1	11.9
09 栃 木	89.3	10.7	89.1	10.9	87.7	12.3
10 群 馬	89.1	10.9	88.7	11.3	86.7	13.3
11 埼 玉	90.9	9.1	90.2	9.8	89.2	10.8
12 千 葉	91.2	8.8	90.3	9.7	89.4	10.6
13 東 京	92.4	7.6	91.8	8.2	90.7	9.3
14 神 奈 川	90.9	9.1	90.5	9.5	89.9	10.1
15 新 潟	87.8	12.2	86.9	13.1	86.3	13.7
16 富 山	88.8	11.2	86.1	13.9	85.9	14.1
17 石 川	88.0	12.0	86.0	14.0	85.4	14.6
18 福 井	90.3	9.7	90.7	9.3	88.5	11.5
19 山 梨	89.2	10.8	89.5	10.5	86.6	13.4
20 長 野	87.0	13.0	86.5	13.5	84.5	15.5
21 岐 阜	89.8	10.2	88.4	11.6	87.7	12.3
22 静 岡	90.3	9.7	88.7	11.3	88.8	11.2
23 愛 知	90.6	9.4	90.5	9.5	89.7	10.3
24 三 重	90.9	9.1	90.9	9.1	89.8	10.2
25 滋 賀	89.4	10.6	89.6	10.4	88.8	11.2
26 京 都	92.1	7.9	91.1	8.9	89.7	10.3
27 大 阪	94.0	6.0	93.4	6.6	92.7	7.3
28 兵 庫	92.4	7.6	92.1	7.9	90.8	9.2
29 奈 良	91.4	8.6	90.6	9.4	89.2	10.8
30 和 歌 山	91.0	9.0	89.4	10.6	89.1	10.9
31 鳥 取	90.8	9.2	89.3	10.7	87.7	12.3
32 島 根	89.1	10.9	90.2	9.8	89.6	10.4
33 岡 山	92.1	7.9	92.4	7.6	88.7	11.3
34 広 島	91.6	8.4	91.1	8.9	89.7	10.3
35 山 口	91.0	9.0	91.6	8.4	90.5	9.5
36 徳 島	92.1	7.9	93.1	6.9	91.0	9.0
37 香 川	89.8	10.2	89.3	10.7	89.0	11.0
38 愛 媛	92.0	8.0	91.0	9.0	89.9	10.1
39 高 知	92.6	7.4	93.5	6.5	92.1	7.9
40 福 岡	92.7	7.3	91.7	8.3	91.0	9.0
41 佐 賀	91.9	8.1	91.2	8.8	89.5	10.5
42 長 崎	91.4	8.6	91.8	8.2	89.8	10.2
43 熊 本	91.5	8.5	90.7	9.3	88.1	11.9
44 大 分	90.4	9.6	90.9	9.1	88.9	11.1
45 宮 崎	91.0	9.0	90.0	10.0	90.5	9.5
46 鹿 児 島	92.5	7.5	92.6	7.4	90.3	9.7
47 沖 縄	93.7	6.3	93.4	6.6	93.0	7.0

構成割合 －平成7～20年－
by legal type in each prefecture, 1995-2008

(%)

2005 17		2006 18		2007 19		2008 20	
協議離婚 Divorces by mutual agreement	裁判離婚 Court divorces	協議離婚 Divorces by mutual agreement	裁判離婚 Court divorces	協議離婚 Divorces by mutual agreement	裁判離婚 Court divorces	協議離婚 Divorces by mutual agreement	裁判離婚 Court divorces
89.0	11.0	88.9	11.1	88.4	11.6	87.8	12.2
89.7	10.3	90.4	9.6	88.8	11.2	88.8	11.2
90.1	9.9	89.6	10.4	89.8	10.2	89.8	10.2
86.1	13.9	86.6	13.4	85.7	14.3	85.3	14.7
86.1	13.9	85.8	14.2	85.7	14.3	85.8	14.2
87.3	12.7	87.5	12.5	86.5	13.5	84.9	15.1
82.5	17.5	83.5	16.5	85.8	14.2	81.4	18.6
87.7	12.3	87.6	12.4	87.6	12.4	87.1	12.9
88.0	12.0	87.5	12.5	87.5	12.5	87.0	13.0
88.0	12.0	86.4	13.6	86.7	13.3	86.0	14.0
87.6	12.4	86.9	13.1	86.4	13.6	85.4	14.6
89.5	10.5	88.9	11.1	88.6	11.4	88.3	11.7
89.1	10.9	88.0	12.0	88.0	12.0	87.6	12.4
89.3	10.7	89.6	10.4	89.4	10.6	89.0	11.0
88.8	11.2	87.9	12.1	88.0	12.0	86.8	13.2
85.8	14.2	84.5	15.5	85.1	14.9	84.1	15.9
85.1	14.9	85.7	14.3	84.5	15.5	85.9	14.1
84.0	16.0	83.3	16.7	84.5	15.5	84.1	15.9
89.0	11.0	86.5	13.5	86.1	13.9	86.5	13.5
88.6	11.4	88.2	11.8	88.4	11.6	86.7	13.3
85.7	14.3	84.8	15.2	83.8	16.2	84.1	15.9
88.0	12.0	86.5	13.5	86.1	13.9	85.8	14.2
88.5	11.5	87.7	12.3	86.9	13.1	86.7	13.3
88.3	11.7	89.0	11.0	88.3	11.7	88.2	11.8
89.5	10.5	88.7	11.3	86.8	13.2	87.7	12.3
87.5	12.5	88.1	11.9	87.5	12.5	85.7	14.3
88.9	11.1	89.2	10.8	87.8	12.2	88.1	11.9
91.5	8.5	91.8	8.2	91.5	8.5	90.3	9.7
89.1	10.9	89.5	10.5	89.1	10.9	88.0	12.0
89.0	11.0	88.3	11.7	86.5	13.5	86.0	14.0
87.7	12.3	89.4	10.6	89.0	11.0	87.9	12.1
89.2	10.8	90.3	9.7	89.2	10.8	87.8	12.2
88.1	11.9	86.6	13.4	87.2	12.8	83.7	16.3
89.5	10.5	89.7	10.3	87.9	12.1	88.1	11.9
88.7	11.3	89.2	10.8	87.7	12.3	87.4	12.6
89.7	10.3	89.3	10.7	89.0	11.0	87.7	12.3
90.7	9.3	89.9	10.1	88.7	11.3	88.9	11.1
86.8	13.2	88.3	11.7	86.2	13.8	84.9	15.1
89.4	10.6	89.1	10.9	88.8	11.2	87.2	12.8
91.2	8.8	92.0	8.0	91.1	8.9	89.9	10.1
90.3	9.7	91.1	8.9	89.6	10.4	89.6	10.4
88.6	11.4	87.3	12.7	86.4	13.6	86.9	13.1
89.9	10.1	89.1	10.9	89.3	10.7	87.9	12.1
88.5	11.5	88.4	11.6	88.0	12.0	86.7	13.3
89.3	10.7	89.3	10.7	89.0	11.0	86.9	13.1
89.0	11.0	89.1	10.9	89.1	10.9	88.4	11.6
91.0	9.0	90.1	9.9	89.8	10.2	89.1	10.9
93.5	6.5	92.4	7.6	91.8	8.2	92.0	8.0

第16表　同居をやめたときの夫妻の年齢（5歳階級）別離婚件数・

Table 16.　Divorces and percent distribution by age (five-year age group) of husband and wife at the time

妻　の　年　齢 Age of wife	総　数 Total	～19歳 Years	20～24	25～29	30～34	35～39	40～44
\	\	\	\	\	\	\ 離	婚　　　件
総　数　Total	183 377	465	9 247	23 851	34 776	33 727	25 397
～19歳 Years	1 523	305	834	243	73	34	14
20～24	15 193	136	6 382	5 074	1 932	779	362
25～29	31 171	20	1 643	13 914	9 473	3 330	1 281
30～34	38 780	3	285	3 735	18 063	10 564	3 424
35～39	34 910	-	83	705	4 397	15 527	8 808
40～44	23 698	1	16	137	684	2 928	9 689
45～49	15 570	-	3	22	118	458	1 441
50～54	9 184	-	1	14	27	67	269
55～59	6 514	-	-	4	9	30	80
60～64	3 755	-	-	1	-	7	24
65～69	1 842	-	-	2	-	3	4
70～74	816	-	-	-	-	-	1
75～79	277	-	-	-	-	-	-
80～	143	-	-	-	-	-	-
不　　詳 Not stated	1	-	-	-	-	-	-
\	\	\	\	\	\	構　成	割
総　数　Total	100.0	0.3	5.0	13.0	19.0	18.4	13.8
～19歳 Years	0.8	0.2	0.5	0.1	0.0	0.0	0.0
20～24	8.3	0.1	3.5	2.8	1.1	0.4	0.2
25～29	17.0	0.0	0.9	7.6	5.2	1.8	0.7
30～34	21.1	0.0	0.2	2.0	9.9	5.8	1.9
35～39	19.0	-	0.0	0.4	2.4	8.5	4.8
40～44	12.9	0.0	0.0	0.1	0.4	1.6	5.3
45～49	8.5	-	0.0	0.0	0.1	0.2	0.8
50～54	5.0	-	0.0	0.0	0.0	0.0	0.1
55～59	3.6	-	-	0.0	0.0	0.0	0.0
60～64	2.0	-	-	0.0	-	0.0	0.0
65～69	1.0	-	-	0.0	-	0.0	0.0
70～74	0.4	-	-	-	-	-	0.0
75～79	0.2	-	-	-	-	-	-
80～	0.1	-	-	-	-	-	-
不　　詳 Not stated	0.0	-	-	-	-	-	-

構成割合（平成20年に同居をやめ届け出たもの） －平成20年－
cohabitation terminated (for divorces separated and registered in 2008), 2008

年　　　　　齢 husband								
45 〜 49	50 〜 54	55 〜 59	60 〜 64	65 〜 69	70 〜 74	75 〜 79	80 〜	不　　詳 Not stated

数　（組）　Divorces (couples)

19 120	13 640	11 314	6 347	3 064	1 487	641	297	4
7	5	3	3	1	-	-	-	1
222	132	111	46	12	3	2	-	-
671	358	290	135	47	5	2	1	1
1 330	650	414	221	61	22	7	1	-
3 036	1 187	734	295	100	27	7	4	-
6 317	2 228	1 053	434	163	39	7	2	-
6 389	4 537	1 816	548	156	59	15	8	-
890	3 686	3 119	814	206	62	21	8	-
196	690	2 923	1 980	441	106	43	11	1
48	136	673	1 544	1 000	242	60	20	-
11	25	145	254	719	514	138	27	-
3	5	30	61	128	333	203	52	-
-	1	2	11	22	56	108	77	-
-	-	-	1	8	19	28	86	1
-	-	1	-	-	-	-	-	-

合　（％）　Percent distribution (%)

10.4	7.4	6.2	3.5	1.7	0.8	0.3	0.2	0.0
0.0	0.0	0.0	0.0	0.0	-	-	-	0.0
0.1	0.1	0.1	0.0	0.0	0.0	0.0	-	-
0.4	0.2	0.2	0.1	0.0	0.0	0.0	0.0	0.0
0.7	0.4	0.2	0.1	0.0	0.0	0.0	0.0	-
1.7	0.6	0.4	0.2	0.1	0.0	0.0	0.0	-
3.4	1.2	0.6	0.2	0.1	0.0	0.0	0.0	-
3.5	2.5	1.0	0.3	0.1	0.0	0.0	0.0	-
0.5	2.0	1.7	0.4	0.1	0.0	0.0	0.0	-
0.1	0.4	1.6	1.1	0.2	0.1	0.0	0.0	0.0
0.0	0.1	0.4	0.8	0.5	0.1	0.0	0.0	-
0.0	0.0	0.1	0.1	0.4	0.3	0.1	0.0	-
0.0	0.0	0.0	0.0	0.1	0.2	0.1	0.0	-
-	0.0	0.0	0.0	0.0	0.0	0.1	0.0	-
-	-	-	0.0	0.0	0.0	0.0	0.0	0.0
-	-	0.0	-	-	-	-	-	-

第17表 届出月・夫妻が親権を行わなければならない子の有無及び夫妻の国籍別離婚件数・構成割合 －平成20年－

Table 17. Divorces and percent distribution by month of registration, children involved in divorce, and nationality of husband and wife, 2008

届出月 Month of registration	総数 Total	親権を行わなければならない子の有無 Presence of children involved in divorce		夫妻の国籍 Nationality of husband and wife		
		子どもあり Yes	子どもなし No	夫妻とも日本 Japanese couple	夫日本・妻外国 Japanese husband and foreign wife	夫外国・妻日本 Foreign husband and Japanese wife

離婚件数（組） Divorces (couples)

届出月	総数	子どもあり	子どもなし	夫妻とも日本	夫日本・妻外国	夫外国・妻日本
総数 Total	251 136	143 834	107 302	232 362	15 135	3 639
1 月 January	20 217	11 710	8 507	18 745	1 176	296
2 月 February	20 600	11 991	8 609	19 113	1 192	295
3 月 March	25 888	15 706	10 182	24 209	1 358	321
4 月 April	22 413	13 010	9 403	20 757	1 350	306
5 月 May	20 212	11 416	8 796	18 645	1 270	297
6 月 June	20 457	11 533	8 924	18 851	1 283	323
7 月 July	20 857	11 889	8 968	19 224	1 307	326
8 月 August	19 218	10 698	8 520	17 731	1 222	265
9 月 September	20 698	11 794	8 904	19 075	1 314	309
10 月 October	21 583	12 136	9 447	19 953	1 325	305
11 月 November	17 567	9 981	7 586	16 190	1 104	273
12 月 December	21 426	11 970	9 456	19 869	1 234	323

構成割合（%） Percent distribution (%)

届出月	総数	子どもあり	子どもなし	夫妻とも日本	夫日本・妻外国	夫外国・妻日本
総数 Total	100.0	100.0	100.0	100.0	100.0	100.0
1 月 January	8.1	8.1	7.9	8.1	7.8	8.1
2 月 February	8.2	8.3	8.0	8.2	7.9	8.1
3 月 March	10.3	10.9	9.5	10.4	9.0	8.8
4 月 April	8.9	9.0	8.8	8.9	8.9	8.4
5 月 May	8.0	7.9	8.2	8.0	8.4	8.2
6 月 June	8.1	8.0	8.3	8.1	8.5	8.9
7 月 July	8.3	8.3	8.4	8.3	8.6	9.0
8 月 August	7.7	7.4	7.9	7.6	8.1	7.3
9 月 September	8.2	8.2	8.3	8.2	8.7	8.5
10 月 October	8.6	8.4	8.8	8.6	8.8	8.4
11 月 November	7.0	6.9	7.1	7.0	7.3	7.5
12 月 December	8.5	8.3	8.8	8.6	8.2	8.9

第18表　夫妻の国籍・離婚の種類別離婚件数　－平成20年－
Table 18.　Divorces by legal type and nationality of husband and wife, 2008

(組) (Couples)

夫　妻　の　国　籍　Nationality of husband and wife	総　数　Total	協議離婚　Divorces by mutual agreement	裁判離婚　Court divorces
総　数　Total	251 136	220 487	30 649
夫妻とも日本　Japanese couple	232 362	202 673	29 689
夫日本・妻外国　Japanese husband and foreign wife	15 135	14 470	665
夫外国・妻日本　Foreign husband and Japanese wife	3 639	3 344	295

第19表　夫妻・届出時年齢（5歳階級）・離婚の種類別離婚件数　－平成20年－
Table 19.　Divorces by legal type and age (five-year age group) of husband and wife at the time divorce registered, 2008

(組) (Couples)

年齢 Age	夫 Husband 総数 Total	協議離婚 Divorces by mutual agreement	裁判離婚 Court divorces	妻 Wife 総数 Total	協議離婚 Divorces by mutual agreement	裁判離婚 Court divorces
総　数　Total	251 136	220 487	30 649	251 136	220 487	30 649
〜19歳 Years	479	438	41	1 653	1 519	134
20 〜 24	11 188	10 053	1 135	18 670	16 896	1 774
25 〜 29	30 294	27 056	3 238	39 937	35 842	4 095
30 〜 34	45 505	40 106	5 399	51 069	44 996	6 073
35 〜 39	45 301	39 360	5 941	47 387	41 055	6 332
40 〜 44	34 933	30 257	4 676	32 891	28 464	4 427
45 〜 49	26 905	23 462	3 443	22 780	19 906	2 874
50 〜 54	20 041	17 756	2 285	14 334	12 535	1 799
55 〜 59	17 316	15 322	1 994	10 838	9 370	1 468
60 〜 64	10 218	8 949	1 269	6 258	5 379	879
65 〜 69	5 037	4 366	671	3 172	2 667	505
70 〜 74	2 385	2 038	347	1 406	1 214	192
75 〜 79	1 037	893	144	505	429	76
80 〜 84	337	293	44	181	166	15
85 〜	154	133	21	52	46	6
不詳　Not stated	6	5	1	3	3	－

第20表 同居期間・夫妻が親権を行わなければならない子の数別
Table 20. Divorces and percent distribution by duration of cohabitation and the number of

総数
Total

同居期間 Duration of cohabitation	総数 Total	子どもなし Divorces where no children are involved 0 人	子どもあり Divorces where children are involved 1 人 ～	1 人	2 人	3 人
						離　婚　件
総数 Total	251 136	107 302	143 834	67 452	56 199	16 842
5年未満 Under 5 years	84 198	41 422	42 776	30 254	10 124	1 896
1年未満 Under 1 year	16 668	10 449	6 219	5 027	872	253
1年以上2年未満 　1 year to under 2 years	19 115	9 758	9 357	7 703	1 260	302
2 ～ 3	17 999	8 495	9 504	7 085	1 985	340
3 ～ 4	15 812	6 831	8 981	5 784	2 663	420
4 ～ 5	14 604	5 889	8 715	4 655	3 344	581
5 ～ 10	55 004	18 498	36 506	14 649	16 984	4 161
10 ～ 15	33 606	8 318	25 288	6 675	13 056	4 690
15 ～ 20	24 264	5 068	19 196	4 509	9 535	4 283
20 ～ 25	16 932	6 803	10 129	5 584	3 451	912
25 ～ 30	10 673	8 374	2 299	1 895	341	46
30 ～ 35	5 867	5 610	257	228	27	2
35 ～	5 448	5 408	40	34	5	－
不詳 Not stated	15 144	7 801	7 343	3 624	2 676	852
					構　成　割	
総数 Total	100.0	42.7	57.3	26.9	22.4	6.7
5年未満 Under 5 years	100.0	49.2	50.8	35.9	12.0	2.3
1年未満 Under 1 year	100.0	62.7	37.3	30.2	5.2	1.5
1年以上2年未満 　1 year to under 2 years	100.0	51.0	49.0	40.3	6.6	1.6
2 ～ 3	100.0	47.2	52.8	39.4	11.0	1.9
3 ～ 4	100.0	43.2	56.8	36.6	16.8	2.7
4 ～ 5	100.0	40.3	59.7	31.9	22.9	4.0
5 ～ 10	100.0	33.6	66.4	26.6	30.9	7.6
10 ～ 15	100.0	24.8	75.2	19.9	38.9	14.0
15 ～ 20	100.0	20.9	79.1	18.6	39.3	17.7
20 ～ 25	100.0	40.2	59.8	33.0	20.4	5.4
25 ～ 30	100.0	78.5	21.5	17.8	3.2	0.4
30 ～ 35	100.0	95.6	4.4	3.9	0.5	0.0
35 ～	100.0	99.3	0.7	0.6	0.1	－
不詳 Not stated	100.0	51.5	48.5	23.9	17.7	5.6

平成20年に同居をやめ届け出たもの（再掲）
Divorces separated and registered in 2008 (regrouped)

同居期間 Duration of cohabitation	総数 Total	子どもなし Divorces where no children are involved 0 人	子どもあり Divorces where children are involved 1 人 ～	1 人	2 人	3 人
						離　婚　件
総数 Total	183 377	77 176	106 201	48 062	42 332	13 124
5年未満 Under 5 years	60 922	31 373	29 549	20 463	7 207	1 467
1年未満 Under 1 year	11 795	7 870	3 925	3 018	655	201
1年以上2年未満 　1 year to under 2 years	13 837	7 464	6 373	5 190	886	227
2 ～ 3	13 115	6 482	6 633	4 925	1 366	263
3 ～ 4	11 507	5 111	6 396	4 084	1 883	334
4 ～ 5	10 668	4 446	6 222	3 246	2 417	442
5 ～ 10	39 849	13 504	26 345	10 353	12 339	3 098
10 ～ 15	24 178	5 544	18 634	4 814	9 668	3 491
15 ～ 20	17 197	2 763	14 434	2 989	7 340	3 404
20 ～ 25	11 263	3 312	7 951	4 147	2 859	794
25 ～ 30	7 088	5 225	1 863	1 527	283	39
30 ～ 35	3 920	3 697	223	199	22	2
35 ～	4 146	4 112	34	29	4	－
不詳 Not stated	14 814	7 646	7 168	3 541	2 610	829
					構　成　割	
総数 Total	100.0	42.1	57.9	26.2	23.1	7.2
5年未満 Under 5 years	100.0	51.5	48.5	33.6	11.8	2.4
1年未満 Under 1 year	100.0	66.7	33.3	25.6	5.6	1.7
1年以上2年未満 　1 year to under 2 years	100.0	53.9	46.1	37.5	6.4	1.6
2 ～ 3	100.0	49.4	50.6	37.6	10.4	2.0
3 ～ 4	100.0	44.4	55.6	35.5	16.4	2.9
4 ～ 5	100.0	41.7	58.3	30.4	22.7	4.1
5 ～ 10	100.0	33.9	66.1	26.0	31.0	7.8
10 ～ 15	100.0	22.9	77.1	19.9	40.0	14.4
15 ～ 20	100.0	16.1	83.9	17.4	42.7	19.8
20 ～ 25	100.0	29.4	70.6	36.8	25.4	7.0
25 ～ 30	100.0	73.7	26.3	21.5	4.0	0.6
30 ～ 35	100.0	94.3	5.7	5.1	0.6	0.1
35 ～	100.0	99.2	0.8	0.7	0.1	－
不詳 Not stated	100.0	51.6	48.4	23.9	17.6	5.6

離婚件数・構成割合（平成20年に同居をやめ届け出たもの再掲） －平成20年－
children involved in divorce (regrouped for divorces separated and registered in 2008), 2008

4 人	5 人	6 人	7 人	8 人	9 人	10 人 ～
数 (組)	Divorces (couples)					
2 681	500	114	34	8	2	2
386	79	26	8	3	-	-
47	12	5	2	1	-	-
71	14	6	1	-	-	-
76	12	3	3	-	-	-
89	20	3	1	1	-	-
103	21	9	1	1	-	-
578	101	23	7	2	-	1
696	129	27	12	2	1	-
707	132	23	5	-	1	1
147	30	4	1	-	-	-
12	4	1	-	-	-	-
-	-	-	-	-	-	-
1	-	-	-	-	-	-
154	25	10	1	1	-	-
合 (%)	Percent distribution (%)					
1.1	0.2	0.0	0.0	0.0	0.0	0.0
0.5	0.1	0.0	0.0	0.0	-	-
0.3	0.1	0.0	0.0	0.0	-	-
0.4	0.1	0.0	0.0	-	-	-
0.4	0.1	0.0	0.0	-	-	-
0.6	0.1	0.0	0.0	0.0	-	-
0.7	0.1	0.1	0.0	0.0	-	-
1.1	0.2	0.0	0.0	0.0	-	0.0
2.1	0.4	0.1	0.0	0.0	0.0	-
2.9	0.5	0.1	0.0	-	0.0	0.0
0.9	0.2	0.0	0.0	-	-	-
0.1	0.0	0.0	-	-	-	-
-	-	-	-	-	-	-
0.0	-	-	-	-	-	-
1.0	0.2	0.1	0.0	0.0	-	-

4 人	5 人	6 人	7 人	8 人	9 人	10 人 ～
数 (組)	Divorces (couples)					
2 152	399	96	25	7	2	2
314	63	24	8	3	-	-
35	8	5	2	1	-	-
56	9	4	1	-	-	-
63	10	3	3	-	-	-
73	17	3	1	1	-	-
87	19	9	1	1	-	-
453	79	16	5	1	-	1
533	95	23	7	2	1	-
569	108	19	3	-	1	1
119	27	4	1	-	-	-
12	2	-	-	-	-	-
-	-	-	-	-	-	-
1	-	-	-	-	-	-
151	25	10	1	1	-	-
合 (%)	Percent distribution (%)					
1.2	0.2	0.1	0.0	0.0	0.0	0.0
0.5	0.1	0.0	0.0	0.0	-	-
0.3	0.1	0.0	0.0	0.0	-	-
0.4	0.1	0.0	0.0	-	-	-
0.5	0.1	0.0	0.0	-	-	-
0.6	0.1	0.0	0.0	0.0	-	-
0.8	0.2	0.1	0.0	0.0	-	-
1.1	0.2	0.0	0.0	0.0	-	0.0
2.2	0.4	0.1	0.0	0.0	0.0	-
3.3	0.6	0.1	0.0	-	0.0	0.0
1.1	0.2	0.0	0.0	-	-	-
0.2	0.0	-	-	-	-	-
-	-	-	-	-	-	-
0.0	-	-	-	-	-	-
1.0	0.2	0.1	0.0	0.0	-	-

第21表　夫妻・届出時年齢（5歳階級）・
Table 21. Divorces by age (five-year age group) of husband and wife at the time

年齢 Age	夫 Husband 総数 Total	親権を行わなければならない子がいない離婚 No child is involved in divorce	妻が全児の親権を行う離婚 Wife has parental authority for all children	夫妻が分け合って親権を行う離婚 Husband and wife share parental authority	夫が全児の親権を行う離婚 Husband has parental authority for all children
総数 Total	251 136	107 302	118 037	5 202	20 595
～19歳 Years	479	81	375	1	22
20 ～ 24	11 188	2 207	8 216	70	695
25 ～ 29	30 294	9 900	18 131	374	1 889
30 ～ 34	45 505	17 569	24 098	757	3 081
35 ～ 39	45 301	15 759	24 504	1 143	3 895
40 ～ 44	34 933	10 623	18 911	1 339	4 060
45 ～ 49	26 905	9 441	12 937	924	3 603
50 ～ 54	20 041	10 769	6 702	414	2 156
55 ～ 59	17 316	13 225	3 054	136	901
60 ～ 64	10 218	9 079	872	36	231
65 ～ 69	5 037	4 792	189	5	51
70 ～ 74	2 385	2 342	33	1	9
75 ～ 79	1 037	1 024	11	1	1
80 ～ 84	337	334	1	1	1
85 ～	154	154	-	-	-
不詳 Not stated	6	3	3	-	-

第22表　夫妻・届出時年齢（5歳階級）・
Table 22. Divorce rates (per 1,000 population) by age (five-year age group) of husband

年齢 Age	夫 Husband 総数 Total	親権を行わなければならない子がいない離婚 No child is involved in divorce	妻が全児の親権を行う離婚 Wife has parental authority for all children	夫妻が分け合って親権を行う離婚 Husband and wife share parental authority	夫が全児の親権を行う離婚 Husband has parental authority for all children
総数 Total	4.09	1.75	1.92	0.08	0.34
～19歳 Years	0.15	0.03	0.12	0.00	0.01
20 ～ 24	3.16	0.62	2.32	0.02	0.20
25 ～ 29	8.04	2.63	4.81	0.10	0.50
30 ～ 34	10.19	3.93	5.39	0.17	0.69
35 ～ 39	9.49	3.30	5.13	0.24	0.82
40 ～ 44	8.38	2.55	4.54	0.32	0.97
45 ～ 49	6.98	2.45	3.36	0.24	0.94
50 ～ 54	5.19	2.79	1.74	0.11	0.56
55 ～ 59	3.59	2.74	0.63	0.03	0.19
60 ～ 64	2.35	2.09	0.20	0.01	0.05
65 ～ 69	1.32	1.25	0.05	0.00	0.01
70 ～ 74	0.75	0.73	0.01	0.00	0.00
75 ～ 79	0.42	0.42	0.00	0.00	0.00
80 ～ 84	0.22	0.21	0.00	0.00	0.00
85 ～	0.16	0.16	-	-	-

注：1) 総数には年齢不詳を含む。
　　2) 19歳以下の離婚率算出に用いた人口は15～19歳の人口である。

親権を行う者別離婚件数　－平成20年－
divorce registered, and person with parental authority, 2008

(組)
(Couples)

総数 Total	親権を行わなければならない子がいない離婚 No child is involved in divorce	妻 Wife 妻が全児の親権を行う離婚 Wife has parental authority for all children	夫妻が分け合って親権を行う離婚 Husband and wife share parental authority	夫が全児の親権を行う離婚 Husband has parental authority for all children
251 136	107 302	118 037	5 202	20 595
1 653	353	1 139	6	155
18 670	5 053	11 997	172	1 448
39 937	15 724	21 078	538	2 597
51 069	20 176	26 247	960	3 686
47 387	15 135	26 107	1 503	4 642
32 891	9 283	18 031	1 379	4 198
22 780	9 489	9 815	565	2 911
14 334	10 477	2 990	71	796
10 838	10 120	565	8	145
6 258	6 180	61	–	17
3 172	3 167	5	–	–
1 406	1 405	1	–	–
505	505	–	–	–
181	181	–	–	–
52	52	–	–	–
3	2	1	–	–

親権を行う者別離婚率（人口千対）　－平成20年－
and wife at the time divorce registered, and person with parental authority, 2008

総数 Total	親権を行わなければならない子がいない離婚 No child is involved in divorce	妻 Wife 妻が全児の親権を行う離婚 Wife has parental authority for all children	夫妻が分け合って親権を行う離婚 Husband and wife share parental authority	夫が全児の親権を行う離婚 Husband has parental authority for all children
3.89	1.66	1.83	0.08	0.32
0.56	0.12	0.38	0.00	0.05
5.60	1.52	3.60	0.05	0.43
11.06	4.35	5.84	0.15	0.72
11.82	4.67	6.07	0.22	0.85
10.20	3.26	5.62	0.32	1.00
8.06	2.28	4.42	0.34	1.03
5.98	2.49	2.58	0.15	0.76
3.70	2.71	0.77	0.02	0.21
2.20	2.05	0.11	0.00	0.03
1.37	1.36	0.01	–	0.00
0.76	0.76	0.00	–	–
0.38	0.38	0.00	–	–
0.16	0.16	–	–	–
0.07	0.07	–	–	–
0.02	0.02	–	–	–

Notes: 1) Total includes figures for age unknown.
　　　 2) Population for 15 to 19 was used for the calculation of divorce rates for up to 19.

第23表 離婚の種類・夫妻が親権を行わなければならない子の有無・夫妻の国籍・別居期間別離婚件数 －平成20年－

Table 23. Divorces by duration of separation, legal type, children involved in divorce, and nationality of husband and wife, 2008

(組) (Couples)

別居期間 Duration of separation	総数 Total	協議離婚 Divorces by mutual agreement	裁判離婚 Court divorces	子どもあり Yes	子どもなし No	夫妻とも日本 Japanese couple	夫日本・妻外国 Japanese husband and foreign wife	夫外国・妻日本 Foreign husband and Japanese wife
総数 Total	251 136	220 487	30 649	143 834	107 302	232 362	15 135	3 639
1年未満 Under 1 year	207 305	187 556	19 749	120 920	86 385	191 593	12 792	2 920
1年以上2年未満 1 year to under 2 years	17 259	12 223	5 036	10 684	6 575	15 981	983	295
2 ～ 3	7 673	5 569	2 104	4 537	3 136	7 086	429	158
3 ～ 4	4 384	3 301	1 083	2 443	1 941	4 060	235	89
4 ～ 5	2 920	2 290	630	1 464	1 456	2 716	168	36
5 ～ 6	2 301	1 855	446	1 157	1 144	2 131	129	41
6 ～ 7	1 547	1 264	283	686	861	1 431	91	25
7 ～ 8	1 257	1 025	232	513	744	1 180	64	13
8 ～ 9	921	732	189	363	558	852	56	13
9 ～ 10	806	659	147	277	529	755	43	8
10 ～ 11	860	703	157	247	613	816	34	10
11 ～ 12	529	423	106	154	375	500	24	5
12 ～ 13	461	400	61	124	337	437	21	3
13 ～ 14	350	285	65	85	265	329	15	6
14 ～ 15	288	254	34	49	239	274	9	5
15 ～ 16	260	223	37	41	219	252	8	－
16 ～ 17	234	188	46	32	202	223	7	4
17 ～ 18	219	179	40	25	194	207	12	－
18 ～ 19	218	191	27	16	202	211	3	4
19 ～ 20	224	193	31	11	213	223	1	－
20 ～ 21	157	135	22	1	156	155	1	1
21 ～ 22	112	97	15	2	110	110	2	－
22 ～ 23	101	87	14	－	101	99	2	－
23 ～ 24	129	109	20	1	128	127	2	－
24 ～ 25	76	68	8	－	76	75	1	－
25 ～ 26	60	53	7	－	60	57	2	1
26 ～ 27	54	50	4	1	53	54	－	－
27 ～ 28	64	58	6	－	64	64	－	－
28 ～ 29	57	48	9	1	56	56	1	－
29 ～ 30	46	43	3	－	46	46	－	－
30 ～ 31	33	27	6	－	33	33	－	－
31 ～ 32	32	25	7	－	32	32	－	－
32 ～ 33	28	22	6	－	28	28	－	－
33 ～ 34	19	16	3	－	19	19	－	－
34 ～ 35	12	11	1	－	12	11	－	1
35 ～ 36	19	18	1	－	19	19	－	－
36 ～ 37	19	16	3	－	19	19	－	－
37 ～ 38	18	16	2	－	18	18	－	－
38 ～ 39	15	13	2	－	15	15	－	－
39 ～ 40	11	11	－	－	11	10	－	1
40 ～ 41	6	6	－	－	6	6	－	－
41 ～ 42	13	10	3	－	13	13	－	－
42 ～ 43	8	8	－	－	8	8	－	－
43 ～ 44	3	3	－	－	3	3	－	－
44 ～ 45	4	3	1	－	4	4	－	－
45 ～ 46	4	3	1	－	4	4	－	－
46 ～ 47	3	3	－	－	3	3	－	－
47 ～ 48	3	2	1	－	3	3	－	－
48 ～ 49	4	4	－	－	4	4	－	－
49 ～ 50	1	1	－	－	1	1	－	－
50 ～ 51	－	－	－	－	－	－	－	－
51 ～ 52	1	1	－	－	1	1	－	－
52 ～ 53	5	4	1	－	5	5	－	－
53 ～ 54	2	2	－	－	2	2	－	－
54 ～ 55	－	－	－	－	－	－	－	－
55 ～ 56	－	－	－	－	－	－	－	－
56 ～	1	1	－	－	1	1	－	－

第24表 同居をやめたときの世帯の主な仕事・別居期間別離婚件数 －平成20年－

Table 24. Divorces by type of occupation for household at the time cohabitation terminated, and duration of separation, 2008

(組) (Couples)

別居期間 Duration of separation	総数 Total	農家 Agriculture	自営業 Self-employed	勤労者 I Employee (I)	勤労者 II Employee or director (II)	その他 Others	無職 Not working	不詳 Unknown
総数 Total	251 136	4 524	33 606	87 715	63 170	23 280	11 497	27 344
1年未満 Under 1 year	207 305	3 509	26 699	73 572	51 320	19 363	9 458	23 384
1年以上2年未満 1 year to under 2 years	17 259	337	2 385	5 871	4 837	1 595	653	1 581
2 ～ 3	7 673	167	1 133	2 421	2 164	704	368	716
3 ～ 4	4 384	109	650	1 437	1 218	411	178	381
4 ～ 5	2 920	84	469	945	808	260	130	224
5 ～ 6	2 301	46	416	719	620	203	92	205
6 ～ 7	1 547	30	278	503	405	140	65	126
7 ～ 8	1 257	31	248	404	323	84	51	116
8 ～ 9	921	28	165	294	218	73	52	91
9 ～ 10	806	25	155	249	196	79	46	56
10 ～ 11	860	23	180	240	197	75	56	89
11 ～ 12	529	17	121	147	117	38	32	57
12 ～ 13	461	14	95	129	116	30	32	45
13 ～ 14	350	13	53	105	96	29	28	26
14 ～ 15	288	7	65	78	71	20	19	28
15 ～ 16	260	7	53	86	62	18	18	16
16 ～ 17	234	9	51	55	63	15	23	18
17 ～ 18	219	10	44	72	39	15	17	22
18 ～ 19	218	5	43	69	42	18	18	23
19 ～ 20	224	9	61	48	48	22	15	21
20 ～ 21	157	3	32	43	38	11	13	17
21 ～ 22	112	7	26	25	15	9	17	13
22 ～ 23	101	3	19	25	21	11	10	12
23 ～ 24	129	3	32	33	30	6	8	17
24 ～ 25	76	5	17	17	12	7	7	11
25 ～ 26	60	2	15	20	8	4	9	2
26 ～ 27	54	-	17	11	9	9	2	6
27 ～ 28	64	1	14	23	10	5	6	5
28 ～ 29	57	6	10	12	13	7	3	6
29 ～ 30	46	3	4	13	6	3	11	6
30 ～ 31	33	1	8	6	4	5	5	4
31 ～ 32	32	-	7	8	6	2	6	3
32 ～ 33	28	-	5	4	8	1	7	3
33 ～ 34	19	2	6	5	4	-	1	1
34 ～ 35	12	1	4	2	2	-	2	1
35 ～ 36	19	-	3	3	2	3	5	3
36 ～ 37	19	-	2	5	4	-	6	2
37 ～ 38	18	1	1	2	4	1	8	1
38 ～ 39	15	1	7	1	4	-	2	-
39 ～ 40	11	-	2	3	1	-	3	2
40 ～ 41	6	1	1	1	-	-	2	1
41 ～ 42	13	-	5	1	4	1	2	-
42 ～ 43	8	1	1	3	1	1	1	-
43 ～ 44	3	-	-	1	-	-	2	-
44 ～ 45	4	-	2	-	1	-	1	-
45 ～ 46	4	1	-	-	-	-	3	-
46 ～ 47	3	-	-	1	-	-	1	1
47 ～ 48	3	1	1	-	1	-	-	-
48 ～ 49	4	-	-	1	1	-	2	-
49 ～ 50	1	-	-	1	-	-	-	-
50 ～ 51	-	-	-	-	-	-	-	-
51 ～ 52	1	-	-	-	-	-	1	-
52 ～ 53	5	1	1	-	1	1	-	1
53 ～ 54	2	-	-	1	-	-	-	1
54 ～ 55	-	-	-	-	-	-	-	-
55 ～ 56	-	-	-	-	-	-	-	-
56 ～	1	-	-	-	-	-	1	-

第25表　同居期間・別居期間別
Table 25. Divorces by duration of cohabitation

別居期間 Duration of separation	総数 Total	5年未満 Under 5 years	1年未満 Under 1 year	1年以上2年未満 1 year to under 2 years	2 ～ 3	3 ～ 4	4 ～ 5
総数　Total	251 136	84 198	16 668	19 115	17 999	15 812	14 604
1年未満　Under 1 year	207 305	71 187	13 998	16 281	15 303	13 354	12 251
1年以上2年未満　1 year to under 2 years	17 259	6 598	1 421	1 517	1 357	1 202	1 101
2 ～ 3	7 673	2 524	513	546	515	473	477
3 ～ 4	4 384	1 229	237	258	260	252	222
4 ～ 5	2 920	695	135	140	146	156	118
5 ～ 6	2 301	486	89	111	103	88	95
6 ～ 7	1 547	304	70	63	49	58	64
7 ～ 8	1 257	221	50	44	36	41	50
8 ～ 9	921	150	30	29	41	26	24
9 ～ 10	806	145	25	29	40	21	30
10 ～ 11	860	116	22	14	26	24	30
11 ～ 12	529	78	9	19	23	10	17
12 ～ 13	461	78	16	8	18	14	22
13 ～ 14	350	50	5	6	11	19	9
14 ～ 15	288	42	5	4	9	12	12
15 ～ 16	260	24	5	3	7	5	4
16 ～ 17	234	32	4	6	7	8	7
17 ～ 18	219	34	5	7	8	9	5
18 ～ 19	218	26	7	2	7	4	6
19 ～ 20	224	22	1	3	2	8	8
20 ～ 21	157	16	1	2	5	4	4
21 ～ 22	112	17	7	3	2	4	1
22 ～ 23	101	9	-	2	2	1	4
23 ～ 24	129	10	-	4	2	1	3
24 ～ 25	76	13	-	2	3	3	5
25 ～ 26	60	7	2	-	1	1	3
26 ～ 27	54	6	-	-	1	1	4
27 ～ 28	64	10	2	-	2	1	5
28 ～ 29	57	9	2	2	1	-	4
29 ～ 30	46	6	-	-	1	-	5
30 ～ 31	33	5	-	-	3	2	-
31 ～ 32	32	8	2	1	1	2	2
32 ～ 33	28	3	-	1	1	-	1
33 ～ 34	19	2	1	-	-	1	-
34 ～ 35	12	2	-	-	-	-	2
35 ～ 36	19	2	-	-	1	-	1
36 ～ 37	19	3	-	2	-	-	1
37 ～ 38	18	5	1	2	-	2	-
38 ～ 39	15	3	1	-	-	1	1
39 ～ 40	11	2	-	1	-	-	1
40 ～ 41	6	3	1	1	-	1	-
41 ～ 42	13	5	1	-	2	1	1
42 ～ 43	8	2	-	-	-	2	-
43 ～ 44	3	2	-	1	1	-	-
44 ～ 45	4	-	-	-	-	-	-
45 ～ 46	4	2	-	-	-	-	2
46 ～ 47	3	-	-	-	-	-	-
47 ～ 48	3	1	-	-	-	1	-
48 ～ 49	4	-	-	-	-	-	-
49 ～ 50	1	-	-	-	-	-	-
50 ～ 51	-	-	-	-	-	-	-
51 ～ 52	1	1	-	-	-	1	-
52 ～ 53	5	2	-	-	-	-	2
53 ～ 54	2	-	-	-	-	-	-
54 ～ 55	-	-	-	-	-	-	-
55 ～ 56	-	-	-	-	-	-	-
56 ～	1	1	-	1	-	-	-

離婚件数 －平成20年－
and of separation, 2008

(組)
(Couples)

期　　間 cohabitation							
5 ～ 10	10 ～ 15	15 ～ 20	20 ～ 25	25 ～ 30	30 ～ 35	35 ～	不　　詳 Not stated
55 004	33 606	24 264	16 932	10 673	5 867	5 448	15 144
45 669	27 203	19 067	12 594	7 848	4 332	4 495	14 910
4 046	2 270	1 589	1 174	764	412	309	97
1 683	1 031	842	656	446	270	182	39
914	657	499	464	301	193	104	23
573	437	382	363	223	146	87	14
457	374	338	272	186	115	64	9
286	245	211	215	150	84	47	5
228	190	199	159	156	70	27	7
172	144	150	129	102	44	25	5
141	136	115	119	91	36	19	4
149	147	121	144	107	35	39	2
87	72	93	86	69	28	13	3
66	79	71	84	40	32	6	5
62	66	53	74	25	11	7	2
38	58	44	56	29	10	9	2
41	47	59	63	16	10	-	-
37	37	53	37	23	9	3	3
38	35	47	36	16	7	2	4
32	40	54	33	21	7	3	2
39	34	50	53	18	5	3	-
23	43	40	22	9	4	-	-
14	25	26	17	8	1	2	2
18	25	28	14	4	2	1	-
21	35	32	21	9	-	-	1
15	22	13	10	2	-	-	1
13	15	13	8	4	-	-	-
16	20	5	5	1	-	1	-
8	24	14	6	2	-	-	-
16	14	12	4	-	2	-	-
11	13	11	3	1	1	-	-
8	13	6	-	-	-	-	1
9	6	5	2	1	1	-	-
13	7	-	4	-	-	-	1
6	8	2	-	1	-	-	-
2	5	2	-	-	-	-	1
7	8	-	2	-	-	-	-
7	6	2	1	-	-	-	-
7	2	3	1	-	-	-	-
8	1	3	-	-	-	-	-
5	1	2	1	-	-	-	-
-	1	2	-	-	-	-	-
4	3	1	-	-	-	-	-
2	1	3	-	-	-	-	-
-	1	-	-	-	-	-	-
2	1	1	-	-	-	-	-
1	1	-	-	-	-	-	-
2	1	-	-	-	-	-	-
1	1	-	-	-	-	-	-
2	1	1	-	-	-	-	-
-	1	-	-	-	-	-	-
-	-	-	-	-	-	-	-
-	-	-	-	-	-	-	-
3	-	-	-	-	-	-	-
1	-	-	-	-	-	-	1
-	-	-	-	-	-	-	-
-	-	-	-	-	-	-	-

第26表　夫妻・届出時年齢（5歳階級）・
Table 26.　Divorces by age (five-year age group) of husband and

別居期間 Duration of separation	総数 Total	～19歳 Years	20～24	25～29	30～34	35～39	40～44	45～49
総数　Total	251 136	479	11 188	30 294	45 505	45 301	34 933	26 905
1年未満　Under 1 year	207 305	467	10 346	27 422	39 944	38 498	28 691	21 351
1年以上2年未満　1 year to under 2 years	17 259	12	660	1 933	3 259	3 388	2 598	1 936
2 ～ 3	7 673	-	128	523	1 224	1 433	1 216	993
3 ～ 4	4 384	-	35	249	490	765	744	633
4 ～ 5	2 920	-	16	96	254	419	476	455
5 ～ 6	2 301	-	3	40	172	297	377	400
6 ～ 7	1 547	-	-	19	74	182	227	232
7 ～ 8	1 257	-	-	6	32	122	187	208
8 ～ 9	921	-	-	3	24	69	110	151
9 ～ 10	806	-	-	3	9	42	87	136
10 ～ 11	860	-	-	-	12	34	79	111
11 ～ 12	529	-	-	-	4	20	44	60
12 ～ 13	461	-	-	-	6	15	38	62
13 ～ 14	350	-	-	-	1	7	19	48
14 ～ 15	288	-	-	-	-	5	10	38
15 ～ 16	260	-	-	-	-	3	7	24
16 ～ 17	234	-	-	-	-	-	5	18
17 ～ 18	219	-	-	-	-	2	7	19
18 ～ 19	218	-	-	-	-	-	5	15
19 ～ 20	224	-	-	-	-	-	3	4
20 ～ 21	157	-	-	-	-	-	2	1
21 ～ 22	112	-	-	-	-	-	1	3
22 ～ 23	101	-	-	-	-	-	-	2
23 ～ 24	129	-	-	-	-	-	-	5
24 ～ 25	76	-	-	-	-	-	-	-
25 ～ 26	60	-	-	-	-	-	-	-
26 ～ 27	54	-	-	-	-	-	-	-
27 ～ 28	64	-	-	-	-	-	-	-
28 ～ 29	57	-	-	-	-	-	-	-
29 ～ 30	46	-	-	-	-	-	-	-
30 ～ 31	33	-	-	-	-	-	-	-
31 ～ 32	32	-	-	-	-	-	-	-
32 ～ 33	28	-	-	-	-	-	-	-
33 ～ 34	19	-	-	-	-	-	-	-
34 ～ 35	12	-	-	-	-	-	-	-
35 ～ 36	19	-	-	-	-	-	-	-
36 ～ 37	19	-	-	-	-	-	-	-
37 ～ 38	18	-	-	-	-	-	-	-
38 ～ 39	15	-	-	-	-	-	-	-
39 ～ 40	11	-	-	-	-	-	-	-
40 ～ 41	6	-	-	-	-	-	-	-
41 ～ 42	13	-	-	-	-	-	-	-
42 ～ 43	8	-	-	-	-	-	-	-
43 ～ 44	3	-	-	-	-	-	-	-
44 ～ 45	4	-	-	-	-	-	-	-
45 ～ 46	4	-	-	-	-	-	-	-
46 ～ 47	3	-	-	-	-	-	-	-
47 ～ 48	3	-	-	-	-	-	-	-
48 ～ 49	4	-	-	-	-	-	-	-
49 ～ 50	1	-	-	-	-	-	-	-
50 ～ 51	-	-	-	-	-	-	-	-
51 ～ 52	1	-	-	-	-	-	-	-
52 ～ 53	5	-	-	-	-	-	-	-
53 ～ 54	2	-	-	-	-	-	-	-
54 ～ 55	-	-	-	-	-	-	-	-
55 ～ 56	-	-	-	-	-	-	-	-
56 ～	1	-	-	-	-	-	-	-

夫の届出　Age of husband

別居期間別離婚件数 —平成20年—
wife at the time divorce registered and duration of separation, 2008

(組)
(Couples)

時　　年　　齢 at the time divorce registered									
50 〜 54	55 〜 59	60 〜 64	65 〜 69	70 〜 74	75 〜 79	80 〜 84	85 〜	不　　詳 Not stated	
20 041	17 316	10 218	5 037	2 385	1 037	337	154	6	
15 169	12 489	6 968	3 353	1 600	687	212	104	4	
1 389	1 094	627	229	76	41	10	7	-	
849	674	359	160	72	30	10	2	-	
542	450	282	124	42	22	4	2	-	
422	397	238	91	30	21	3	2	-	
356	321	197	94	25	11	7	-	1	
243	281	142	90	37	13	5	2	-	
192	248	167	66	18	5	3	3	-	
154	180	132	57	30	10	1	-	-	
129	165	142	56	24	5	6	2	-	
158	181	150	74	45	12	3	1	-	
75	134	99	58	23	10	2	-	-	
64	106	82	55	21	8	4	-	-	
51	86	76	37	13	8	2	2	-	
46	59	68	33	16	11	2	-	-	
36	79	58	33	17	2	1	-	-	
39	61	41	30	23	11	3	2	1	
28	55	46	37	15	9	1	-	-	
25	49	48	45	21	7	2	1	-	
25	41	58	52	31	8	2	-	-	
13	42	36	39	11	12	-	1	-	
9	17	30	25	13	11	1	2	-	
9	15	28	28	13	3	3	-	-	
4	22	37	26	29	4	2	-	-	
7	18	12	18	13	5	3	-	-	
3	15	14	13	8	5	2	-	-	
2	9	18	11	8	5	-	1	-	
1	7	17	16	12	5	5	1	-	
1	8	13	16	9	6	4	-	-	
-	5	12	10	14	3	1	1	-	
-	2	6	9	11	5	-	-	-	
-	4	5	12	5	3	1	2	-	
-	2	4	8	8	4	1	1	-	
-	-	2	9	4	3	-	1	-	
-	-	-	5	4	3	-	-	-	
-	-	-	3	9	4	2	1	-	
-	-	1	5	6	5	2	-	-	
-	-	1	6	4	3	3	1	-	
-	-	-	1	8	2	2	2	-	
-	-	-	1	6	-	4	-	-	
-	-	2	-	2	1	1	-	-	
-	-	-	1	4	5	3	-	-	
-	-	-	1	1	2	2	2	-	
-	-	-	-	2	-	1	-	-	
-	-	-	-	1	1	1	1	-	
-	-	-	-	1	2	1	-	-	
-	-	-	-	-	-	3	-	-	
-	-	-	-	-	1	2	-	-	
-	-	-	-	-	1	1	2	-	
-	-	-	-	-	-	-	1	-	
-	-	-	-	-	1	-	-	-	
-	-	-	-	-	-	2	3	-	
-	-	-	-	-	1	-	1	-	
-	-	-	-	-	-	-	-	-	
-	-	-	-	-	-	1	-	-	

26表（2－2）

第26表　夫妻・届出時年齢（5歳階級）・
Table 26. Divorces by age (five-year age group) of husband and

別居期間 Duration of separation	総数 Total	～19歳 Years	20～24	25～29	30～34	35～39	40～44	45～49
妻の届出 Age of wife							
総数 Total	251 136	1 653	18 670	39 937	51 069	47 387	32 891	22 780
1年未満 Under 1 year	207 305	1 593	17 192	35 881	44 344	39 649	26 567	17 353
1年以上2年未満 1 year to under 2 years	17 259	53	1 118	2 589	3 794	3 529	2 372	1 645
2 ～ 3	7 673	7	242	847	1 414	1 590	1 191	964
3 ～ 4	4 384	-	76	350	633	931	725	635
4 ～ 5	2 920	-	30	130	337	545	516	474
5 ～ 6	2 301	-	9	75	242	388	425	401
6 ～ 7	1 547	-	2	32	116	253	268	246
7 ～ 8	1 257	-	1	17	78	173	220	202
8 ～ 9	921	-	-	7	46	109	138	173
9 ～ 10	806	-	-	7	21	73	119	143
10 ～ 11	860	-	-	-	22	56	127	124
11 ～ 12	529	-	-	-	6	34	63	83
12 ～ 13	461	-	-	2	14	21	50	80
13 ～ 14	350	-	-	-	2	13	35	60
14 ～ 15	288	-	-	-	-	10	27	33
15 ～ 16	260	-	-	-	-	7	13	38
16 ～ 17	234	-	-	-	-	1	12	28
17 ～ 18	219	-	-	-	-	2	13	31
18 ～ 19	218	-	-	-	-	1	6	26
19 ～ 20	224	-	-	-	-	-	1	22
20 ～ 21	157	-	-	-	-	-	2	4
21 ～ 22	112	-	-	-	-	2	1	3
22 ～ 23	101	-	-	-	-	-	-	6
23 ～ 24	129	-	-	-	-	-	-	4
24 ～ 25	76	-	-	-	-	-	-	1
25 ～ 26	60	-	-	-	-	-	-	1
26 ～ 27	54	-	-	-	-	-	-	-
27 ～ 28	64	-	-	-	-	-	-	-
28 ～ 29	57	-	-	-	-	-	-	-
29 ～ 30	46	-	-	-	-	-	-	-
30 ～ 31	33	-	-	-	-	-	-	-
31 ～ 32	32	-	-	-	-	-	-	-
32 ～ 33	28	-	-	-	-	-	-	-
33 ～ 34	19	-	-	-	-	-	-	-
34 ～ 35	12	-	-	-	-	-	-	-
35 ～ 36	19	-	-	-	-	-	-	-
36 ～ 37	19	-	-	-	-	-	-	-
37 ～ 38	18	-	-	-	-	-	-	-
38 ～ 39	15	-	-	-	-	-	-	-
39 ～ 40	11	-	-	-	-	-	-	-
40 ～ 41	6	-	-	-	-	-	-	-
41 ～ 42	13	-	-	-	-	-	-	-
42 ～ 43	8	-	-	-	-	-	-	-
43 ～ 44	3	-	-	-	-	-	-	-
44 ～ 45	4	-	-	-	-	-	-	-
45 ～ 46	4	-	-	-	-	-	-	-
46 ～ 47	3	-	-	-	-	-	-	-
47 ～ 48	3	-	-	-	-	-	-	-
48 ～ 49	4	-	-	-	-	-	-	-
49 ～ 50	1	-	-	-	-	-	-	-
50 ～ 51	-	-	-	-	-	-	-	-
51 ～ 52	1	-	-	-	-	-	-	-
52 ～ 53	5	-	-	-	-	-	-	-
53 ～ 54	2	-	-	-	-	-	-	-
54 ～ 55	-	-	-	-	-	-	-	-
55 ～ 56	-	-	-	-	-	-	-	-
56 ～	1	-	-	-	-	-	-	-

別居期間別離婚件数 －平成20年－
wife at the time divorce registered and duration of separation, 2008

(組)
(Couples)

時　　年　　齢 at the time divorce registered								
50 ～ 54	55 ～ 59	60 ～ 64	65 ～ 69	70 ～ 74	75 ～ 79	80 ～ 84	85 ～	不　詳 Not stated
14 334	10 838	6 258	3 172	1 406	505	181	52	3
10 186	7 177	4 054	1 988	877	292	116	35	1
969	646	316	146	50	27	3	1	1
645	408	219	83	44	12	6	1	-
421	351	154	62	33	11	1	1	-
373	283	138	56	30	6	2	-	-
326	230	117	62	19	4	2	1	-
228	213	108	53	18	7	3	-	-
195	201	106	49	8	6	1	-	-
155	156	82	33	17	5	-	-	-
144	141	92	44	15	6	1	-	-
148	179	109	57	27	11	-	-	-
91	119	75	35	17	4	2	-	-
82	85	69	38	14	5	1	-	-
62	86	53	24	8	5	1	-	1
60	56	59	29	6	6	2	-	-
42	66	57	17	18	2	-	-	-
41	67	40	27	13	4	1	-	-
35	55	38	28	12	3	2	-	-
28	54	46	35	13	7	1	1	-
26	43	64	40	23	3	2	-	-
20	48	38	32	7	6	-	-	-
10	26	28	22	15	4	1	-	-
15	22	31	15	8	3	1	-	-
9	34	36	21	17	8	-	-	-
8	19	18	17	8	4	1	-	-
5	16	16	13	7	2	-	-	-
1	22	12	12	4	2	-	1	-
1	9	19	20	8	6	1	-	-
5	7	17	17	7	2	2	-	-
-	7	11	13	11	2	2	-	-
-	2	9	16	4	2	-	-	-
2	6	5	13	2	2	1	1	-
-	4	6	7	5	4	2	-	-
1	-	2	6	6	2	1	1	-
-	-	2	4	5	1	-	-	-
-	-	2	8	6	2	1	-	-
-	-	2	7	6	3	1	-	-
-	-	3	7	2	5	1	-	-
-	-	3	3	4	3	1	1	1
-	-	-	5	2	3	-	-	1
-	-	1	2	1	1	1	-	-
-	-	1	3	4	2	3	-	-
-	-	-	2	1	1	3	1	-
-	-	-	1	-	-	1	1	-
-	-	-	-	1	1	2	-	-
-	-	-	-	2	2	-	-	-
-	-	-	-	-	2	1	-	-
-	-	-	-	-	-	3	-	-
-	-	-	-	-	2	-	2	-
-	-	-	-	-	-	-	-	1
-	-	-	-	-	1	-	-	-
-	-	-	-	-	1	3	1	-
-	-	-	-	1	-	1	-	-
-	-	-	-	-	-	-	-	-
-	-	-	-	-	-	-	1	-

第27表　都道府県（18大都市再掲）・離婚の種類別
Table 27. Divorces and percent distribution in each prefecture

離婚件数　　Divorces　　(組) (Couples)

都道府県 Prefecture	総数 Total	協議離婚 Divorces by mutual agreement	調停離婚 Divorces by conciliation	審判離婚 Divorces by adjustment	和解離婚 Divorces by compromise	認諾離婚 Divorces by acknowledgment of claim	判決離婚 Judicial divorces
全国　Total	251 136	220 487	24 432	84	3 486	11	2 636
01 北海道	12 677	11 259	1 144	1	178	3	92
02 青森	2 828	2 539	234	2	34	-	19
03 岩手	2 323	1 982	273	2	41	-	25
04 宮城	4 554	3 909	532	4	66	-	43
05 秋田	1 823	1 547	229	1	29	-	17
06 山形	2 009	1 636	307	1	28	-	37
07 福島	3 991	3 476	435	2	45	-	33
08 茨城	5 853	5 095	628	-	76	-	54
09 栃木	3 963	3 410	460	1	59	-	33
10 群馬	3 831	3 272	441	-	76	-	42
11 埼玉	14 112	12 455	1 325	3	191	1	137
12 千葉	12 187	10 681	1 215	4	145	-	142
13 東京	26 300	23 398	2 217	6	352	3	324
14 神奈川	18 227	15 822	1 861	7	348	1	188
15 新潟	3 513	2 956	454	-	57	-	46
16 富山	1 679	1 443	191	-	26	-	19
17 石川	1 900	1 597	242	6	41	-	14
18 福井	1 298	1 123	143	-	22	-	10
19 山梨	1 742	1 511	194	-	20	-	17
20 長野	3 762	3 165	489	-	77	-	31
21 岐阜	3 413	2 929	387	-	60	-	37
22 静岡	6 959	6 031	758	-	100	-	70
23 愛知	13 527	11 932	1 245	2	194	-	154
24 三重	3 402	2 982	332	2	49	-	37
25 滋賀	2 427	2 080	278	1	35	-	33
26 京都	4 877	4 297	437	2	84	-	57
27 大阪	20 490	18 494	1 547	8	224	2	215
28 兵庫	10 658	9 374	1 031	2	122	-	129
29 奈良	2 542	2 186	287	4	34	-	31
30 和歌山	2 174	1 912	214	1	19	-	28
31 鳥取	1 073	942	101	-	13	-	17
32 島根	1 117	935	140	1	32	-	9
33 岡山	3 624	3 192	346	-	39	1	46
34 広島	5 332	4 659	522	1	82	-	68
35 山口	2 606	2 286	266	-	29	-	25
36 徳島	1 447	1 287	123	-	21	-	16
37 香川	1 929	1 638	237	2	22	-	30
38 愛媛	2 816	2 455	286	3	43	-	29
39 高知	1 676	1 507	137	-	19	-	13
40 福岡	11 037	9 887	893	4	154	-	99
41 佐賀	1 468	1 275	166	1	13	-	13
42 長崎	2 528	2 221	259	2	22	-	24
43 熊本	3 493	3 030	385	6	42	-	30
44 大分	2 318	2 014	237	-	34	-	33
45 宮崎	2 619	2 315	264	2	23	-	15
46 鹿児島	3 447	3 072	309	-	44	-	22
47 沖縄	3 565	3 279	231	-	22	-	33
18大都市（再掲） 18 major cities (Regrouped)							
50 東京都の区部	18 710	16 765	1 446	4	264	3	228
51 札幌	4 596	4 093	396	1	64	-	42
52 仙台	1 994	1 730	215	-	32	-	17
53 さいたま	2 170	1 918	192	2	37	-	21
54 千葉	1 929	1 682	201	-	24	-	22
55 横浜	7 419	6 460	721	3	147	1	87
56 川崎	2 816	2 457	265	-	62	-	32
57 新潟	1 284	1 081	163	-	23	-	17
58 静岡	1 254	1 090	128	-	25	-	11
59 浜松	1 378	1 202	147	-	15	-	14
60 名古屋	4 655	4 127	395	-	72	-	61
61 京都	2 821	2 499	228	-	50	-	44
62 大阪	7 244	6 616	486	4	55	2	81
63 堺	1 912	1 716	131	-	42	-	23
64 神戸	3 143	2 747	317	2	36	-	41
65 広島	2 373	2 040	251	1	41	-	40
66 北九州	2 221	2 003	165	1	35	-	17
67 福岡	3 235	2 902	256	-	44	-	33

離婚件数・構成割合 －平成20年－
and 18 major cities by legal type, 2008

構成割合
Percent distribution

(%)

都道府県 Prefecture	総数 Total	協議離婚 Divorces by mutual agreement	調停離婚 Divorces by conciliation	審判離婚 Divorces by adjustment	和解離婚 Divorces by compromise	認諾離婚 Divorces by acknowledgment of claim	判決離婚 Judicial divorces
全国 Total	100.0	87.8	9.7	0.0	1.4	0.0	1.0
01 北海道	100.0	88.8	9.0	0.0	1.4	0.0	0.7
02 青森	100.0	89.8	8.3	0.1	1.2	-	0.7
03 岩手	100.0	85.3	11.8	0.1	1.8	-	1.1
04 宮城	100.0	85.8	11.7	0.1	1.4	-	0.9
05 秋田	100.0	84.9	12.6	0.1	1.6	-	0.9
06 山形	100.0	81.4	15.3	0.0	1.4	-	1.8
07 福島	100.0	87.1	10.9	0.1	1.1	-	0.8
08 茨城	100.0	87.0	10.7	-	1.3	-	0.9
09 栃木	100.0	86.0	11.6	0.0	1.5	-	0.8
10 群馬	100.0	85.4	11.5	-	2.0	-	1.1
11 埼玉	100.0	88.3	9.4	0.0	1.4	0.0	1.0
12 千葉	100.0	87.6	10.0	0.0	1.2	-	1.2
13 東京	100.0	89.0	8.4	0.0	1.3	0.0	1.2
14 神奈川	100.0	86.8	10.2	0.0	1.9	-	1.0
15 新潟	100.0	84.1	12.9	-	1.6	-	1.3
16 富山	100.0	85.9	11.4	-	1.5	-	1.1
17 石川	100.0	84.1	12.7	0.3	2.2	-	0.7
18 福井	100.0	86.5	11.0	-	1.7	-	0.8
19 山梨	100.0	86.7	11.1	-	1.1	-	1.0
20 長野	100.0	84.1	13.0	-	2.0	-	0.8
21 岐阜	100.0	85.8	11.3	-	1.8	-	1.1
22 静岡	100.0	86.7	10.9	-	1.4	-	1.0
23 愛知	100.0	88.2	9.2	0.0	1.4	-	1.1
24 三重	100.0	87.7	9.8	0.1	1.4	-	1.1
25 滋賀	100.0	85.7	11.5	0.0	1.4	-	1.4
26 京都	100.0	88.1	9.0	0.0	1.7	-	1.2
27 大阪	100.0	90.3	7.6	0.0	1.1	0.0	1.0
28 兵庫	100.0	88.0	9.7	0.0	1.1	-	1.2
29 奈良	100.0	86.0	11.3	0.2	1.3	-	1.2
30 和歌山	100.0	87.9	9.8	0.0	0.9	-	1.3
31 鳥取	100.0	87.8	9.4	-	1.2	-	1.6
32 島根	100.0	83.7	12.5	0.1	2.9	-	0.8
33 岡山	100.0	88.1	9.5	-	1.1	0.0	1.3
34 広島	100.0	87.4	9.8	0.0	1.5	-	1.3
35 山口	100.0	87.7	10.2	-	1.1	-	1.0
36 徳島	100.0	88.9	8.5	-	1.5	-	1.1
37 香川	100.0	84.9	12.3	0.1	1.1	-	1.6
38 愛媛	100.0	87.2	10.2	0.1	1.5	-	1.0
39 高知	100.0	89.9	8.2	-	1.1	-	0.8
40 福岡	100.0	89.6	8.1	0.0	1.4	-	0.9
41 佐賀	100.0	86.9	11.3	0.1	0.9	-	0.9
42 長崎	100.0	87.9	10.2	0.1	0.9	-	0.9
43 熊本	100.0	86.7	11.0	0.2	1.2	-	0.9
44 大分	100.0	86.9	10.2	-	1.5	-	1.4
45 宮崎	100.0	88.4	10.1	0.1	0.9	-	0.6
46 鹿児島	100.0	89.1	9.0	-	1.3	-	0.6
47 沖縄	100.0	92.0	6.5	-	0.6	-	0.9
18大都市（再掲） 18 major cities (Regrouped)							
50 東京都の区部	100.0	89.6	7.7	0.0	1.4	0.0	1.2
51 札幌	100.0	89.1	8.6	0.0	1.4	-	0.9
52 仙台	100.0	86.8	10.8	-	1.6	-	0.9
53 さいたま	100.0	88.4	8.8	0.1	1.7	-	1.0
54 千葉	100.0	87.2	10.4	-	1.2	-	1.1
55 横浜	100.0	87.1	9.7	0.0	2.0	0.0	1.1
56 川崎	100.0	87.3	9.4	-	2.2	-	1.1
57 新潟	100.0	84.2	12.7	-	1.8	-	1.3
58 静岡	100.0	86.9	10.2	-	2.0	-	0.9
59 浜松	100.0	87.2	10.7	-	1.1	-	1.0
60 名古屋	100.0	88.7	8.5	-	1.5	-	1.3
61 京都	100.0	88.6	8.1	-	1.8	-	1.6
62 大阪	100.0	91.3	6.7	0.1	0.8	0.0	1.1
63 堺	100.0	89.7	6.9	-	2.2	-	1.2
64 神戸	100.0	87.4	10.1	0.1	1.1	-	1.3
65 広島	100.0	86.0	10.6	0.0	1.7	-	1.7
66 北九州	100.0	90.2	7.4	0.0	1.6	-	0.8
67 福岡	100.0	89.7	7.9	-	1.4	-	1.0

28表（4－1）

第28表　都道府県（18大都市再掲）・夫妻・

Table 28.　Divorces and percent distribution in each prefecture and

離婚件数
Divorces

夫　の　届　出
Age of husband at the

都道府県 Prefecture	総数 Total	～19歳 Years	20～24	25～29	30～34	35～39	40～44	45～49
全国　Total	251 136	479	11 188	30 294	45 505	45 301	34 933	26 905
01 北海道	12 677	18	557	1 570	2 371	2 173	1 727	1 369
02 青森	2 828	6	137	398	560	451	370	278
03 岩手	2 323	2	141	350	442	388	295	268
04 宮城	4 554	7	219	683	855	770	564	488
05 秋田	1 823	1	99	254	358	281	201	185
06 山形	2 009	1	84	298	386	317	268	208
07 福島	3 991	7	240	614	805	652	485	423
08 茨城	5 853	13	291	732	1 137	1 012	771	616
09 栃木	3 963	7	194	512	737	698	530	406
10 群馬	3 831	5	202	475	728	676	476	417
11 埼玉	14 112	26	547	1 573	2 524	2 745	2 088	1 527
12 千葉	12 187	19	452	1 398	2 149	2 318	1 776	1 275
13 東京	26 300	22	669	2 562	4 468	4 946	4 052	2 992
14 神奈川	18 227	15	665	1 864	3 285	3 684	2 808	1 946
15 新潟	3 513	5	133	510	685	618	468	370
16 富山	1 679	3	54	220	318	323	214	167
17 石川	1 900	2	72	241	373	360	273	203
18 福井	1 298	2	53	159	243	219	175	136
19 山梨	1 742	2	68	234	290	290	265	186
20 長野	3 762	8	158	421	726	682	500	401
21 岐阜	3 413	4	125	398	666	606	453	400
22 静岡	6 959	10	342	896	1 273	1 275	925	718
23 愛知	13 527	41	615	1 494	2 409	2 661	2 028	1 423
24 三重	3 402	11	193	402	616	591	457	401
25 滋賀	2 427	4	96	297	491	460	324	272
26 京都	4 877	9	216	560	825	898	731	516
27 大阪	20 490	54	894	2 276	3 459	3 738	2 950	2 218
28 兵庫	10 658	19	474	1 137	1 924	1 940	1 516	1 187
29 奈良	2 542	5	101	294	443	431	366	300
30 和歌山	2 174	10	113	249	355	405	320	244
31 鳥取	1 073	1	53	159	194	173	155	113
32 島根	1 117	2	63	155	224	192	119	124
33 岡山	3 624	13	230	487	674	645	456	361
34 広島	5 332	16	287	648	1 005	986	755	524
35 山口	2 606	5	159	357	501	447	316	264
36 徳島	1 447	4	71	199	261	246	190	143
37 香川	1 929	11	106	267	392	345	205	202
38 愛媛	2 816	8	171	389	527	444	322	298
39 高知	1 676	4	77	212	314	283	195	161
40 福岡	11 037	24	610	1 481	2 002	1 852	1 398	1 121
41 佐賀	1 468	6	83	207	286	235	194	154
42 長崎	2 528	9	154	354	431	408	298	307
43 熊本	3 493	9	214	521	634	522	454	360
44 大分	2 318	9	122	316	392	392	290	268
45 宮崎	2 619	2	153	396	514	416	299	237
46 鹿児島	3 447	6	179	519	577	510	466	368
47 沖縄	3 565	12	252	556	676	597	445	360
18大都市（再掲） 18 major cities (Regrouped)								
50 東京都の区部	18 710	13	426	1 750	3 177	3 493	2 886	2 187
51 札幌	4 596	7	159	520	835	856	658	493
52 仙台	1 994	3	79	266	408	376	262	201
53 さいたま	2 170	2	68	221	420	417	332	255
54 千葉	1 929	2	69	231	338	378	281	204
55 横浜	7 419	6	208	728	1 375	1 508	1 126	833
56 川崎	2 816	2	85	293	541	592	434	295
57 新潟	1 284	3	48	191	267	226	171	131
58 静岡	1 254	1	51	160	218	246	163	139
59 浜松	1 378	-	75	185	284	234	172	144
60 名古屋	4 655	10	175	449	794	888	700	501
61 京都	2 821	6	115	317	483	508	424	298
62 大阪	7 244	18	318	811	1 229	1 245	1 000	794
63 堺	1 912	8	89	232	352	329	251	212
64 神戸	3 143	8	118	322	545	573	450	350
65 広島	2 373	4	114	273	456	458	373	230
66 北九州	2 221	8	150	292	411	370	261	214
67 福岡	3 235	2	127	410	597	587	446	310

届出時年齢（5歳階級）別離婚件数・構成割合 －平成20年－
18 major cities by age (five-year age group) of husband and wife at the time divorce registered, 2008

(組)
(Couples)

時　　年　　齢 time divorce registered							
50 ～ 54	55 ～ 59	60 ～ 64	65 ～ 69	70 ～ 74	75 ～ 79	80 ～	不　　詳 Not stated
20 041	17 316	10 218	5 037	2 385	1 037	491	6
1 041	887	457	258	147	63	38	1
234	191	107	49	26	19	2	-
164	142	73	31	16	7	4	-
394	297	155	65	40	10	7	-
183	140	71	32	9	7	2	-
199	150	54	24	13	3	4	-
291	251	117	64	26	10	6	-
478	410	225	101	44	15	8	-
300	295	176	65	29	10	4	-
326	256	160	57	34	11	8	-
1 056	942	602	287	126	54	15	-
954	873	543	252	114	51	13	-
2 059	1 981	1 309	720	316	135	68	1
1 402	1 143	731	406	180	78	20	-
284	240	115	49	22	14	-	-
130	137	67	28	9	5	4	-
133	105	73	35	12	8	10	-
118	93	51	31	9	7	2	-
160	117	77	35	9	6	3	-
324	276	152	74	20	12	8	-
290	251	123	53	26	15	3	-
543	441	274	151	77	26	8	-
1 003	904	525	248	111	38	25	2
268	221	145	56	25	13	3	-
173	167	75	42	13	10	3	-
390	308	234	111	46	24	9	-
1 597	1 472	902	499	269	106	56	-
900	733	444	227	97	40	20	-
206	190	110	53	24	12	7	-
173	150	83	42	16	10	4	-
87	73	39	12	9	5	-	-
89	88	34	19	6	1	1	-
276	223	146	52	37	16	8	-
387	371	197	81	46	22	7	-
205	171	94	49	22	13	3	-
115	111	56	25	13	6	7	-
156	105	73	43	15	4	5	-
244	196	115	46	30	17	8	1
136	139	83	37	21	9	5	-
894	808	433	230	105	41	38	-
120	94	47	21	12	5	3	1
208	186	95	36	27	8	7	-
325	224	128	55	24	12	11	-
200	161	103	31	17	12	5	-
234	167	114	46	25	10	6	-
327	239	131	53	39	26	7	-
265	197	100	56	32	11	6	-
1 451	1 466	958	515	239	97	51	1
385	319	174	99	52	25	13	1
156	123	73	25	15	3	4	-
148	129	99	43	24	8	4	-
141	133	89	38	16	8	1	-
561	491	311	165	63	37	7	-
202	175	96	58	28	11	4	-
88	73	44	24	11	7	-	-
95	75	57	31	14	4	-	-
114	71	52	24	18	4	1	-
383	362	205	109	48	24	7	-
217	181	149	70	31	15	7	-
559	547	353	201	103	37	29	-
157	139	69	39	22	10	3	-
270	220	147	81	34	17	8	-
161	166	74	32	19	10	3	-
169	181	80	47	20	9	9	-
268	231	127	69	34	15	12	-

28表（4－2）

第28表　都道府県（18大都市再掲）・夫妻・
Table 28. Divorces and percent distribution in each prefecture and

構成割合
Percent distribution

						夫		の 届 出	
都道府県 Prefecture	総 数 Total	〜 19歳 Years	20 〜 24	25 〜 29	30 〜 34	35 〜 39	40 〜 44	45 〜 49	Age of husband at the

都道府県	総数	〜19歳	20〜24	25〜29	30〜34	35〜39	40〜44	45〜49
全国 Total	100.0	0.2	4.5	12.1	18.1	18.0	13.9	10.7
01 北海道	100.0	0.1	4.4	12.4	18.7	17.1	13.6	10.8
02 青森	100.0	0.2	4.8	14.1	19.8	15.9	13.1	9.8
03 岩手	100.0	0.1	6.1	15.1	19.0	16.7	12.7	11.5
04 宮城	100.0	0.2	4.8	15.0	18.8	16.9	12.4	10.7
05 秋田	100.0	0.1	5.4	13.9	19.6	15.4	11.0	10.1
06 山形	100.0	0.0	4.2	14.8	19.2	15.8	13.3	10.4
07 福島	100.0	0.2	6.0	15.4	20.2	16.3	12.2	10.6
08 茨城	100.0	0.2	5.0	12.5	19.4	17.3	13.2	10.5
09 栃木	100.0	0.2	4.9	12.9	18.6	17.6	13.4	10.2
10 群馬	100.0	0.1	5.3	12.4	19.0	17.6	12.4	10.9
11 埼玉	100.0	0.2	3.9	11.1	17.9	19.5	14.8	10.8
12 千葉	100.0	0.2	3.7	11.5	17.6	19.0	14.6	10.5
13 東京	100.0	0.1	2.5	9.7	17.0	18.8	15.4	11.4
14 神奈川	100.0	0.1	3.6	10.2	18.0	20.2	15.4	10.7
15 新潟	100.0	0.1	3.8	14.5	19.5	17.6	13.3	10.5
16 富山	100.0	0.2	3.2	13.1	18.9	19.2	12.7	9.9
17 石川	100.0	0.1	3.8	12.7	19.6	18.9	14.4	10.7
18 福井	100.0	0.2	4.1	12.2	18.7	16.9	13.5	10.5
19 山梨	100.0	0.1	3.9	13.4	16.6	16.6	15.2	10.7
20 長野	100.0	0.2	4.2	11.2	19.3	18.1	13.3	10.7
21 岐阜	100.0	0.1	3.7	11.7	19.5	17.8	13.3	11.7
22 静岡	100.0	0.1	4.9	12.9	18.3	18.3	13.3	10.3
23 愛知	100.0	0.3	4.5	11.0	17.8	19.7	15.0	10.5
24 三重	100.0	0.2	5.7	11.8	18.1	17.4	13.4	11.8
25 滋賀	100.0	0.2	4.0	12.2	20.2	19.0	13.3	11.2
26 京都	100.0	0.2	4.4	11.5	16.9	18.4	15.0	10.6
27 大阪	100.0	0.3	4.4	11.1	16.9	18.2	14.4	10.8
28 兵庫	100.0	0.2	4.4	10.7	18.1	18.2	14.2	11.1
29 奈良	100.0	0.2	4.0	11.6	17.4	17.0	14.4	11.8
30 和歌山	100.0	0.5	5.2	11.5	16.3	18.6	14.7	11.2
31 鳥取	100.0	0.1	4.9	14.8	18.1	16.1	14.4	10.5
32 島根	100.0	0.2	5.6	13.9	20.1	17.2	10.7	11.1
33 岡山	100.0	0.4	6.3	13.4	18.6	17.8	12.6	10.0
34 広島	100.0	0.3	5.4	12.2	18.8	18.5	14.2	9.8
35 山口	100.0	0.2	6.1	13.7	19.2	17.2	12.1	10.1
36 徳島	100.0	0.3	4.9	13.8	18.0	17.0	13.1	9.9
37 香川	100.0	0.6	5.5	13.8	20.3	17.9	10.6	10.5
38 愛媛	100.0	0.3	6.1	13.8	18.7	15.8	11.4	10.6
39 高知	100.0	0.2	4.6	12.6	18.7	16.9	11.6	9.6
40 福岡	100.0	0.2	5.5	13.4	18.1	16.8	12.7	10.2
41 佐賀	100.0	0.4	5.7	14.1	19.5	16.0	13.2	10.5
42 長崎	100.0	0.4	6.1	14.0	17.0	16.1	11.8	12.1
43 熊本	100.0	0.3	6.1	14.9	18.2	14.9	13.0	10.3
44 大分	100.0	0.4	5.3	13.6	16.9	16.9	12.5	11.6
45 宮崎	100.0	0.1	5.8	15.1	19.6	15.9	11.4	9.0
46 鹿児島	100.0	0.2	5.2	15.1	16.7	14.8	13.5	10.7
47 沖縄	100.0	0.3	7.1	15.6	19.0	16.7	12.5	10.1
18大都市（再掲） 18 major cities (Regrouped)								
50 東京都の区部	100.0	0.1	2.3	9.4	17.0	18.7	15.4	11.7
51 札幌	100.0	0.2	3.5	11.3	18.2	18.6	14.3	10.7
52 仙台	100.0	0.2	4.0	13.3	20.5	18.9	13.1	10.1
53 さいたま	100.0	0.1	3.1	10.2	19.4	19.2	15.3	11.8
54 千葉	100.0	0.1	3.6	12.0	17.5	19.6	14.6	10.6
55 横浜	100.0	0.1	2.8	9.8	18.5	20.3	15.2	10.7
56 川崎	100.0	0.1	3.0	10.4	19.2	21.0	15.4	10.5
57 新潟	100.0	0.2	3.7	14.9	20.8	17.6	13.3	10.2
58 静岡	100.0	0.1	4.1	12.8	17.4	19.6	13.0	11.1
59 浜松	100.0	-	5.4	13.4	20.6	17.0	12.5	10.4
60 名古屋	100.0	0.2	3.8	9.6	17.1	19.1	15.0	10.8
61 京都	100.0	0.2	4.1	11.2	17.1	18.0	15.0	10.6
62 大阪	100.0	0.2	4.4	11.2	17.0	17.2	13.8	11.0
63 堺	100.0	0.4	4.7	12.1	18.4	17.2	13.1	11.1
64 神戸	100.0	0.3	3.8	10.2	17.3	18.2	14.3	11.1
65 広島	100.0	0.2	4.8	11.5	19.2	19.3	15.7	9.7
66 北九州	100.0	0.4	6.8	13.1	18.5	16.7	11.8	9.6
67 福岡	100.0	0.1	3.9	12.7	18.5	18.1	13.8	9.6

110

届出時年齢（5歳階級）別離婚件数・構成割合 －平成20年－
18 major cities by age (five-year age group) of husband and wife at the time divorce registered, 2008

(%)

時　　年　　齢 time divorce registered							
50 ～ 54	55 ～ 59	60 ～ 64	65 ～ 69	70 ～ 74	75 ～ 79	80 ～	不　　詳 Not stated
8.0	6.9	4.1	2.0	0.9	0.4	0.2	0.0
8.2	7.0	3.6	2.0	1.2	0.5	0.3	0.0
8.3	6.8	3.8	1.7	0.9	0.7	0.1	-
7.1	6.1	3.1	1.3	0.7	0.3	0.2	-
8.7	6.5	3.4	1.4	0.9	0.2	0.2	-
10.0	7.7	3.9	1.8	0.5	0.4	0.1	-
9.9	7.5	2.7	1.2	0.6	0.1	0.2	-
7.3	6.3	2.9	1.6	0.7	0.3	0.2	-
8.2	7.0	3.8	1.7	0.8	0.3	0.1	-
7.6	7.4	4.4	1.6	0.7	0.3	0.1	-
8.5	6.7	4.2	1.5	0.9	0.3	0.2	-
7.5	6.7	4.3	2.0	0.9	0.4	0.1	-
7.8	7.2	4.5	2.1	0.9	0.4	0.1	-
7.8	7.5	5.0	2.7	1.2	0.5	0.3	0.0
7.7	6.3	4.0	2.2	1.0	0.4	0.1	-
8.1	6.8	3.3	1.4	0.6	0.4	-	-
7.7	8.2	4.0	1.7	0.5	0.3	0.2	-
7.0	5.5	3.8	1.8	0.6	0.4	0.5	-
9.1	7.2	3.9	2.4	0.7	0.5	0.2	-
9.2	6.7	4.4	2.0	0.5	0.3	0.2	-
8.6	7.3	4.0	2.0	0.5	0.3	0.2	-
8.5	7.4	3.6	1.6	0.8	0.4	0.1	-
7.8	6.3	3.9	2.2	1.1	0.4	0.1	-
7.4	6.7	3.9	1.8	0.8	0.3	0.2	0.0
7.9	6.5	4.3	1.6	0.7	0.4	0.1	-
7.1	6.9	3.1	1.7	0.5	0.4	0.1	-
8.0	6.3	4.8	2.3	0.9	0.5	0.2	-
7.8	7.2	4.4	2.4	1.3	0.5	0.3	-
8.4	6.9	4.2	2.1	0.9	0.4	0.2	-
8.1	7.5	4.3	2.1	0.9	0.5	0.3	-
8.0	6.9	3.8	1.9	0.7	0.5	0.2	-
8.1	6.8	3.6	1.1	0.8	0.5	-	-
8.0	7.9	3.0	1.7	0.5	0.1	0.1	-
7.6	6.2	4.0	1.4	1.0	0.4	0.2	-
7.3	7.0	3.7	1.5	0.9	0.4	0.1	-
7.9	6.6	3.6	1.9	0.8	0.5	0.1	-
7.9	7.7	3.9	1.7	0.9	0.4	0.5	-
8.1	5.4	3.8	2.2	0.8	0.2	0.3	-
8.7	7.0	4.1	1.6	1.1	0.6	0.3	0.0
8.1	8.3	5.0	2.2	1.3	0.5	0.3	-
8.1	7.3	3.9	2.1	1.0	0.4	0.3	-
8.2	6.4	3.2	1.4	0.8	0.3	0.2	0.1
8.2	7.4	3.8	1.4	1.1	0.3	0.3	-
9.3	6.4	3.7	1.6	0.7	0.3	0.3	-
8.6	6.9	4.4	1.3	0.7	0.5	0.2	-
8.9	6.4	4.4	1.8	1.0	0.4	0.2	-
9.5	6.9	3.8	1.5	1.1	0.8	0.2	-
7.4	5.5	2.8	1.6	0.9	0.3	0.2	-
7.8	7.8	5.1	2.8	1.3	0.5	0.3	0.0
8.4	6.9	3.8	2.2	1.1	0.5	0.3	0.0
7.8	6.2	3.7	1.3	0.8	0.2	0.2	-
6.8	5.9	4.6	2.0	1.1	0.4	0.2	-
7.3	6.9	4.6	2.0	0.8	0.4	0.1	-
7.6	6.6	4.2	2.2	0.8	0.5	0.1	-
7.2	6.2	3.4	2.1	1.0	0.4	0.1	-
6.9	5.7	3.4	1.9	0.9	0.5	-	-
7.6	6.0	4.5	2.5	1.1	0.3	-	-
8.3	5.2	3.8	1.7	1.3	0.3	0.1	-
8.2	7.8	4.4	2.3	1.0	0.5	0.2	-
7.7	6.4	5.3	2.5	1.1	0.5	0.2	-
7.7	7.6	4.9	2.8	1.4	0.5	0.4	-
8.2	7.3	3.6	2.0	1.2	0.5	0.2	-
8.6	7.0	4.7	2.6	1.1	0.5	0.3	-
6.8	7.0	3.1	1.3	0.8	0.4	0.1	-
7.6	8.1	3.6	2.1	0.9	0.4	0.4	-
8.3	7.1	3.9	2.1	1.1	0.5	0.4	-

28表（4－3）

第28表　都道府県（18大都市再掲）・夫妻・
Table 28.　Divorces and percent distribution in each prefecture and

離婚件数
Divorces

						妻	の	届	出
	都道府県 Prefecture	総数 Total	～19歳 Years	20～24	25～29	30～34	35～39	40～44	45～49
全国	Total	251 136	1 653	18 670	39 937	51 069	47 387	32 891	22 780
01	北海道	12 677	84	889	2 010	2 506	2 257	1 667	1 180
02	青森	2 828	25	218	493	583	496	335	245
03	岩手	2 323	9	228	434	511	402	234	215
04	宮城	4 554	29	372	823	946	784	559	425
05	秋田	1 823	8	140	326	389	300	205	188
06	山形	2 009	3	140	375	429	357	243	195
07	福島	3 991	23	369	791	841	707	448	346
08	茨城	5 853	40	533	1 013	1 164	1 070	766	495
09	栃木	3 963	24	317	691	796	723	526	326
10	群馬	3 831	22	318	647	794	696	490	328
11	埼玉	14 112	95	1 001	2 108	2 949	2 875	1 891	1 230
12	千葉	12 187	76	821	1 984	2 433	2 395	1 649	1 082
13	東京	26 300	94	1 272	3 826	5 533	5 288	3 656	2 471
14	神奈川	18 227	104	1 102	2 681	3 780	3 775	2 517	1 629
15	新潟	3 513	15	262	619	759	641	447	308
16	富山	1 679	11	117	274	392	330	195	115
17	石川	1 900	8	133	301	441	366	251	168
18	福井	1 298	10	106	202	269	221	168	133
19	山梨	1 742	7	123	305	338	308	246	165
20	長野	3 762	25	262	622	775	710	506	361
21	岐阜	3 413	23	265	603	709	633	460	302
22	静岡	6 959	48	592	1 207	1 471	1 262	855	587
23	愛知	13 527	119	1 128	2 211	2 741	2 725	1 793	1 143
24	三重	3 402	39	293	525	673	615	445	362
25	滋賀	2 427	12	198	378	558	476	307	200
26	京都	4 877	35	337	685	996	947	646	459
27	大阪	20 490	159	1 448	2 921	3 937	3 922	2 929	1 922
28	兵庫	10 658	67	741	1 455	2 134	2 034	1 486	1 087
29	奈良	2 542	9	170	376	476	477	363	266
30	和歌山	2 174	26	174	310	412	430	307	209
31	鳥取	1 073	4	98	194	211	189	135	94
32	島根	1 117	10	103	179	234	209	144	107
33	岡山	3 624	31	385	613	703	663	447	281
34	広島	5 332	38	450	831	1 145	1 003	680	460
35	山口	2 606	30	223	407	518	489	321	227
36	徳島	1 447	12	123	247	266	284	178	116
37	香川	1 929	22	173	361	386	339	219	160
38	愛媛	2 816	16	269	449	541	479	353	255
39	高知	1 676	5	129	257	326	316	184	144
40	福岡	11 037	89	902	1 818	2 174	1 975	1 338	970
41	佐賀	1 468	9	143	243	301	255	175	147
42	長崎	2 528	17	218	415	497	421	336	230
43	熊本	3 493	24	310	624	703	555	401	350
44	大分	2 318	16	195	374	442	394	294	222
45	宮崎	2 619	18	227	439	545	423	284	243
46	鹿児島	3 447	22	293	619	616	572	405	344
47	沖縄	3 565	41	360	671	726	599	407	288
18大都市（再掲） 18 major cities (Regrouped)									
50	東京都の区部	18 710	60	839	2 731	3 979	3 812	2 629	1 724
51	札幌	4 596	26	243	711	894	877	612	439
52	仙台	1 994	9	135	357	428	391	232	177
53	さいたま	2 170	10	118	325	475	449	305	178
54	千葉	1 929	10	138	311	375	397	245	177
55	横浜	7 419	26	377	1 066	1 596	1 566	1 032	686
56	川崎	2 816	14	162	432	606	602	390	241
57	新潟	1 284	11	90	217	298	232	163	105
58	静岡	1 254	6	103	222	241	250	160	98
59	浜松	1 378	9	118	250	325	224	160	109
60	名古屋	4 655	34	361	712	918	908	638	436
61	京都	2 821	17	179	411	564	533	373	271
62	大阪	7 244	60	540	1 101	1 346	1 342	981	707
63	堺	1 912	14	132	299	393	338	259	184
64	神戸	3 143	23	208	394	616	591	448	306
65	広島	2 373	12	186	361	518	477	310	202
66	北九州	2 221	25	196	365	418	398	247	196
67	福岡	3 235	19	231	488	692	616	386	281

届出時年齢（5歳階級）別離婚件数・構成割合 －平成20年－
18 major cities by age (five-year age group) of husband and wife at the time divorce registered, 2008

(組)
(Couples)

時　　年　　齢 time divorce registered								
50 ～ 54	55 ～ 59	60 ～ 64	65 ～ 69	70 ～ 74	75 ～ 79	80 ～	不　　詳 Not stated
14 334	10 838	6 258	3 172	1 406	505	233	3
779	597	370	194	88	41	15	-
176	120	78	33	23	2	1	-
121	97	44	16	6	6	-	-
269	186	86	52	14	7	2	-
104	87	47	20	6	3	-	-
132	86	30	10	6	2	1	-
193	154	60	35	15	4	5	-
327	240	120	51	20	12	2	-
223	169	100	39	24	4	1	-
232	141	92	48	10	6	7	-
750	587	352	174	65	28	7	-
678	510	299	166	67	17	10	-
1 565	1 160	729	410	201	57	38	-
971	776	492	246	98	36	20	-
202	139	73	31	16	1	-	-
117	63	43	14	3	4	1	-
80	78	36	18	8	6	6	-
85	56	28	12	5	2	1	-
106	75	39	18	8	3	1	-
215	151	77	33	14	9	2	-
163	132	78	23	19	1	2	-
385	259	156	92	33	8	4	-
647	503	282	136	66	20	12	1
191	134	71	32	16	5	1	-
129	84	47	23	12	2	1	-
270	246	150	52	36	16	2	-
1 119	969	593	345	146	60	19	1
651	485	291	142	55	22	8	-
144	129	77	29	17	4	5	-
134	84	45	21	15	7	-	-
54	46	25	9	11	2	-	1
56	39	26	5	4	1	-	-
181	156	91	39	26	5	3	-
287	219	114	62	28	9	6	-
161	109	72	32	10	6	1	-
91	64	32	15	10	7	2	-
107	70	50	29	9	2	2	-
169	130	79	41	19	11	5	-
100	106	59	30	10	7	3	-
699	512	281	173	65	22	19	-
83	52	32	14	10	2	2	-
169	115	62	32	7	5	4	-
236	153	73	35	16	8	5	-
157	128	54	27	12	2	1	-
182	143	69	23	15	5	3	-
243	156	90	53	24	10	-	-
201	143	64	38	18	6	3	-
1 118	808	517	278	140	44	31	-
305	215	138	74	41	15	6	-
100	94	41	22	3	3	2	-
112	80	67	32	12	6	1	-
90	102	40	28	15	1	-	-
399	331	184	88	46	15	7	-
137	103	74	36	11	5	3	-
61	51	33	15	8	-	-	-
69	45	35	19	3	3	-	-
73	50	34	18	4	3	1	-
248	186	115	52	36	7	4	-
155	148	103	33	20	12	2	-
406	343	192	133	60	25	7	1
96	100	49	29	12	5	2	-
219	155	100	50	20	9	4	-
127	90	48	23	13	4	2	-
141	123	57	36	14	1	4	-
196	150	84	56	21	8	7	-

113

28表（4－4）

第28表　都道府県（18大都市再掲）・夫妻・
Table 28. Divorces and percent distribution in each prefecture and

構成割合
Percent distribution

	妻の届出 Age of wife at the							
都道府県 Prefecture	総数 Total	～19歳 Years	20～24	25～29	30～34	35～39	40～44	45～49
全国 Total	100.0	0.7	7.4	15.9	20.3	18.9	13.1	9.1
01 北海道	100.0	0.7	7.0	15.9	19.8	17.8	13.1	9.3
02 青森	100.0	0.9	7.7	17.4	20.6	17.5	11.8	8.7
03 岩手	100.0	0.4	9.8	18.7	22.0	17.3	10.1	9.3
04 宮城	100.0	0.6	8.2	18.1	20.8	17.2	12.3	9.3
05 秋田	100.0	0.4	7.7	17.9	21.3	16.5	11.2	10.3
06 山形	100.0	0.1	7.0	18.7	21.4	17.8	12.1	9.7
07 福島	100.0	0.6	9.2	19.8	21.1	17.7	11.2	8.7
08 茨城	100.0	0.7	9.1	17.3	19.9	18.3	13.1	8.5
09 栃木	100.0	0.6	8.0	17.4	20.1	18.2	13.3	8.2
10 群馬	100.0	0.6	8.3	16.9	20.7	18.2	12.8	8.6
11 埼玉	100.0	0.7	7.1	14.9	20.9	20.4	13.4	8.7
12 千葉	100.0	0.6	6.7	16.3	20.0	19.7	13.5	8.9
13 東京	100.0	0.4	4.8	14.5	21.0	20.1	13.9	9.4
14 神奈川	100.0	0.6	6.0	14.7	20.7	20.7	13.8	8.9
15 新潟	100.0	0.4	7.5	17.6	21.6	18.2	12.7	8.8
16 富山	100.0	0.7	7.0	16.3	23.3	19.7	11.6	6.8
17 石川	100.0	0.4	7.0	15.8	23.2	19.3	13.2	8.8
18 福井	100.0	0.8	8.2	15.6	20.7	17.0	12.9	10.2
19 山梨	100.0	0.4	7.1	17.5	19.4	17.7	14.1	9.5
20 長野	100.0	0.7	7.0	16.5	20.6	18.9	13.5	9.6
21 岐阜	100.0	0.7	7.8	17.7	20.8	18.5	13.5	8.8
22 静岡	100.0	0.7	8.5	17.3	21.1	18.1	12.3	8.4
23 愛知	100.0	0.9	8.3	16.3	20.3	20.1	13.3	8.4
24 三重	100.0	1.1	8.6	15.4	19.8	18.1	13.1	10.6
25 滋賀	100.0	0.5	8.2	15.6	23.0	19.6	12.6	8.2
26 京都	100.0	0.7	6.9	14.0	20.4	19.4	13.2	9.4
27 大阪	100.0	0.8	7.1	14.3	19.2	19.1	14.3	9.4
28 兵庫	100.0	0.6	7.0	13.7	20.0	19.1	13.9	10.2
29 奈良	100.0	0.4	6.7	14.8	18.7	18.8	14.3	10.5
30 和歌山	100.0	1.2	8.0	14.3	19.0	19.8	14.1	9.6
31 鳥取	100.0	0.4	9.1	18.1	19.7	17.6	12.6	8.8
32 島根	100.0	0.9	9.2	16.0	20.9	18.7	12.9	9.6
33 岡山	100.0	0.9	10.6	16.9	19.4	18.3	12.3	7.8
34 広島	100.0	0.7	8.4	15.6	21.5	18.8	12.8	8.6
35 山口	100.0	1.2	8.6	15.6	19.9	18.8	12.3	8.7
36 徳島	100.0	0.8	8.5	17.1	18.4	19.6	12.3	8.0
37 香川	100.0	1.1	9.0	18.7	20.0	17.6	11.4	8.3
38 愛媛	100.0	0.6	9.6	15.9	19.2	17.0	12.5	9.1
39 高知	100.0	0.3	7.7	15.3	19.5	18.9	11.0	8.6
40 福岡	100.0	0.8	8.2	16.5	19.7	17.9	12.1	8.8
41 佐賀	100.0	0.6	9.7	16.6	20.5	17.4	11.9	10.0
42 長崎	100.0	0.7	8.6	16.4	19.7	16.7	13.3	9.1
43 熊本	100.0	0.7	8.9	17.9	20.1	15.9	11.5	10.0
44 大分	100.0	0.7	8.4	16.1	19.1	17.0	12.7	9.6
45 宮崎	100.0	0.7	8.7	16.8	20.8	16.2	10.8	9.3
46 鹿児島	100.0	0.6	8.5	18.0	17.9	16.6	11.7	10.0
47 沖縄	100.0	1.2	10.1	18.8	20.4	16.8	11.4	8.1
18大都市（再掲） 18 major cities (Regrouped)								
50 東京都の区部	100.0	0.3	4.5	14.6	21.3	20.4	14.1	9.2
51 札幌	100.0	0.6	5.3	15.5	19.5	19.1	13.3	9.6
52 仙台	100.0	0.5	6.8	17.9	21.5	19.6	11.6	8.9
53 さいたま	100.0	0.5	5.4	15.0	21.9	20.7	14.1	8.2
54 千葉	100.0	0.5	7.2	16.1	19.4	20.6	12.7	9.2
55 横浜	100.0	0.4	5.1	14.4	21.5	21.1	13.9	9.2
56 川崎	100.0	0.5	5.8	15.3	21.5	21.4	13.8	8.6
57 新潟	100.0	0.9	7.0	16.9	23.2	18.1	12.7	8.2
58 静岡	100.0	0.5	8.2	17.7	19.2	19.9	12.8	7.8
59 浜松	100.0	0.7	8.6	18.1	23.6	16.3	11.6	7.9
60 名古屋	100.0	0.7	7.8	15.3	19.7	19.5	13.7	9.4
61 京都	100.0	0.6	6.3	14.6	20.0	18.9	13.2	9.6
62 大阪	100.0	0.8	7.5	15.2	18.6	18.5	13.5	9.8
63 堺	100.0	0.7	6.6	15.6	20.6	17.7	13.5	9.6
64 神戸	100.0	0.7	6.6	12.5	19.6	18.8	14.3	9.7
65 広島	100.0	0.5	7.8	15.2	21.8	20.1	13.1	8.5
66 北九州	100.0	1.1	8.8	16.4	18.8	17.9	11.1	8.8
67 福岡	100.0	0.6	7.1	15.1	21.4	19.0	11.9	8.7

届出時年齢（5歳階級）別離婚件数・構成割合 －平成20年－
18 major cities by age (five-year age group) of husband and wife at the time divorce registered, 2008

(%)

時　　　年　　　齢 time divorce registered							
50 ～ 54	55 ～ 59	60 ～ 64	65 ～ 69	70 ～ 74	75 ～ 79	80 ～	不　　詳 Not stated
5.7	4.3	2.5	1.3	0.6	0.2	0.1	0.0
6.1	4.7	2.9	1.5	0.7	0.3	0.1	-
6.2	4.2	2.8	1.2	0.8	0.1	0.0	-
5.2	4.2	1.9	0.7	0.3	0.3	-	-
5.9	4.1	1.9	1.1	0.3	0.2	0.0	-
5.7	4.8	2.6	1.1	0.3	0.2	-	-
6.6	4.3	1.5	0.5	0.3	0.1	0.0	-
4.8	3.9	1.5	0.9	0.4	0.1	0.1	-
5.6	4.1	2.1	0.9	0.3	0.2	0.0	-
5.6	4.3	2.5	1.0	0.6	0.1	0.0	-
6.1	3.7	2.4	1.3	0.3	0.2	0.2	-
5.3	4.2	2.5	1.2	0.5	0.2	0.0	-
5.6	4.2	2.5	1.4	0.5	0.1	0.1	-
6.0	4.4	2.8	1.6	0.8	0.2	0.1	-
5.3	4.3	2.7	1.3	0.5	0.2	0.1	-
5.8	4.0	2.1	0.9	0.5	0.0	-	-
7.0	3.8	2.6	0.8	0.2	0.2	0.1	-
4.2	4.1	1.9	0.9	0.4	0.3	0.3	-
6.5	4.3	2.2	0.9	0.4	0.2	0.1	-
6.1	4.3	2.2	1.0	0.5	0.2	0.1	-
5.7	4.0	2.0	0.9	0.4	0.2	0.1	-
4.8	3.9	2.3	0.7	0.6	0.0	0.1	-
5.5	3.7	2.2	1.3	0.5	0.1	0.1	-
4.8	3.7	2.1	1.0	0.5	0.1	0.1	0.0
5.6	3.9	2.1	0.9	0.5	0.1	0.0	-
5.3	3.5	1.9	0.9	0.5	0.1	0.0	-
5.5	5.0	3.1	1.1	0.7	0.3	0.0	-
5.5	4.7	2.9	1.7	0.7	0.3	0.1	0.0
6.1	4.6	2.7	1.3	0.5	0.2	0.1	-
5.7	5.1	3.0	1.1	0.7	0.2	0.2	-
6.2	3.9	2.1	1.0	0.7	0.3	-	-
5.0	4.3	2.3	0.8	1.0	0.2	-	0.1
5.0	3.5	2.3	0.4	0.4	0.1	-	-
5.0	4.3	2.5	1.1	0.7	0.1	0.1	-
5.4	4.1	2.1	1.2	0.5	0.2	0.1	-
6.2	4.2	2.8	1.2	0.4	0.2	0.0	-
6.3	4.4	2.2	1.0	0.7	0.5	0.1	-
5.5	3.6	2.6	1.5	0.5	0.1	0.1	-
6.0	4.6	2.8	1.5	0.7	0.4	0.2	-
6.0	6.3	3.5	1.8	0.6	0.4	0.2	-
6.3	4.6	2.5	1.6	0.6	0.2	0.2	-
5.7	3.5	2.2	1.0	0.7	0.1	0.1	-
6.7	4.5	2.5	1.3	0.3	0.2	0.2	-
6.8	4.4	2.1	1.0	0.5	0.2	0.1	-
6.8	5.5	2.3	1.2	0.5	0.1	0.0	-
6.9	5.5	2.6	0.9	0.6	0.2	0.1	-
7.0	4.5	2.6	1.5	0.7	0.3	-	-
5.6	4.0	1.8	1.1	0.5	0.2	0.1	-
6.0	4.3	2.8	1.5	0.7	0.2	0.2	-
6.6	4.7	3.0	1.6	0.9	0.3	0.1	-
5.0	4.7	2.1	1.1	0.2	0.2	0.1	-
5.2	3.7	3.1	1.5	0.6	0.3	0.0	-
4.7	5.3	2.1	1.5	0.8	0.1	-	-
5.4	4.5	2.5	1.2	0.6	0.2	0.1	-
4.9	3.7	2.6	1.3	0.4	0.2	0.1	-
4.8	4.0	2.6	1.2	0.6	-	-	-
5.5	3.6	2.8	1.5	0.2	0.2	-	-
5.3	3.6	2.5	1.3	0.3	0.2	0.1	-
5.3	4.0	2.5	1.1	0.8	0.2	0.1	-
5.5	5.2	3.7	1.2	0.7	0.4	0.1	-
5.6	4.7	2.7	1.8	0.8	0.3	0.1	0.0
5.0	5.2	2.6	1.5	0.6	0.3	0.1	-
7.0	4.9	3.2	1.6	0.6	0.3	0.1	-
5.4	3.8	2.0	1.0	0.5	0.2	0.1	-
6.3	5.5	2.6	1.6	0.6	0.0	0.2	-
6.1	4.6	2.6	1.7	0.6	0.2	0.2	-

29表（2－1）

第29表　年次・主な国別離婚件数・
Table 29.　Trends in divorces and divorce rates

離婚件数
Divorces

年次 Year		日本 Japan	アメリカ合衆国 U.S.A.	カナダ Canada	デンマーク Denmark	チェコ共和国 Czech Republic	オーストリア Austria	フランス France	ドイツ Germany	イタリア Italy
1947	昭和22年	79 551	483 000	8 199	6 943	11 227	13 465	57 413	76 597	…
48	23	79 032	408 000	6 881	7 120	11 978	14 162	47 015	87 593	…
49	24	82 575	398 464	6 052	6 991	11 257	12 776	39 502	80 139	…
1950	25	83 689	386 768	5 386	6 868	13 112	10 534	35 391	75 268	…
51	26	82 331	382 665	5 270	6 681	12 125	10 295	33 644	56 285	…
52	27	79 021	393 754	5 650	6 735	13 326	9 833	32 532	51 094	…
53	28	75 255	391 853	6 160	6 515	11 414	9 417	30 996	47 661	…
54	29	76 759	380 813	5 923	6 686	11 280	9 227	30 218	44 750	…
55	30	75 267	378 902	6 053	6 771	13 756	8 994	31 268	42 800	…
56	31	72 040	383 888	6 002	6 499	14 571	8 488	31 254	41 046	…
57	32	71 651	382 734	6 688	6 436	14 348	8 177	30 673	41 468	…
58	33	74 004	369 788	6 279	6 571	15 870	8 238	31 300	43 108	…
59	34	72 455	396 378	6 543	6 457	15 631	8 474	29 924	43 848	…
1960	35	69 410	393 000	6 980	6 682	15 291	8 011	30 182	48 874	…
61	36	69 323	414 000	6 563	6 606	16 427	8 045	30 809	49 271	…
62	37	71 394	413 000	6 768	6 409	16 603	7 969	30 570	49 508	…
63	38	69 996	428 000	7 686	6 460	17 040	8 150	30 288	50 833	…
64	39	72 306	450 000	8 623	6 483	16 802	8 390	33 250	55 698	…
65	40	77 195	479 000	8 974	6 527	18 702	8 423	34 877	58 718	…
66	41	79 432	499 000	10 239	6 726	20 244	8 643	36 500	58 730	…
67	42	83 478	523 000	11 165	6 939	19 889	8 880	37 194	62 835	…
68	43	87 327	584 000	11 343	7 572	21 641	9 705	36 603	65 264	…
69	44	91 280	639 000	26 093	8 955	23 936	9 969	38 100	72 300	…
1970	45	95 937	708 000	29 238	9 524	24 936	10 356	40 000	76 520	…
71	46	103 595	773 000	29 685	13 401	28 074	10 005	47 714	80 444	17 134
72	47	108 382	845 000	32 389	13 134	26 582	9 939	48 354	86 614	32 627
73	48	111 877	915 000	36 704	12 637	29 458	9 972	50 919	90 164	18 172
74	49	113 622	977 000	45 019	13 132	30 415	10 638	55 612	98 584	17 890
75	50	119 135	1 036 000	50 611	13 264	32 308	10 763	61 183	106 829	10 618
76	51	124 512	1 083 000	54 207	13 064	31 561	11 168	60 490	108 258	12 106
77	52	129 485	1 091 000	55 370	13 383	31 223	11 668	71 319	74 658	11 902
78	53	132 146	1 130 000	57 155	13 072	33 222	12 400	74 416	32 462	11 985
79	54	135 250	1 181 000	59 474	13 044	32 241	13 072	78 648	79 490	11 969
1980	55	141 689	1 189 000	62 019	13 593	33 863	13 327	81 143	96 222	11 844
81	56	154 221	1 213 000	67 671	14 425	34 595	13 369	83 999	109 520	12 606
82	57	163 980	1 170 000	70 436	14 621	34 371	14 298	93 892	118 483	14 640
83	58	179 150	1 158 000	68 567	14 763	36 254	14 692	98 730	121 317	13 626
84	59	178 746	1 169 000	65 172	14 490	37 422	14 869	104 012	130 744	15 065
85	60	166 640	1 190 000	61 980	14 385	38 289	15 460	107 505	128 124	15 650
86	61	166 054	1 159 000	…	14 490	37 885	14 679	108 380	122 443	16 857
87	62	158 227	1 166 000	78 160	14 381	39 522	14 639	106 527	129 850	27 072
88	63	153 600	1 154 764	…	14 717	38 922	14 924	106 096	128 729	25 092
89	平成元年	157 811	1 163 000	80 716	15 152	39 680	15 489	105 295	126 628	30 314
1990	2	157 608	1 175 000	78 152	13 731	40 922	16 282	105 813	122 869	27 682
91	3	168 969	1 187 000	79 034	12 655	37 259	16 391	108 086	136 317	27 350
92	4	179 191	1 215 000	77 031	12 981	28 572	16 296	107 994	135 010	25 997
93	5	188 297	1 187 000	78 226	12 971	30 227	16 299	110 759	156 425	23 863
94	6	195 106	1 191 000	78 880	13 709	30 939	16 928	115 658	166 052	27 510
95	7	199 016	1 169 000	77 636	12 976	31 135	18 204	119 189	169 425	27 038
96	8	206 955	1 150 000	71 528	12 776	33 113	18 079	117 382	175 550	…
97	9	222 635	1 163 000	67 408	12 774	32 465	18 027	116 158	187 802	33 342
98	10	243 183	1 135 000	69 088	13 164	32 363	17 884	116 515	…	33 540
99	11	250 529	…	70 910	13 537	23 657	18 512	116 813	190 590	34 341
2000	12	264 246	…	71 144	14 381	29 704	19 552	114 005	194 408	37 573
01	13	285 911	…	71 110	14 597	31 586	20 582	112 631	197 498	40 051
02	14	289 836	…	70 155	15 304	31 758	19 918	115 861	204 214	41 835
03	15	283 854	…	70 828	15 763	32 824	19 066	125 175	213 975	43 856
04	16	270 804	…	69 644	15 774	33 060	19 590	131 335	213 691	45 097
05	17	261 917	…	…	15 300	31 288	19 453	152 020	201 693	47 036
06	18	257 475	…	…	14 343	31 415	20 336	135 910	190 928	49 534
07	19	254 832	…	…	14 066	31 129	20 516	…	187 072	…
08	20	251 136	…	…	…	…	…	…	…	…

注：1）チェコ共和国の1991年まではチェコスロバキアの数値である。
　　2）ドイツの1947〜1959年までは西ベルリンを除く数値である。また、1990年までは旧西ドイツの数値である。
　　3）イギリスの1970年まではイングランド・ウェールズの数値である。
　　4）ロシアの1986年までは旧ソビエト連邦の数値である。
＊暫定値
資料：U.N.「Demographic Yearbook」による。

率（人口千対） －昭和22～平成20年－
(per 1,000 population) by major countries, 1947-2008

(組)
(Couples)

オランダ Netherlands	ノルウェー Norway	スウェーデン Sweden	スイス Switzerland	イギリス United Kingdom	オーストラリア Australia	韓　国 Republic of Korea	シンガポール Singapore	タ　イ Thailand	ロ　シ　ア Russia
8 847	2 236	7 051	4 280	58 444	8 705	1 819	…	2 886	…
8 038	2 129	6 782	4 292	42 711	7 184	1 223	…	1 135	…
7 004	2 350	7 609	4 111	34 217	6 572	…	…	966	…
6 462	2 324	8 008	4 241	30 331	7 358	…	…	827	…
6 075	2 151	8 431	4 295	28 265	7 269	…	…	2 277	…
5 828	2 116	8 185	4 188	33 274	7 042	…	…	2 464	…
5 471	2 076	8 393	4 406	29 736	7 962	1 345	…	2 597	…
5 525	2 103	8 588	4 437	27 471	6 457	1 851	…	2 989	…
5 498	1 982	8 784	4 416	26 262	6 724	2 728	…	3 036	…
5 548	2 071	8 606	4 293	25 718	6 435	2 971	…	3 152	…
5 342	2 036	8 856	4 545	23 323	6 298	3 058	…	3 163	…
5 280	2 093	8 657	4 400	22 195	6 920	3 312	…	3 296	…
5 530	2 219	8 756	4 683	23 837	7 315	3 788	…	3 502	…
5 672	2 379	8 958	4 656	23 369	6 633	5 335	…	3 861	…
5 704	2 465	8 696	4 737	24 936	6 673	7 212	…	3 990	276 170
5 711	2 439	8 849	4 724	28 376	7 245	13 062	…	4 011	297 161
5 851	2 439	8 491	4 711	31 405	7 476	13 434	…	4 345	291 538
6 203	2 556	9 167	4 865	34 162	7 917	14 000	…	4 713	333 797
6 206	2 581	9 560	4 977	37 084	8 491	14 000	…	5 098	360 424
6 797	2 672	10 286	4 944	38 352	9 859	…	…	…	646 095
7 464	2 876	10 720	5 198	42 378	9 688	…	…	…	646 295
8 146	3 058	11 228	5 599	45 036	10 731	…	…	…	648 191
9 080	3 146	12 140	5 980	50 581	10 930	…	…	…	615 155
10 317	3 429	12 943	6 405	57 421	12 198	…	…	…	636 232
11 572	3 731	13 679	7 035	78 787	12 947	…	…	…	644 848
14 938	4 022	15 189	7 650	124 151	15 655	…	…	…	652 397
17 913	4 664	16 292	8 030	112 687	16 195	…	…	…	678 883
19 167	5 156	27 208	8 193	120 290	17 688	…	…	…	743 398
20 093	5 577	25 751	8 917	128 417	24 257	16 453	…	…	783 378
20 889	5 825	21 702	9 582	134 964	63 230	17 178	…	…	860 688
21 483	6 099	20 391	10 474	137 494	45 150	20 280	…	…	898 025
22 257	6 246	20 317	10 497	152 684	40 608	19 385	…	20 356	911 176
23 748	6 608	20 322	10 394	147 453	37 854	14 501	1 466	22 485	951 161
25 735	6 634	19 887	10 910	156 180	39 258	21 710	1 551	…	929 616
28 509	7 136	20 198	11 131	155 427	41 412	23 542	1 842	…	929 537
30 877	7 165	20 766	11 589	158 461	44 088	25 335	1 842	…	903 549
32 589	7 668	20 618	11 711	161 406	43 525	28 342	2 069	37 704	944 791
34 068	7 974	20 377	11 219	157 211	43 012	34 572	2 028	30 057	932 305
34 044	8 090	19 763	11 415	174 666	39 830	36 676	2 048	30 057	933 097
29 836	7 891	19 107	11 395	167 309	39 417	36 877	2 271	36 602	941 329
27 788	8 417	18 426	11 552	164 208	39 725	38 283	2 339	…	580 106
27 870	8 772	17 746	12 731	165 043	41 007	38 154	2 536	…	573 863
28 250	9 238	18 862	12 720	163 942	41 383	40 368	2 541	…	582 500
28 419	10 170	19 387	13 183	165 658	42 635	42 898	3 150	…	559 918
28 277	10 281	20 149	13 627	171 144	45 630	46 007	3 813	…	597 930
30 463	10 209	21 907	14 530	174 717	45 665	51 244	3 567	47 025	639 248
30 597	10 943	21 673	15 150	179 539	48 363	55 188	3 826	46 948	663 282
36 182	11 000	22 237	15 634	173 604	48 256	58 196	3 585	…	680 494
34 170	10 360	22 452	15 703	169 621	49 712	66 060	4 110	53 560	665 904
34 871	9 982	21 377	16 172	171 310	52 466	79 895	4 456	…	562 373
33 740	9 961	21 009	17 073	160 733	51 288	91 159	4 687	…	555 160
32 459	9 346	20 761	17 868	159 688	51 370	116 727	5 389	…	501 654
33 571	9 124	21 000	20 768	158 418	52 566	118 014	5 084	…	532 533
34 650	10 053	21 502	10 511	154 273	49 906	119 982	4 943	…	627 703
37 104	10 308	21 022	15 778	156 562	55 330	135 014	4 838	…	763 493
33 179	10 450	21 322	16 363	160 528	54 004	145 324	5 538	…	853 647
31 479	10 757	21 130	16 799	166 536	53 145	167 096	6 293	…	798 824
31 098	11 045	20 106	17 949	167 138	52 747	139 365	6 047	…	635 835
31 905	11 040	20 000	21 332	155 052	52 399	128 468	6 569	…	604 942
31 734	10 598	20 295	20 981	…	51 375	125 032	6 649	…	640 837
31 983	10 280	20 669	19 882	* 144 220	47 963	* 124 590	6 812	…	685 910
…	…	…	…	…	…	…	…	…	…

Notes: 1) Data of Czech Republic of years before 1991 are those of Czechoslovakia.
　　　 2) Data of Germany of years 1947-1959 are data excluding those of West Berlin.
　　　　 Data of Germany of years before 1990 are those of the former West Germany.
　　　 3) Data of United Kingdom of years before 1970 are those of England and Wales.
　　　 4) Data of Russian of years before 1986 are those of the former Soviet Union.
*Provisional
Sources: U.N. "Demographic Yearbook"

29表（2－2）

第29表　年次・主な国別離婚件数・
Table 29. Trends in divorces and divorce rates

離婚率
Divorce rates

年次 Year		日本 Japan	アメリカ合衆国 U.S.A.	カナダ Canada	デンマーク Denmark	チェコ共和国 Czech Republic	オーストリア Austria	フランス France	ドイツ Germany	イタリア Italy
1947	昭和22年	1.02	3.37	0.65	1.67	0.92	1.95	1.41	1.71	…
48	23	0.99	2.79	0.54	1.70	0.97	2.04	1.15	1.90	…
49	24	1.01	2.67	0.45	1.65	0.91	1.84	0.95	1.70	…
1950	25	1.01	2.55	0.39	1.61	1.06	1.52	0.85	1.57	…
51	26	0.97	2.48	0.38	1.55	0.97	1.48	0.80	1.16	…
52	27	0.92	2.52	0.39	1.55	1.05	1.42	0.77	1.05	…
53	28	0.86	2.47	0.41	1.49	0.89	1.35	0.73	0.97	…
54	29	0.87	2.35	0.39	1.52	0.87	1.32	0.70	0.90	…
55	30	0.84	2.30	0.38	1.53	1.05	1.29	0.72	0.85	…
56	31	0.80	2.28	0.37	1.46	1.10	1.22	0.71	0.81	…
57	32	0.79	2.23	0.40	1.43	1.07	1.17	0.69	0.81	…
58	33	0.80	2.11	0.37	1.46	1.18	1.18	0.70	0.83	…
59	34	0.78	2.23	0.37	1.42	1.15	1.21	0.66	0.83	…
1960	35	0.74	2.18	0.39	1.46	1.12	1.14	0.66	0.88	…
61	36	0.74	2.25	0.36	1.43	1.19	1.14	0.67	0.88	…
62	37	0.75	2.21	0.36	1.38	1.20	1.12	0.65	0.87	…
63	38	0.73	2.26	0.40	1.38	1.22	1.14	0.63	0.88	…
64	39	0.74	2.34	0.45	1.37	1.19	1.16	0.69	0.95	…
65	40	0.79	2.46	0.46	1.37	1.32	1.16	0.71	0.99	…
66	41	0.80	2.54	0.51	1.40	1.42	1.18	0.74	0.98	…
67	42	0.84	2.63	0.55	1.43	1.39	1.21	0.75	1.05	…
68	43	0.87	2.91	0.55	1.56	1.51	1.32	0.73	1.08	…
69	44	0.89	3.15	1.24	1.83	1.66	1.35	0.76	1.19	…
1970	45	0.93	3.45	1.37	1.93	1.74	1.39	0.79	1.26	…
71	46	0.99	3.72	1.38	2.70	1.95	1.33	0.93	1.31	0.32
72	47	1.02	4.02	1.48	2.63	1.84	1.32	0.93	1.40	0.60
73	48	1.04	4.32	1.66	2.52	2.02	1.31	0.98	1.45	0.33
74	49	1.04	4.57	2.01	2.60	2.07	1.40	1.06	1.59	0.32
75	50	1.07	4.80	2.23	2.62	2.18	1.42	1.16	1.73	0.19
76	51	1.11	4.97	2.36	2.57	2.11	1.48	1.14	1.76	0.22
77	52	1.14	4.95	2.38	2.63	2.08	1.54	1.34	1.21	0.21
78	53	1.15	5.08	2.43	2.56	2.19	1.64	1.39	0.53	0.21
79	54	1.17	5.25	2.50	2.55	2.12	1.73	1.47	1.29	0.21
1980	55	1.22	5.22	2.58	2.65	2.21	1.76	1.50	1.56	0.21
81	56	1.32	5.27	2.78	2.82	2.26	1.77	1.55	1.78	0.22
82	57	1.39	5.04	2.86	2.86	2.24	1.89	1.72	1.92	0.26
83	58	1.51	4.94	2.77	2.89	2.35	1.95	1.80	1.98	0.24
84	59	1.50	4.95	2.61	2.83	2.42	1.97	1.89	2.14	0.26
85	60	1.39	4.99	2.46	2.81	2.47	2.05	1.95	2.10	0.27
86	61	1.37	4.81	…	2.83	2.44	1.94	1.96	2.01	0.29
87	62	1.30	4.80	3.05	2.80	2.54	1.93	1.91	2.12	0.47
88	63	1.26	4.71	…	2.87	2.49	1.96	1.90	2.09	0.44
89	平成元年	1.29	4.70	3.08	2.95	2.54	2.03	1.87	2.04	0.53
1990	2	1.28	4.70	2.94	2.67	2.61	2.11	1.86	1.94	0.48
91	3	1.37	4.70	2.81	2.45	2.39	2.09	1.89	1.70	0.48
92	4	1.45	4.76	2.71	2.51	2.77	2.07	1.88	1.67	0.46
93	5	1.52	4.60	2.71	2.50	2.92	2.04	1.92	1.93	0.42
94	6	1.57	4.57	2.69	2.63	2.99	2.11	2.00	2.04	0.48
95	7	1.60	4.44	2.64	2.48	3.01	2.26	2.05	2.07	0.47
96	8	1.66	4.33	2.41	2.43	3.21	2.24	2.01	2.14	…
97	9	1.78	…	2.25	2.42	3.15	2.23	1.98	2.29	0.58
98	10	1.94	…	2.29	2.48	3.14	2.21	2.00	…	0.58
99	11	2.00	…	2.33	2.54	2.30	2.32	1.99	2.32	0.60
2000	12	2.10	…	2.32	2.69	2.89	2.44	1.93	2.37	0.66
01	13	2.27	…	2.29	2.72	3.09	2.56	1.89	2.40	0.70
02	14	2.30	…	2.2	2.8	3.1	2.5	1.9	2.5	0.7
03	15	2.25	…	2.2	2.9	3.2	2.3	2.1	2.6	0.8
04	16	2.15	…	2.2	2.9	3.2	2.4	2.2	2.6	0.8
05	17	2.08	…	…	2.8	3.1	2.4	2.5	2.4	0.8
06	18	2.04	…	…	2.6	3.1	2.5	2.2	2.3	0.8
07	19	2.02	…	…	2.6	3.0	2.5	…	2.3	…
08	20	1.99	…	…	…	…	…	…	…	…

注：1）チェコ共和国の1991年まではチェコスロバキアの数値である。
　　2）ドイツの1947〜1959年までは西ベルリンを除く数値である。また、1990年までは旧西ドイツの数値である。
　　3）イギリスの1970年まではイングランド・ウェールズの数値である。
　　4）ロシアの1986年までは旧ソビエト連邦の数値である。
＊暫定値
資料：U.N.「Demographic Yearbook」による。

率（人口千対） －昭和22～平成20年－
(per 1,000 population) by major countries, 1947-2008

オランダ Netherlands	ノルウェー Norway	スウェーデン Sweden	スイス Switzerland	イギリス United Kingdom	オーストラリア Australia	韓国 Republic of Korea	シンガポール Singapore	タイ Thailand	ロシア Russia
0.92	0.71	1.04	0.95	1.36	1.15	…	…	0.17	…
0.82	0.67	1.00	0.94	0.98	0.93	0.06	…	0.06	…
0.70	0.73	1.09	0.89	0.78	0.83	…	…	0.05	…
0.64	0.71	1.14	0.90	0.69	0.90	…	…	0.04	…
0.59	0.65	1.19	0.90	0.64	0.86	…	…	0.12	…
0.56	0.64	1.15	0.87	0.75	0.82	…	…	0.13	…
0.52	0.62	1.17	0.90	0.67	0.90	…	…	0.12	…
0.52	0.62	1.19	0.90	0.62	0.72	…	…	0.14	…
0.51	0.58	1.21	0.89	0.59	0.73	0.13	…	0.13	0.6
0.51	0.60	1.18	0.85	0.58	0.68	0.13	…	0.13	0.7
0.48	0.58	1.20	0.89	0.52	0.65	0.13	…	0.13	0.9
0.47	0.59	1.17	0.85	0.49	0.70	0.14	…	0.13	1.1
0.49	0.62	1.18	0.89	0.52	0.73	0.16	…	0.14	1.1
0.49	0.66	1.20	0.87	0.51	0.65	0.21	…	0.14	1.3
0.49	0.68	1.16	0.87	0.54	0.63	0.29	…	0.15	1.27
0.48	0.67	1.17	0.85	0.61	0.68	0.49	…	0.14	1.34
0.49	0.66	1.12	0.83	0.67	0.68	0.49	…	0.15	1.29
0.51	0.69	1.20	0.84	0.72	0.71	0.50	…	0.16	1.46
0.50	0.69	1.24	0.85	0.78	0.74	0.49	…	0.16	1.56
0.54	0.71	1.32	0.83	0.80	0.85	…	…	…	2.77
0.59	0.76	1.36	0.87	0.88	0.82	…	…	…	2.74
0.64	0.80	1.42	0.92	0.93	0.89	…	…	…	2.72
0.70	0.82	1.52	0.97	1.04	0.89	…	…	…	2.56
0.79	0.88	1.61	1.02	1.18	0.97	…	…	…	2.62
0.88	0.95	1.69	1.11	1.41	0.99	…	…	…	2.63
1.12	1.02	1.87	1.20	2.21	1.18	…	…	…	2.63
1.33	1.18	2.00	1.25	2.00	1.20	…	…	…	2.72
1.41	1.29	3.33	1.27	2.14	1.29	…	…	…	2.95
1.47	1.39	3.14	1.39	2.28	1.74	0.47	…	…	3.08
1.52	1.45	2.64	1.51	2.40	4.50	0.48	…	…	3.35
1.55	1.51	2.47	1.65	2.45	3.18	0.56	…	…	3.47
1.60	1.54	2.45	1.66	2.72	2.83	0.52	…	0.45	3.49
1.69	1.62	2.45	1.64	2.62	2.61	0.39	0.61	0.49	3.61
1.82	1.62	2.39	1.73	2.77	2.67	0.57	0.64	…	3.50
2.00	1.74	2.43	1.75	2.76	2.77	0.61	0.75	…	3.47
2.16	1.74	2.49	1.81	2.81	2.90	0.64	0.74	…	3.35
2.27	1.86	2.47	1.82	2.86	2.83	0.71	0.83	0.76	3.47
2.36	1.93	2.44	1.74	2.78	2.76	0.85	0.80	0.59	3.39
2.35	1.95	2.37	1.76	3.08	2.52	0.90	0.80	0.58	3.36
2.05	1.89	2.28	1.75	2.95	2.46	0.89	0.88	0.69	3.36
1.89	2.01	2.19	1.76	2.88	2.44	0.92	0.89	…	3.98
1.89	2.08	2.10	1.93	2.89	2.48	0.91	0.97	…	3.90
1.90	2.18	2.22	1.91	2.86	2.46	0.95	0.96	…	3.95
1.90	2.40	2.26	1.96	2.88	2.50	1.00	1.16	…	3.77
1.88	2.41	2.34	2.00	2.96	2.64	1.06	1.38	…	4.03
2.01	2.38	2.53	2.11	3.01	2.61	1.17	1.26	0.82	4.31
2.00	2.54	2.48	2.18	3.08	2.73	1.25	1.17	0.81	4.48
2.35	2.54	2.53	2.23	2.97	2.70	1.30	1.06	…	4.60
2.21	2.38	2.54	2.23	2.89	2.75	1.46	1.19	0.90	4.51
2.25	2.28	2.42	2.29	2.91	2.87	1.75	1.21	…	3.81
2.16	2.26	2.37	2.41	2.72	2.77	1.98	1.24	…	3.77
2.07	2.11	2.35	2.51	2.70	2.75	2.52	0.76	…	3.42
2.12	2.04	2.37	2.91	2.70	2.78	2.53	0.71	…	3.62
2.18	2.24	2.42	1.46	2.62	2.61	2.55	0.68	…	4.28
2.31	2.28	2.36	2.17	2.65	2.85	2.85	1.17	…	5.23
2.1	2.3	2.4	2.2	2.7	2.7	3.0	1.3	…	5.9
1.9	2.4	2.4	2.3	2.8	2.7	3.5	1.5	…	5.5
1.9	2.4	2.2	2.4	2.8	2.6	2.9	1.5	…	4.4
2.0	2.4	2.2	2.9	2.6	2.6	2.6	1.5	…	4.2
1.9	2.3	2.2	2.8	…	2.5	2.4	1.5	…	4.5
2.0	2.2	2.3	2.6	*2.4	2.3	*2.6	1.5	…	4.8
…	…	…	…	…	…	…	…	…	…

Notes: 1) Data of Czech Republic of years before 1991 are those of Czechoslovakia.
    2) Data of Germany of years 1947-1959 are data excluding those of West Berlin.
      Data of Germany of years before 1990 are those of the former West Germany.
    3) Data of United Kingdom of years before 1970 are those of England and Wales.
    4) Data of Russian of years before 1986 are those of the former Soviet Union.
*Provisional
Sources: U.N. "Demographic Yearbook"

第30表　年次・離婚の種類別日本における

Table 30. Trends in divorces and percent distribution

離婚件数
Divorces
(組) (Couples)

年次 Year		総数 Total	協議離婚 Divorces by mutual agreement	調停離婚 Divorces by conciliation	審判離婚 Divorces by adjustment	和解離婚 Divorces by compromise	認諾離婚 Divorces by acknowledgment of claim	判決離婚 Judicial divorces
1955	昭和30年	160	122	13	1	・	・	24
56	31	208	168	8	-	・	・	32
57	32	177	138	19	-	・	・	20
58	33	211	191	6	-	・	・	14
59	34	251	213	11	-	・	・	27
1960	35	283	241	16	-	・	・	26
61	36	275	227	15	1	・	・	32
62	37	280	232	18	1	・	・	29
63	38	271	223	14	-	・	・	34
64	39	308	261	18	2	・	・	27
65	40	362	328	7	1	・	・	26
66	41	418	362	33	1	・	・	22
67	42	448	404	23	-	・	・	21
68	43	480	427	29	1	・	・	23
69	44	527	466	39	1	・	・	21
1970	45	589	528	45	2	・	・	14
71	46	658	590	45	-	・	・	23
72	47	750	685	40	3	・	・	22
73	48	746	679	44	2	・	・	21
74	49	892	812	47	3	・	・	30
75	50	888	809	43	2	・	・	34
76	51	898	822	46	2	・	・	28
77	52	960	891	42	1	・	・	26
78	53	965	885	48	3	・	・	29
79	54	1 088	1 013	41	-	・	・	34
1980	55	1 144	1 056	49	5	・	・	34
81	56	1 196	1 108	56	3	・	・	29
82	57	1 422	1 309	84	4	・	・	25
83	58	1 488	1 373	79	5	・	・	31
84	59	1 433	1 317	81	4	・	・	31
85	60	1 572	1 437	84	13	・	・	38
86	61	1 401	1 312	53	4	・	・	32
87	62	1 440	1 301	90	9	・	・	40
88	63	1 458	1 325	79	11	・	・	43
89	平成元年	1 540	1 369	112	8	・	・	51
1990	2	1 586	1 478	83	1	・	・	24
91	3	1 558	1 469	56	4	・	・	29
92	4	1 165	1 099	52	1	・	・	13
93	5	1 176	1 111	49	2	・	・	14
94	6	1 174	1 096	57	-	・	・	21
95	7	1 152	1 085	57	1	・	・	9
96	8	1 233	1 148	56	2	・	・	27
97	9	1 232	1 136	70	1	・	・	25
98	10	1 418	1 327	66	3	・	・	22
99	11	1 506	1 407	71	3	・	・	25
2000	12	1 506	1 390	85	5	・	・	26
01	13	1 572	1 446	98	4	・	・	24
02	14	1 640	1 500	122	2	・	・	16
03	15	1 675	1 544	110	3	・	・	18
04	16	1 637	1 432	160	8	5	-	32
05	17	1 246	1 051	154	7	8	-	26
06	18	1 303	1 100	156	10	12	-	25
07	19	1 476	1 222	199	16	13	-	26
08	20	1 533	1 292	194	3	11	-	33

注：平成16年の「和解離婚」と「認諾離婚」は、4月からの数値である。

外国人の離婚件数・構成割合 —昭和30～平成20年—
of foreigners in Japan by legal type, 1955-2008

構成割合
Percent distribution

(%)

年次 Year	総数 Total	協議離婚 Divorces by mutual agreement	調停離婚 Divorces by conciliation	審判離婚 Divorces by adjustment	和解離婚 Divorces by compromise	認諾離婚 Divorces by acknowledgment of claim	判決離婚 Judicial divorces
1955 昭和30年	100.0	76.3	8.1	0.6	・	・	15.0
56　31	100.0	80.8	3.8	-	・	・	15.4
57　32	100.0	78.0	10.7	-	・	・	11.3
58　33	100.0	90.5	2.8	-	・	・	6.6
59　34	100.0	84.9	4.4	-	・	・	10.8
1960　35	100.0	85.2	5.7	-	・	・	9.2
61　36	100.0	82.5	5.5	0.4	・	・	11.6
62　37	100.0	82.9	6.4	0.4	・	・	10.4
63　38	100.0	82.3	5.2	-	・	・	12.5
64　39	100.0	84.7	5.8	0.6	・	・	8.8
65　40	100.0	90.6	1.9	0.3	・	・	7.2
66　41	100.0	86.6	7.9	0.2	・	・	5.3
67　42	100.0	90.2	5.1	-	・	・	4.7
68　43	100.0	89.0	6.0	0.2	・	・	4.8
69　44	100.0	88.4	7.4	0.2	・	・	4.0
1970　45	100.0	89.6	7.6	0.3	・	・	2.4
71　46	100.0	89.7	6.8	-	・	・	3.5
72　47	100.0	91.3	5.3	0.4	・	・	2.9
73　48	100.0	91.0	5.9	0.3	・	・	2.8
74　49	100.0	91.0	5.3	0.3	・	・	3.4
75　50	100.0	91.1	4.8	0.2	・	・	3.8
76　51	100.0	91.5	5.1	0.2	・	・	3.1
77　52	100.0	92.8	4.4	0.1	・	・	2.7
78　53	100.0	91.7	5.0	0.3	・	・	3.0
79　54	100.0	93.1	3.8	-	・	・	3.1
1980　55	100.0	92.3	4.3	0.4	・	・	3.0
81　56	100.0	92.6	4.7	0.3	・	・	2.4
82　57	100.0	92.1	5.9	0.3	・	・	1.8
83　58	100.0	92.3	5.3	0.3	・	・	2.1
84　59	100.0	91.9	5.7	0.3	・	・	2.2
85　60	100.0	91.4	5.3	0.8	・	・	2.4
86　61	100.0	93.6	3.8	0.3	・	・	2.3
87　62	100.0	90.3	6.3	0.6	・	・	2.8
88　63	100.0	90.9	5.4	0.8	・	・	2.9
89 平成元年	100.0	88.9	7.3	0.5	・	・	3.3
1990　2	100.0	93.2	5.2	0.1	・	・	1.5
91　3	100.0	94.3	3.6	0.3	・	・	1.9
92　4	100.0	94.3	4.5	0.1	・	・	1.1
93　5	100.0	94.5	4.2	0.2	・	・	1.2
94　6	100.0	93.4	4.9	-	・	・	1.8
95　7	100.0	94.2	4.9	0.1	・	・	0.8
96　8	100.0	93.1	4.5	0.2	・	・	2.2
97　9	100.0	92.2	5.7	0.1	・	・	2.0
98　10	100.0	93.6	4.7	0.2	・	・	1.6
99　11	100.0	93.4	4.7	0.2	・	・	1.7
2000　12	100.0	92.3	5.6	0.3	・	・	1.7
01　13	100.0	92.0	6.2	0.3	・	・	1.5
02　14	100.0	91.5	7.4	0.1	・	・	1.0
03　15	100.0	92.2	6.6	0.2	・	・	1.1
04　16	100.0	87.5	9.8	0.5	0.3	-	2.0
05　17	100.0	84.3	12.4	0.6	0.6	-	2.1
06　18	100.0	84.4	12.0	0.8	0.9	-	1.9
07　19	100.0	82.8	13.5	1.1	0.9	-	1.8
08　20	100.0	84.3	12.7	0.2	0.7	-	2.2

Note: Figures for divorces by compromise and by acknowledgment of claim include April through December of 2004.

第31表　年次・離婚の種類別外国における
Table 31. Trends in divorces and percent distribution of

離婚件数　　　（組）
Divorces　　(Couples)

年次 Year		総数 Total	協議離婚 Divorces by mutual agreement	調停離婚 Divorces by conciliation	審判離婚 Divorces by adjustment	和解離婚 Divorces by compromise	認諾離婚 Divorces by acknowledgment of claim	判決離婚 Judicial divorces
1955	昭和30年	67	57	2	1	・	・	7
56	31	72	68	-	-	・	・	4
57	32	85	68	4	1	・	・	12
58	33	68	61	3	-	・	・	4
59	34	89	74	2	1	・	・	12
1960	35	74	67	3	-	・	・	4
61	36	94	80	5	-	・	・	9
62	37	102	89	2	-	・	・	11
63	38	91	80	3	1	・	・	7
64	39	94	79	3	2	・	・	10
65	40	102	90	4	1	・	・	7
66	41	103	73	5	1	・	・	24
67	42	85	73	4	1	・	・	7
68	43	131	103	5	-	・	・	23
69	44	117	90	4	3	・	・	20
1970	45	155	120	9	2	・	・	24
71	46	157	114	14	3	・	・	26
72	47	137	103	10	2	・	・	22
73	48	114	92	5	1	・	・	16
74	49	146	115	8	-	・	・	23
75	50	163	123	8	3	・	・	29
76	51	204	143	8	3	・	・	50
77	52	185	129	9	2	・	・	45
78	53	210	137	13	1	・	・	59
79	54	255	170	6	3	・	・	76
1980	55	272	192	12	3	・	・	65
81	56	267	186	6	6	・	・	69
82	57	343	208	11	4	・	・	120
83	58	298	159	9	2	・	・	128
84	59	286	167	11	5	・	・	103
85	60	318	216	11	5	・	・	86
86	61	331	228	15	2	・	・	86
87	62	369	252	9	9	・	・	99
88	63	381	256	11	3	・	・	111
89	平成元年	453	311	15	4	・	・	123
1990	2	495	374	4	5	・	・	112
91	3	584	431	22	2	・	・	129
92	4	620	472	19	4	・	・	125
93	5	655	505	10	3	・	・	137
94	6	643	462	18	3	・	・	160
95	7	729	541	18	5	・	・	165
96	8	807	616	18	5	・	・	168
97	9	1 008	773	15	3	・	・	217
98	10	1 070	756	29	1	・	・	284
99	11	1 063	816	17	2	・	・	228
2000	12	1 171	887	28	10	・	・	246
01	13	1 226	905	18	3	・	・	300
02	14	1 264	933	30	3	・	・	298
03	15	1 340	993	27	3	・	・	317
04	16	1 436	1 061	28	8	4	-	335
05	17	1 569	1 134	20	7	9	-	399
06	18	1 677	1 205	31	4	4	-	433
07	19	1 783	1 304	37	5	6	1	430
08	20	1 869	1 369	30	3	11	-	456

注：平成16年の「和解離婚」と「認諾離婚」は、4月からの数値である。

日本人の離婚件数・構成割合 －昭和30～平成20年－
Japanese in foreign countries by legal type, 1955-2008

構成割合
Percent distribution (%)

年次 Year	総数 Total	協議離婚 Divorces by mutual agreement	調停離婚 Divorces by conciliation	審判離婚 Divorces by adjustment	和解離婚 Divorces by compromise	認諾離婚 Divorces by acknowledgment of claim	判決離婚 Judicial divorces
1955 昭和30年	100.0	85.1	3.0	1.5	・	・	10.4
56 31	100.0	94.4	-	-	・	・	5.6
57 32	100.0	80.0	4.7	1.2	・	・	14.1
58 33	100.0	89.7	4.4	-	・	・	5.9
59 34	100.0	83.1	2.2	1.1	・	・	13.5
1960 35	100.0	90.5	4.1	-	・	・	5.4
61 36	100.0	85.1	5.3	-	・	・	9.6
62 37	100.0	87.3	2.0	-	・	・	10.8
63 38	100.0	87.9	3.3	1.1	・	・	7.7
64 39	100.0	84.0	3.2	2.1	・	・	10.6
65 40	100.0	88.2	3.9	1.0	・	・	6.9
66 41	100.0	70.9	4.9	1.0	・	・	23.3
67 42	100.0	85.9	4.7	1.2	・	・	8.2
68 43	100.0	78.6	3.8	-	・	・	17.6
69 44	100.0	76.9	3.4	2.6	・	・	17.1
1970 45	100.0	77.4	5.8	1.3	・	・	15.5
71 46	100.0	72.6	8.9	1.9	・	・	16.6
72 47	100.0	75.2	7.3	1.5	・	・	16.1
73 48	100.0	80.7	4.4	0.9	・	・	14.0
74 49	100.0	78.8	5.5	-	・	・	15.8
75 50	100.0	75.5	4.9	1.8	・	・	17.8
76 51	100.0	70.1	3.9	1.5	・	・	24.5
77 52	100.0	69.7	4.9	1.1	・	・	24.3
78 53	100.0	65.2	6.2	0.5	・	・	28.1
79 54	100.0	66.7	2.4	1.2	・	・	29.8
1980 55	100.0	70.6	4.4	1.1	・	・	23.9
81 56	100.0	69.7	2.2	2.2	・	・	25.8
82 57	100.0	60.6	3.2	1.2	・	・	35.0
83 58	100.0	53.4	3.0	0.7	・	・	43.0
84 59	100.0	58.4	3.8	1.7	・	・	36.0
85 60	100.0	67.9	3.5	1.6	・	・	27.0
86 61	100.0	68.9	4.5	0.6	・	・	26.0
87 62	100.0	68.3	2.4	2.4	・	・	26.8
88 63	100.0	67.2	2.9	0.8	・	・	29.1
89 平成元年	100.0	68.7	3.3	0.9	・	・	27.2
1990 2	100.0	75.6	0.8	1.0	・	・	22.6
91 3	100.0	73.8	3.8	0.3	・	・	22.1
92 4	100.0	76.1	3.1	0.6	・	・	20.2
93 5	100.0	77.1	1.5	0.5	・	・	20.9
94 6	100.0	71.9	2.8	0.5	・	・	24.9
95 7	100.0	74.2	2.5	0.7	・	・	22.6
96 8	100.0	76.3	2.2	0.6	・	・	20.8
97 9	100.0	76.7	1.5	0.3	・	・	21.5
98 10	100.0	70.7	2.7	0.1	・	・	26.5
99 11	100.0	76.8	1.6	0.2	・	・	21.4
2000 12	100.0	75.7	2.4	0.9	・	・	21.0
01 13	100.0	73.8	1.5	0.2	・	・	24.5
02 14	100.0	73.8	2.4	0.2	・	・	23.6
03 15	100.0	74.1	2.0	0.2	・	・	23.7
04 16	100.0	73.9	1.9	0.6	0.3	-	23.3
05 17	100.0	72.3	1.3	0.4	0.6	-	25.4
06 18	100.0	71.9	1.8	0.2	0.2	-	25.8
07 19	100.0	73.1	2.1	0.3	0.3	0.1	24.1
08 20	100.0	73.2	1.6	0.2	0.6	-	24.4

Note: Figures for divorces by compromise and by acknowledgment of claim include April through December of 2004.

第32表 家庭裁判所の婚姻関係事件数における年次・夫妻の申し立ての

Table 32. Trends in proportion of motivations for filing marriage-related

夫 Husband

年次 Year		暴力を振るう Violence	性格が合わない Personality clash	異性関係 Unchastity	生活費を渡さない Refusal to provide money for living expences	酒を飲み過ぎる Excessive drinking	家庭を捨てて省みない Abandonment of the family
1975	昭和50年	3.2	56.1	22.8	0.9	1.6	17.2
76	51	3.3	55.9	22.6	1.1	1.9	15.9
77	52	3.1	56.4	22.2	1.2	2.0	16.4
78	53	2.9	56.7	24.3	1.1	2.2	16.6
79	54	3.0	58.0	24.4	0.9	2.0	17.2
1980	55	2.8	58.1	23.3	1.0	2.2	16.5
81	56	3.4	57.3	23.5	1.1	2.2	15.9
82	57	3.1	58.5	24.0	1.1	2.3	15.5
83	58	3.2	58.4	23.8	1.4	2.5	15.6
84	59	3.1	58.1	23.3	1.0	2.4	14.6
85	60	2.9	59.3	23.2	1.1	2.5	13.9
86	61	3.3	60.4	23.4	1.0	2.3	14.1
87	62	3.2	60.5	23.1	1.3	2.4	14.8
88	63	3.9	61.4	22.4	1.3	2.5	14.4
89	平成元年	3.4	60.9	22.4	1.1	2.4	14.5
1990	2	3.9	60.6	22.2	1.0	2.3	13.8
91	3	3.7	62.5	22.2	1.0	2.2	12.4
92	4	3.5	61.9	22.5	0.9	2.2	12.3
93	5	3.9	62.1	21.4	1.0	2.1	11.9
94	6	3.8	62.7	21.4	1.0	2.2	11.5
95	7	3.9	63.8	20.7	1.2	2.1	10.9
96	8	3.8	63.5	20.9	1.2	2.2	10.3
97	9	4.1	63.8	20.4	1.1	2.1	10.5
98	10	4.4	64.0	20.0	1.6	2.2	9.9
99	11	4.9	63.5	19.0	1.6	2.3	9.1
2000	12	5.3	63.2	19.3	1.5	2.2	8.8
01	13	5.6	62.6	19.4	1.8	2.3	8.4
02	14	5.5	61.0	19.5	2.0	2.1	7.9
03	15	5.8	61.3	19.3	1.9	2.4	8.4
04	16	7.1	61.5	19.4	2.5	2.6	8.1
05	17	6.7	61.0	18.3	2.3	2.6	7.3
06	18	6.4	62.6	17.8	2.4	2.5	7.2
07	19	7.2	62.6	17.8	2.4	2.6	7.1
08	20	7.5	62.1	18.2	2.6	2.6	6.8

妻 Wife

年次 Year		暴力を振るう Violence	性格が合わない Personality clash	異性関係 Unchastity	生活費を渡さない Refusal to provide money for living expences	酒を飲み過ぎる Excessive drinking	家庭を捨てて省みない Abandonment of the family
1975	昭和50年	37.6	36.1	34.3	20.9	18.2	17.8
76	51	37.8	37.4	33.1	21.4	17.6	17.4
77	52	38.0	39.2	32.3	22.4	17.9	17.6
78	53	38.1	39.5	32.1	23.0	17.4	17.9
79	54	37.5	39.7	33.3	23.5	18.0	17.9
1980	55	37.1	41.4	33.0	22.4	17.3	17.6
81	56	37.5	41.6	32.3	22.3	17.7	17.1
82	57	37.1	42.2	31.7	22.6	17.6	16.9
83	58	36.4	42.5	30.8	22.9	17.5	16.8
84	59	36.2	42.9	30.3	23.9	16.8	16.4
85	60	36.4	43.9	30.7	23.0	16.7	16.6
86	61	35.9	45.4	31.4	23.0	16.1	17.0
87	62	35.6	45.2	31.0	23.0	16.1	17.3
88	63	35.4	45.8	31.2	22.5	15.6	17.0
89	平成元年	34.5	46.0	31.2	21.8	15.5	17.6
1990	2	34.7	46.5	31.4	21.0	15.0	17.6
91	3	33.6	46.2	32.0	20.0	14.4	17.4
92	4	33.1	47.0	31.9	20.1	13.6	17.2
93	5	31.9	46.7	31.2	21.6	13.6	17.1
94	6	31.6	46.5	31.4	22.5	12.6	17.8
95	7	31.0	46.2	30.5	23.0	12.4	17.6
96	8	31.3	46.6	29.3	22.4	11.9	17.1
97	9	30.9	46.9	29.2	22.5	11.7	16.9
98	10	30.7	47.6	27.9	23.0	11.5	16.5
99	11	31.1	46.3	27.4	23.0	11.3	16.1
2000	12	30.8	46.2	27.5	22.0	10.7	15.7
01	13	30.2	45.5	27.3	22.6	10.1	14.8
02	14	30.0	43.6	27.2	23.8	9.8	14.2
03	15	29.6	43.1	27.3	24.6	9.4	14.3
04	16	29.9	43.6	27.1	24.5	9.6	13.8
05	17	29.7	43.9	26.5	23.7	9.4	13.0
06	18	28.7	44.3	26.1	24.2	9.0	12.7
07	19	29.1	45.5	26.2	24.2	9.0	12.4
08	20	29.4	44.2	26.1	23.5	9.1	12.6

注：申立ての動機は、1件につき3個まで重複計上してあるので、各動機ごとの割合を合計しても100にはならない。
資料：最高裁判所事務総局「司法統計年報」による。

動機別申し立て総数に対する割合 －昭和50～平成20年－
suits to the family court by husband and wife, 1975-2008

(%)

精神的に虐待する Mental abuse	浪費する Wasteful habits	家族親族と折り合いが悪い Inability to get along well with the family and relatives	異常性格 Abnormal characters	同居に応じない Unwillingness of cohabitation	性的不調和 Sexual discord	病気 Illness
9.1	7.9	19.7	13.2	25.7	8.1	4.8
9.6	8.5	20.0	13.4	26.2	8.2	5.0
9.5	8.2	20.6	13.3	27.1	8.8	4.9
9.8	8.7	20.8	13.4	26.5	8.5	4.7
9.7	9.0	20.4	13.5	26.7	8.7	5.0
9.4	9.4	21.7	13.8	25.2	8.8	4.6
10.5	9.8	20.4	13.0	25.4	9.0	4.4
10.7	10.7	21.1	13.7	23.7	8.9	4.2
10.5	11.6	20.1	13.4	22.7	9.5	3.9
10.1	12.5	20.4	13.1	21.6	9.6	3.9
10.9	11.6	20.9	13.2	21.1	9.6	3.7
11.5	11.4	21.5	13.7	20.8	10.4	4.0
11.9	11.7	21.6	14.3	20.5	9.9	3.9
11.3	11.8	22.3	14.1	20.4	9.7	3.9
12.2	12.1	21.8	13.1	19.6	9.8	4.3
11.5	11.6	21.8	13.3	19.2	10.5	4.0
11.1	12.2	21.2	13.4	16.9	10.6	3.9
10.9	12.7	20.3	13.7	16.6	10.4	3.7
10.7	13.2	20.5	13.2	16.6	10.8	3.6
11.4	13.4	21.1	13.7	15.0	11.9	3.4
11.5	13.3	21.3	13.3	14.3	12.0	3.1
10.7	13.4	20.1	13.5	13.7	10.6	3.5
11.2	14.2	19.7	13.9	13.9	10.2	3.5
11.4	13.9	18.9	13.4	12.3	10.5	3.6
11.5	13.5	18.5	13.8	11.6	10.6	3.2
11.8	13.8	17.6	14.5	10.8	11.1	3.4
12.9	13.7	17.9	13.7	11.1	11.6	3.2
13.7	13.5	18.0	13.8	10.8	12.6	3.5
12.9	13.6	17.6	13.4	10.7	12.4	3.3
13.6	13.5	17.0	14.0	10.3	14.0	3.4
13.0	13.1	16.4	14.3	10.3	13.7	3.5
13.5	13.6	15.6	14.1	9.9	13.4	3.7
13.5	13.7	15.7	14.9	9.6	13.0	4.3
13.7	13.0	15.7	14.5	9.5	13.6	4.5

(%)

精神的に虐待する Mental abuse	浪費する Wasteful habits	家族親族と折り合いが悪い Inability to get along well with the family and relatives	異常性格 Abnormal characters	同居に応じない Unwillingness of cohabitation	性的不調和 Sexual discord	病気 Illness
17.0	13.0	11.3	8.6	7.8	4.4	2.1
16.6	14.8	11.2	8.9	7.3	4.5	2.3
17.2	14.9	11.8	8.7	7.0	4.4	2.1
17.2	15.5	11.6	9.2	6.7	4.3	2.1
16.8	15.7	11.4	9.1	7.0	4.4	2.0
16.7	16.1	11.6	9.0	6.4	4.7	2.0
17.9	16.0	11.5	8.5	6.0	4.7	2.0
17.7	16.4	11.5	9.0	5.6	4.8	1.7
17.2	18.8	11.2	8.6	5.4	4.8	1.9
17.4	18.3	11.8	8.9	5.0	4.9	1.8
17.8	17.2	11.8	8.9	4.8	4.9	1.8
18.3	16.4	12.6	9.2	5.2	5.0	1.9
19.2	16.1	13.0	9.6	4.9	5.2	1.9
19.3	16.1	13.4	9.7	5.1	5.3	1.9
19.7	15.5	13.6	9.1	5.0	5.4	2.0
19.6	15.9	13.6	9.4	5.0	5.6	2.0
19.2	16.3	13.1	9.2	4.5	6.0	1.9
19.2	16.6	12.3	9.2	4.2	6.0	1.9
18.9	17.0	12.6	9.2	4.6	6.2	1.7
19.1	18.5	12.7	9.1	4.1	6.3	1.8
19.7	18.1	12.8	8.9	4.1	6.1	1.6
19.7	17.7	12.2	8.7	4.0	5.9	1.6
19.9	17.5	11.8	8.9	3.8	5.8	1.6
20.7	17.5	12.1	9.2	3.5	5.8	1.8
22.0	17.8	11.4	9.0	3.2	5.9	1.7
23.0	17.5	11.1	9.1	3.1	6.5	1.6
25.1	16.9	10.8	8.3	3.1	8.1	1.8
26.2	16.6	10.8	8.5	3.1	8.7	1.8
25.9	16.9	10.4	8.2	2.9	8.4	1.7
25.7	17.6	9.9	8.5	2.9	9.6	1.9
25.0	16.7	9.6	8.9	2.9	9.8	2.1
24.4	16.5	9.1	8.9	2.9	9.8	2.2
24.5	16.4	8.8	9.2	2.8	9.6	2.3
25.0	16.0	8.8	9.5	3.0	9.6	2.2

Note: Up to 3 motives for filing are chosen and added up for each case. Therefore total of the rates of each motives may not equal 100.
Sources: "Annual Report of Judicial Statistics" by General Secretariat, Supreme Court

第33表　家庭裁判所の婚姻関係事件数における申立人・
Table 33. Percent distribution of marriage-related suits filed to the family court by

区分 Category		総数 Total	認容 Admitted			却下 Rejected	調停 Conciliation		
			総数 Total	婚姻継続 Marrige continued			総数 Total	調停離婚 Divorces by conciliation	協議離婚届出 Registration of divorce by mutual agreement
				別居 Separation	同居 Cohabitation				
総数 Total		100.0	1.9	1.8	0.1	0.1	50.8	39.3	0.7
申立人 Petitioner	夫の申し立て Filed by husband	100.0	0.5	0.5	0.0	0.2	47.0	40.0	0.8
	妻の申し立て Filed by wife	100.0	2.4	2.4	0.1	0.1	52.3	39.0	0.7
申し立ての趣旨 Purpose of petition	離婚 Divorce	100.0	–	–	–	–	52.4	47.0	0.8
	円満調整 Successful adjustment	100.0	0.0	0.0	–	–	34.7	18.1	0.7
	同居・協力扶助 Cohabitation / cooperation or assistance	100.0	2.4	2.4	–	7.1	17.3	6.5	–
	婚姻費用分担 Shared payment of marriage expenses	100.0	11.6	11.3	0.3	0.6	49.0	10.2	0.4
婚姻期間 Duration of marriage	6月未満 Under 6 months	100.0	0.7	0.7	–	–	47.7	39.9	2.0
	6月以上1年未満 6 months to under 1 year	100.0	1.7	1.5	0.1	0.1	52.4	45.0	0.7
	1～2	100.0	1.4	1.4	–	0.1	55.1	46.4	1.3
	2～3	100.0	1.5	1.5	–	0.1	53.6	44.4	0.8
	3～4	100.0	1.6	1.6	0.1	0.1	54.5	44.8	0.6
	4～5	100.0	1.3	1.3	0.0	0.0	54.6	44.7	0.8
	5～6	100.0	1.6	1.6	0.0	0.1	53.7	42.5	0.9
	6～7	100.0	1.7	1.6	0.1	0.1	52.5	42.8	0.6
	7～8	100.0	1.9	1.9	–	0.2	51.1	40.2	0.7
	8～9	100.0	1.7	1.6	0.0	0.1	54.9	43.3	0.7
	9～10	100.0	1.9	1.9	–	0.2	51.5	40.9	0.7
	10～11	100.0	2.0	2.0	0.0	0.0	53.3	41.6	1.0
	11～12	100.0	2.2	2.2	–	0.1	52.7	40.8	0.4
	12～13	100.0	2.2	2.1	0.1	0.1	51.4	39.0	0.4
	13～14	100.0	2.2	2.1	0.0	0.0	50.3	38.2	1.0
	14～15	100.0	1.7	1.6	0.1	0.2	50.1	37.7	0.3
	15～16	100.0	2.6	2.4	0.2	0.1	49.8	38.1	0.4
	16～17	100.0	2.2	2.1	0.1	0.6	50.7	37.8	0.7
	17～18	100.0	2.2	2.0	0.2	0.1	49.5	36.3	0.3
	18～19	100.0	2.0	2.0	–	0.3	48.4	36.6	0.7
	19～20	100.0	2.0	2.0	–	0.1	49.3	34.3	0.8
	20～25	100.0	2.7	2.5	0.1	0.2	48.3	35.4	0.6
	25年以上 and over	100.0	2.1	2.1	0.1	0.2	43.2	28.5	0.5
	不詳 Unknown	100.0	–	–	–	–	58.3	55.6	–
同居・別居 Cohabitation/ Separation 別居期間 Duration of separation	同居 Cohabitation	100.0	0.5	0.3	0.2	0.0	43.1	32.5	0.6
	別居 Separation	100.0	2.3	2.3	0.0	0.1	52.8	41.1	0.7
	2月未満 Under 2 months	100.0	1.2	1.1	0.0	0.0	50.2	40.4	0.6
	2月以上3月未満 2 months to under 3 months	100.0	1.8	1.8	0.0	0.1	53.3	41.6	0.7
	3月～6月	100.0	2.1	2.1	0.0	0.1	54.7	41.6	0.8
	6月～1年	100.0	3.0	2.9	0.0	0.2	54.8	41.4	0.6
	1年～2年	100.0	3.3	3.3	0.0	0.3	54.8	42.3	1.0
	2年～3年	100.0	3.3	3.3	0.0	0.4	53.7	41.6	1.3
	3年以上 and over	100.0	2.7	2.7	0.0	0.3	49.8	39.2	0.6
	期間不詳 Unknown period	100.0	0.4	0.4	–	–	55.5	41.7	1.6
	同居とも別居ともいえない Ambiguous whether cohabitation or separation	100.0	0.7	0.7	–	0.1	44.9	33.9	0.4

資料：最高裁判所事務総局「司法統計年報」による。

申し立ての趣旨・婚姻期間・別居期間・終局区分別構成割合 －平成20年－
petitioner, purpose of petition, duration of marriage, duration of separation and final conclusion, 2008

(%)

成立 reached			調停不成立 Conciliation not reached	調停をしない Conciliation not used	24条の審判 Sentence by Article 24	取下げ Withdrawn						当然終了 Natural termination
婚姻継続 Marriage continued						総数 Total	協議離婚成立 Reached divorce by agreement	円満同居 Successful cohabitation	金員の支払等の協議成立 Reached agreement on monetary payment etc.	話合いがつかない Negotiation failed	その他・不詳 Others/ unknown	
別居 Separation	同居 Cohabitation											
9.0	1.8	16.7	1.1	0.1	29.1	5.3	2.9	0.9	5.5	14.5	0.2
4.7	1.4	22.7	1.1	0.1	28.2	3.8	3.3	0.4	6.7	14.2	0.2
10.6	1.9	14.5	1.0	0.1	29.4	5.9	2.8	1.2	5.0	14.6	0.1
3.4	1.3	20.1	1.1	0.1	26.1	5.4	2.7	0.4	5.4	12.2	0.1
8.5	7.5	17.4	1.9	0.1	45.6	2.6	9.1	0.5	10.8	22.6	0.3
9.5	1.2	1.8	1.8	-	68.5	0.6	2.4	1.8	19.6	44.0	1.2
35.9	2.4	0.6	0.8	-	37.2	5.7	1.6	3.8	3.9	22.2	0.2
4.7	1.1	14.5	1.5	-	35.4	8.4	3.9	1.5	4.3	17.3	0.2
5.4	1.3	13.3	1.8	-	30.7	7.8	3.7	1.1	3.7	14.5	-
6.3	1.0	12.4	1.6	0.3	29.1	7.1	3.2	1.3	3.9	13.7	0.0
7.2	1.2	15.0	1.5	0.2	28.0	7.5	2.7	0.9	3.5	13.4	0.1
7.6	1.4	14.7	1.3	0.1	27.7	5.9	3.2	1.2	4.3	13.1	0.1
8.1	1.1	14.0	1.2	0.2	28.5	6.2	2.8	1.1	4.8	13.6	0.2
8.7	1.7	15.2	1.1	-	28.0	5.6	3.5	0.6	4.0	14.3	0.1
7.5	1.6	15.0	1.2	0.1	29.4	6.3	3.1	0.9	4.4	14.6	0.2
8.8	1.4	16.9	1.1	-	28.8	6.3	3.5	0.8	4.9	13.3	0.1
9.3	1.6	15.4	1.2	0.1	26.6	5.8	2.4	1.0	5.0	12.3	-
8.4	1.5	16.4	1.1	0.3	28.7	4.9	3.5	1.1	5.3	14.0	0.0
9.1	1.6	16.0	0.7	0.1	27.8	4.8	2.5	0.7	5.9	13.9	0.1
9.8	1.7	15.6	1.2	0.0	28.0	4.5	2.5	1.0	5.7	14.4	0.2
10.3	1.7	17.4	0.8	-	27.9	5.2	2.6	0.9	5.2	13.9	0.2
9.9	1.1	18.5	0.7	-	27.9	4.1	2.0	1.2	5.8	14.7	0.2
10.1	2.0	17.1	1.3	0.1	29.5	5.7	2.3	0.7	6.4	14.3	0.1
9.1	2.2	16.2	1.0	-	30.1	5.6	3.1	0.9	5.4	14.6	0.2
10.4	1.8	17.3	0.8	0.1	28.2	5.1	2.7	0.8	5.7	13.8	0.1
10.7	2.1	18.2	0.6	0.1	29.2	3.9	3.3	0.6	5.3	16.1	0.1
9.1	2.0	18.4	0.7	-	29.9	4.0	2.4	0.7	6.8	16.0	0.3
12.4	1.8	18.8	0.7	-	28.8	4.4	1.8	0.8	7.7	14.1	0.3
10.4	1.9	18.9	0.8	0.1	28.8	3.9	2.5	0.9	6.4	15.0	0.3
10.8	3.4	21.3	0.7	0.1	32.0	3.4	3.2	0.9	7.9	16.7	0.3
2.8	-	5.6	2.8	-	33.3	-	5.6	-	5.6	22.2	-
4.1	5.9	14.9	1.5	0.0	39.9	5.9	6.9	0.8	6.7	19.5	0.1
10.2	0.8	17.2	0.9	0.1	26.3	5.1	1.9	1.0	5.1	13.2	0.2
7.9	1.2	15.7	1.2	0.0	31.6	7.1	4.0	0.9	4.6	15.0	0.2
9.9	1.0	15.6	1.1	0.1	28.0	5.9	2.3	1.0	4.9	13.9	0.0
11.5	0.9	16.3	0.8	0.1	25.9	4.9	1.9	1.2	4.8	13.0	0.1
11.9	0.8	17.0	0.7	0.2	24.1	4.3	1.1	1.1	5.0	12.6	0.1
11.0	0.5	17.3	0.8	0.2	23.1	4.0	0.9	0.9	5.5	11.7	0.2
10.5	0.3	18.1	1.4	0.2	22.8	4.0	0.5	0.9	5.1	12.4	0.3
9.6	0.3	22.4	0.8	0.2	23.6	3.8	0.5	0.8	6.6	11.9	0.3
11.8	0.4	15.7	2.0	-	25.6	2.8	3.9	0.4	2.8	15.7	0.8
8.5	2.1	16.0	2.8	-	35.3	6.4	3.5	0.6	7.8	16.9	0.3

Source: "Annual Report of Judicial Statistics" by General Secretariat, Supreme Court

Ⅲ 参 考

1　用語の解説

- **裁判離婚**：裁判所が関与して成立する離婚であって、調停離婚、審判離婚、和解離婚、認諾離婚及び判決離婚の5種があり、調停が成立したとき、和解が成立したとき、請求の認諾をしたとき、又は審判若しくは判決が確定したときに離婚の効果が生ずる。
（調停離婚、審判離婚、和解離婚、認諾離婚、判決離婚をまとめたもの。）
- **世帯の主な仕事**

世帯の主な仕事	略称	仕事の内容
農家世帯	農家	農業だけ又は農業とその他の仕事を持っている世帯
自営業者世帯	自営業	自由業・商工業・サービス業等を個人で経営している世帯
常用勤労者世帯（Ⅰ）	勤労者Ⅰ	企業・個人商店等（官公庁は除く）の常用勤労者世帯で勤め先の従事者数が1人～99人までの世帯 （日々または1年未満の契約の雇用者はその他の世帯）
常用勤労者世帯（Ⅱ）	勤労者Ⅱ	常用勤労者世帯（Ⅰ）にあてはまらない常用勤労者世帯及び会社団体の役員の世帯 （日々または1年未満の契約の雇用者はその他の世帯）
その他の世帯	その他	上記にあてはまらないその他の仕事をしている世帯
無職の世帯	無職	仕事をしている者のいない世帯

- **親権を行わなければならない子**：20歳未満の未婚の子をいう。
- **届　出　月**：協議離婚については届出月、調停・審判・和解・認諾及び判決離婚については、成立または確定の月である。
- **同年別居**：各届出年に同居をやめ届け出たものである。
- **同居期間**：結婚式を挙げたとき、または、同居を始めたときのうち早いほうから同居をやめたときまでの期間である。
- **別居期間**：同居をやめたときから届出までの期間である。

2　比率の解説

- 年齢階級別離婚率（同年別居） $= \dfrac{\text{同居をやめたときの年齢階級別離婚件数（同年別居）}}{\text{男女別当該年齢階級の人口}} \times 1,000$

- 年齢階級別有配偶離婚率（同年別居） $= \dfrac{\text{同居をやめたときの年齢階級別離婚件数（同年別居）}}{\text{男女別当該年齢階級の有配偶人口}} \times 1,000$

- 年齢階級別離婚率 $= \dfrac{\text{届出時年齢階級別離婚件数}}{\text{男女別当該年齢階級の人口}} \times 1,000$

Part III References

1 Explanation of terms

- **Court divorces:** Divorces that take effect through the involvement of the court, including divorces by conciliation, by adjustment, by compromise, by acknowledgment of claim and by judicial divorces, which respectively take effect when conciliation is reached, compromise is agreed, the claim is acknowledged, and when adjustment or judgment is finalized. (Collectively, the four types of divorce called court divorce.)

- **Type of occupation for household**

Type of occupation for household	Abbreviation	Description
Agricultural households	Agriculture	Households that are engaged in agriculture only, or in agriculture and other job(s)
Self-employed households	Self-employed	Households that manage businesses in service, commerce, industry etc. on their own
Employee households(I)	Employee(I)	Households of regular employed workers that work for companies, personal shops etc. (excluding government agencies), whose employees range from 1 to 99 (Households of contract workers on a daily basis or for less than 1 year are included in "Other households")
Employee or director households(II)	Employee or director(II)	Households of regular employed workers that are not included in "Employee households(I)", and household of directors or executive officers at corporate associations (Households of contract workers on a daily basis or for less than 1 year are included in "Other households")
Other households	Others	Households of other employees who are not included in above groups
Not working households	Not working	Households where no one is working

- **Children involved in divorce:** Unmarried children aged below 20 years old
- **Month of registration:** Month of registration for divorce by mutual agreement, and month of completion or finalization for divorce by conciliation, adjustment, compromise, acknowledgment of claim or judicial divorce
- **(Divorces of couples who) terminated cohabitation in the same year:** Divorces separated and registered in each year of registration
- **Duration of cohabitation:** Years until terminated cohabitation, from the time of wedding ceremony, or of starting cohabitation, whichever the earlier
- **Duration of separation:** Years from terminating cohabitation until registration of divorce

2 Explanation of ratio

- Divorce rate by age group (Couples who terminated cohabitation in the same year)
$$= \frac{\text{Divorces by age group at the time cohabitation terminated (couples who terminated cohabitation in the same year)}}{\text{Male or female population of the relevant age group}} \times 1{,}000$$

- Divorce rate by age group for married population (Couples who terminated cohabitation in the same year)
$$= \frac{\text{Divorces by age group at the time cohabitation terminated (couples who terminated cohabitation in the same year)}}{\text{Married male or female population of the relevant age group}} \times 1{,}000$$

- Divorce rate by age group
$$= \frac{\text{Divorces by age group at the time divorce registered}}{\text{Male or female population of the relevant age group}} \times 1{,}000$$

付　録
Appendix

基礎人口
Fundamental population

第 1 表　年次・性・
Table 1.　Trends in population by

総　数
Total

年　齢 Age	1935 *昭和10年	1950 *25	1955 *30	1960 *35	1965 *40	1970 *45
総　数 Total	69 254 148	83 199 637	89 275 529	93 418 501	98 274 961	103 119 447
0〜 4歳 Years	9 328 501	11 205 457	9 247 741	7 844 433	8 133 483	8 746 089
5〜 9	8 531 419	9 522 665	11 042 592	9 204 635	7 849 292	8 100 003
10〜14	7 685 247	8 699 917	9 507 817	11 017 538	9 183 407	7 799 284
15〜19	6 640 917	8 567 668	8 625 519	9 308 538	10 851 888	8 998 395
20〜24	6 071 071	7 725 542	8 403 243	8 318 450	9 068 689	10 594 925
25〜29	5 240 083	6 185 120	7 604 328	8 209 360	8 363 829	9 037 118
30〜34	4 632 637	5 202 237	6 116 932	7 517 805	8 257 330	8 327 691
35〜39	4 045 846	5 048 073	5 115 126	6 038 030	7 498 539	8 170 903
40〜44	3 406 011	4 482 980	4 945 330	5 019 130	5 961 402	7 305 820
45〜49	3 112 834	4 004 549	4 367 173	4 816 559	4 921 811	5 839 717
50〜54	2 832 875	3 388 668	3 849 490	4 201 390	4 657 998	4 776 975
55〜59	2 571 137	2 749 029	3 205 514	3 641 207	4 002 009	4 401 704
60〜64	1 930 611	2 303 895	2 496 593	2 931 617	3 344 459	3 709 919
65〜69	1 387 092	1 770 715	1 967 019	2 160 402	2 562 311	2 973 692
70〜74	913 423	1 281 608	1 392 662	1 563 804	1 744 561	2 127 751
75〜79	561 804	685 653	875 701	954 678	1 095 914	1 265 890
80〜84	263 979	275 783	377 787	482 925	528 116	648 477
85〜89	82 255	79 053	111 355	155 813	199 158	229 325
90〜94	16 406	16 355	22 767	32 187	50 765	65 769
95〜99	…	…	…	…	…	…
100〜	…	…	…	…	…	…
65〜(再掲) (Regrouped)	3 224 959	4 109 167	4 747 291	5 349 809	6 180 825	7 310 904
80〜	362 640	371 191	511 909	670 925	778 039	943 571
85〜	98 661	95 408	134 122	188 000	249 923	295 094

注：1）各年次の人口は10月1日現在。＊は国勢調査人口である。
　　2）昭和45年、50年、55年、平成2年（按分済み人口）、7年、12年（按分済み人口）、17年（按分済み人口）については、国勢調査確定数。
　　3）昭和60年は「昭和60年国勢調査抽出速報集計結果」による。
　　4）昭和25年は4,670（男2,280・女2,390）、昭和30年は840（男420・女420）の年齢不詳を含む。
　　5）平成16年までの90〜94歳は、90歳以上の数値である。

年齢（5歳階級）別人口
sex and age (five-year age group)

(人)
(Persons)

1975 *50	1980 *55	1985 *60	1990 *平成2年	1995 *7	1996 8
111 251 507	116 320 358	120 265 700	122 721 397	124 298 947	124 709 000
9 934 745	8 458 080	7 456 400	6 469 790	5 949 623	5 925 000
8 877 006	9 966 787	8 492 500	7 436 656	6 493 110	6 330 000
8 223 394	8 900 365	9 972 000	8 495 909	7 424 703	7 285 000
7 891 996	8 215 420	8 917 600	9 967 712	8 491 929	8 181 000
9 007 448	7 783 812	8 177 400	8 721 441	9 765 295	9 691 000
10 730 221	8 976 957	7 753 200	7 976 511	8 614 403	9 135 000
9 193 706	10 708 629	9 034 200	7 713 009	7 968 686	7 845 000
8 378 792	9 151 151	10 676 700	8 945 897	7 709 028	7 650 000
8 189 237	8 296 039	9 047 700	10 617 643	8 916 937	8 506 000
7 329 028	8 057 805	8 193 300	8 989 654	10 544 944	11 115 000
5 747 161	7 170 337	7 869 200	8 068 623	8 867 530	8 434 000
4 648 187	5 582 330	6 965 100	7 713 773	7 912 482	8 074 000
4 263 359	4 442 551	5 359 200	6 735 670	7 445 934	7 586 000
3 435 492	3 947 606	4 165 300	5 090 871	6 373 007	6 532 000
2 567 573	3 012 121	3 532 300	3 809 840	4 674 557	4 973 000
1 636 768	2 030 820	2 434 500	3 014 473	3 276 736	3 370 000
807 299	1 091 136	1 446 900	1 831 720	2 293 864	2 373 000
308 519	409 300	586 400	832 886	1 134 102	1 228 000
81 576	119 112	185 600	289 319	442 077	473 000
...	...	...	...	...	...
...	...	...	...	...	...
8 837 227	10 610 095	12 350 900	14 869 109	18 194 343	18 950 000
1 197 394	1 619 548	2 218 900	2 953 925	3 870 043	4 074 000
390 095	528 412	772 000	1 122 205	1 576 179	1 701 000

Notes: 1) Population for each year is as of October 1. Figures with * indicate Census population.
2) Figures for 1970, 1975, 1980 and 1990 (allocated population), 1995, 2000 (allocated population), and 2005 (allocated population) are confirmed by Census.
3) Figures for 1985 are based on "Sampling Report of Census 1985".
4) Figures include age unknown for 1950: 4,670 (male: 2,280 and female: 2,390), and for 1955: 840 (male: 420 and female: 420).
5) Figures for "90 - 94 years old" up to 2004 are for 90 years old or older.

第 1 表　年次・性・

Table 1. Trends in population by

総　数
Total

年　齢 Age	1997 平成9年	1998 10	1999 11	2000 *12	2001 13	2002 14
総　数 Total	124 963 000	125 252 000	125 432 000	125 612 633	125 908 000	126 008 000
0～ 4歳 Years	5 903 000	5 913 000	5 891 000	5 859 973	5 844 000	5 818 000
5～ 9	6 187 000	6 059 000	5 986 000	5 984 829	5 952 000	5 934 000
10～14	7 125 000	6 933 000	6 713 000	6 507 152	6 332 000	6 196 000
15～19	7 941 000	7 743 000	7 591 000	7 433 115	7 276 000	7 118 000
20～24	9 459 000	9 138 000	8 768 000	8 300 297	8 040 000	7 829 000
25～29	9 312 000	9 543 000	9 708 000	9 626 221	9 512 000	9 237 000
30～34	8 093 000	8 296 000	8 492 000	8 608 881	9 131 000	9 293 000
35～39	7 683 000	7 729 000	7 768 000	7 978 061	7 852 000	8 100 000
40～44	8 121 000	7 883 000	7 794 000	7 706 162	7 643 000	7 679 000
45～49	10 711 000	10 104 000	9 364 000	8 845 461	8 437 000	8 060 000
50～54	8 788 000	9 308 000	9 794 000	10 391 001	10 946 000	10 535 000
55～59	8 283 000	8 488 000	8 852 000	8 698 453	8 275 000	8 604 000
60～64	7 667 000	7 679 000	7 597 000	7 711 606	7 879 000	8 061 000
65～69	6 689 000	6 834 000	6 928 000	7 091 585	7 249 000	7 345 000
70～74	5 242 000	5 497 000	5 718 000	5 889 998	6 040 000	6 191 000
75～79	3 507 000	3 676 000	3 911 000	4 139 567	4 414 000	4 656 000
80～84	2 418 000	2 462 000	2 460 000	2 609 499	2 711 000	2 845 000
85～89	1 308 000	1 388 000	1 462 000	1 530 334	1 602 000	1 654 000
90～94	525 000	582 000	637 000	700 438	772 000	854 000
95～99	…	…	…	…	…	…
100～	…	…	…	…	…	…
65～（再掲）(Regrouped)	19 690 000	20 438 000	21 115 000	21 961 421	22 788 000	23 544 000
80～	4 252 000	4 431 000	4 559 000	4 840 271	5 085 000	5 353 000
85～	1 833 000	1 969 000	2 099 000	2 230 772	2 374 000	2 508 000

注：1）各年次の人口は10月1日現在。＊は国勢調査人口である。
　　2）昭和45年、50年、55年、平成2年（按分済み人口）、7年、12年（按分済み人口）、17年（按分済み人口）については、国勢調査確定数。
　　3）昭和60年は「昭和60年国勢調査抽出速報集計結果」による。
　　4）昭和25年は4,670（男2,280・女2,390）、昭和30年は840（男420・女420）の年齢不詳を含む。
　　5）平成16年までの90～94歳は、90歳以上の数値である。

年齢（5歳階級）別人口
sex and age (five-year age group)

(人)
(Persons)

2003 15	2004 16	2005 *17	2006 18	2007 19	2008 20
126 139 000	126 176 000	126 204 902	126 154 000	126 085 000	125 947 000
5 744 000	5 679 000	5 547 395	5 451 000	5 379 000	5 347 000
5 936 000	5 889 000	5 899 562	5 872 000	5 823 000	5 736 000
6 073 000	6 015 000	5 990 607	5 961 000	5 936 000	5 935 000
6 919 000	6 686 000	6 523 659	6 348 000	6 202 000	6 074 000
7 653 000	7 506 000	7 192 988	7 115 000	7 024 000	6 870 000
8 906 000	8 547 000	8 097 834	7 791 000	7 555 000	7 379 000
9 502 000	9 626 000	9 592 355	9 440 000	9 157 000	8 788 000
8 302 000	8 493 000	8 592 843	9 087 000	9 236 000	9 419 000
7 731 000	7 775 000	7 968 660	7 833 000	8 066 000	8 248 000
7 835 000	7 758 000	7 650 199	7 586 000	7 619 000	7 660 000
9 938 000	9 224 000	8 743 818	8 333 000	7 962 000	7 731 000
9 114 000	9 582 000	10 223 859	10 752 000	10 359 000	9 764 000
8 262 000	8 609 000	8 526 772	8 092 000	8 419 000	8 902 000
7 374 000	7 312 000	7 422 967	7 585 000	7 797 000	7 999 000
6 338 000	6 444 000	6 634 850	6 786 000	6 893 000	6 927 000
4 881 000	5 082 000	5 261 100	5 393 000	5 545 000	5 685 000
3 009 000	3 222 000	3 409 137	3 644 000	3 851 000	4 044 000
1 694 000	1 713 000	1 848 497	1 933 000	2 043 000	2 165 000
929 000	1 013 000	841 086	888 000	924 000	951 000
...	...	211 356	235 000	260 000	285 000
...	...	25 358	29 000	35 000	41 000
24 224 000	24 788 000	25 654 351	26 492 000	27 347 000	28 096 000
5 631 000	5 949 000	6 335 434	6 728 000	7 112 000	7 486 000
2 622 000	2 727 000	2 926 297	3 084 000	3 262 000	3 441 000

Notes: 1) Population for each year is as of October 1. Figures with * indicate Census population.
2) Figures for 1970, 1975, 1980 and 1990 (allocated population), 1995, 2000 (allocated population), and 2005 (allocated population) are confirmed by Census.
3) Figures for 1985 are based on "Sampling Report of Census 1985".
4) Figures include age unknown for 1950: 4,670 (male: 2,280 and female: 2,390), and for 1955: 840 (male: 420 and female: 420).
5) Figures for "90 - 94 years old" up to 2004 are for 90 years old or older.

第 1 表　年次・性・
Table 1. Trends in population by

男
Male

年　　齢 Age	1935 *昭和10年	1950 *25	1955 *30	1960 *35	1965 *40	1970 *45
総　数　Total	34 734 133	40 811 760	43 860 718	45 877 602	48 244 445	50 600 539
0～ 4歳 Years	4 714 001	5 718 490	4 726 330	4 012 563	4 149 581	4 482 505
5～ 9	4 303 263	4 825 426	5 636 491	4 702 331	3 995 011	4 140 644
10～14	3 876 774	4 400 387	4 815 800	5 620 477	4 670 170	3 976 006
15～19	3 350 713	4 317 567	4 341 369	4 677 763	5 478 341	4 538 341
20～24	3 036 783	3 835 815	4 196 415	4 125 266	4 496 297	5 279 558
25～29	2 670 248	2 821 898	3 775 382	4 094 656	4 157 028	4 490 569
30～34	2 379 492	2 360 240	2 797 239	3 746 898	4 147 254	4 158 837
35～39	2 093 446	2 376 105	2 319 498	2 763 208	3 747 509	4 102 995
40～44	1 767 627	2 198 955	2 324 750	2 274 344	2 729 666	3 647 406
45～49	1 591 179	2 018 848	2 135 515	2 256 804	2 224 594	2 656 868
50～54	1 404 376	1 719 275	1 929 249	2 040 674	2 172 903	2 139 891
55～59	1 255 092	1 378 661	1 607 703	1 802 182	1 930 469	2 028 700
60～64	916 820	1 109 567	1 226 793	1 437 574	1 625 089	1 746 039
65～69	630 008	795 919	919 056	1 026 993	1 218 867	1 393 260
70～74	394 223	540 291	593 776	693 566	788 994	958 330
75～79	224 829	267 690	342 059	376 706	451 871	530 763
80～84	95 043	95 589	133 192	169 144	186 946	240 917
85～89	25 930	24 507	33 852	48 193	60 127	71 438
90～94	4 286	4 250	5 829	8 260	13 728	17 472
95～99	…	…	…	…	…	…
100～	…	…	…	…	…	…
65～（再掲） (Regrouped)	1 374 319	1 728 246	2 027 764	2 322 862	2 720 533	3 212 180
80～	125 259	124 346	172 873	225 597	260 801	329 827
85～	30 216	28 757	39 681	56 453	73 855	88 910

注： 1) 各年次の人口は10月1日現在。＊は国勢調査人口である。
2) 昭和45年、50年、55年、平成2年（按分済み人口）、7年、12年（按分済み人口）、17年（按分済み人口）については、国勢調査確定数。
3) 昭和60年は「昭和60年国勢調査抽出速報集計結果」による。
4) 昭和25年は4,670（男2,280・女2,390）、昭和30年は840（男420・女420）の年齢不詳を含む。
5) 平成16年までの90～94歳は、90歳以上の数値である。

年齢（5歳階級）別人口
sex and age (five-year age group)

(人)
(Persons)

1975 *50	1980 *55	1985 *60	1990 *平成2年	1995 *7	1996 8
54 724 867	57 201 287	59 044 000	60 248 969	60 919 153	61 115 000
5 093 653	4 336 838	3 805 200	3 317 367	3 046 659	3 036 000
4 552 267	5 109 227	4 337 800	3 810 008	3 325 548	3 242 000
4 207 013	4 564 462	5 085 500	4 358 230	3 799 992	3 730 000
4 011 716	4 194 921	4 556 700	5 107 977	4 352 058	4 195 000
4 531 815	3 932 017	4 171 800	4 437 613	4 979 898	4 952 000
5 392 687	4 513 252	3 924 500	4 035 709	4 369 726	4 637 000
4 597 513	5 388 380	4 541 300	3 891 907	4 034 652	3 973 000
4 190 146	4 568 728	5 388 600	4 499 773	3 889 083	3 862 000
4 107 047	4 137 879	4 493 600	5 333 198	4 482 072	4 277 000
3 638 962	4 016 696	4 052 900	4 471 972	5 289 590	5 575 000
2 597 119	3 531 231	3 898 200	3 990 975	4 393 729	4 182 000
2 057 581	2 494 018	3 391 200	3 781 532	3 885 871	3 968 000
1 924 318	1 932 902	2 348 700	3 234 444	3 597 767	3 668 000
1 563 671	1 734 457	1 770 900	2 189 318	2 987 287	3 075 000
1 143 548	1 312 106	1 486 100	1 556 586	1 931 305	2 109 000
686 223	845 842	996 700	1 196 534	1 254 390	1 276 000
307 179	416 672	547 500	678 463	821 596	848 000
100 742	138 497	191 600	275 903	361 022	386 000
21 667	33 162	55 200	81 460	116 908	123 000
...	...	...	...	...	...
...	...	...	...	...	...
3 823 030	4 480 736	5 048 100	5 978 264	7 472 508	7 816 000
429 588	588 331	794 300	1 035 826	1 299 526	1 357 000
122 409	171 659	246 800	357 363	477 930	509 000

Notes: 1) Population for each year is as of October 1. Figures with * indicate Census population.
2) Figures for 1970, 1975, 1980 and 1990 (allocated population), 1995, 2000 (allocated population), and 2005 (allocated population) are confirmed by Census.
3) Figures for 1985 are based on "Sampling Report of Census 1985".
4) Figures include age unknown for 1950: 4,670 (male: 2,280 and female: 2,390), and for 1955: 840 (male: 420 and female: 420).
5) Figures for "90 - 94 years old" up to 2004 are for 90 years old or older.

第1表　年次・性・
Table 1. Trends in population by

男
Male

年　　齢 Age	1997 平成9年	1998 10	1999 11	2000 *12	2001 13	2002 14
総　数　Total	61 210 000	61 311 000	61 358 000	61 488 005	61 595 000	61 591 000
0〜 4歳 Years	3 024 000	3 031 000	3 020 000	3 001 629	2 995 000	2 984 000
5〜 9	3 170 000	3 104 000	3 066 000	3 066 297	3 050 000	3 039 000
10〜14	3 648 000	3 551 000	3 439 000	3 334 963	3 245 000	3 176 000
15〜19	4 072 000	3 969 000	3 889 000	3 808 608	3 730 000	3 650 000
20〜24	4 839 000	4 680 000	4 494 000	4 254 807	4 126 000	4 021 000
25〜29	4 731 000	4 851 000	4 944 000	4 894 452	4 836 000	4 699 000
30〜34	4 099 000	4 200 000	4 298 000	4 365 637	4 630 000	4 707 000
35〜39	3 880 000	3 904 000	3 922 000	4 035 168	3 970 000	4 090 000
40〜44	4 085 000	3 964 000	3 918 000	3 882 767	3 852 000	3 866 000
45〜49	5 367 000	5 059 000	4 685 000	4 436 003	4 233 000	4 043 000
50〜54	4 366 000	4 630 000	4 878 000	5 186 499	5 461 000	5 250 000
55〜59	4 071 000	4 171 000	4 346 000	4 274 659	4 066 000	4 236 000
60〜64	3 708 000	3 713 000	3 674 000	3 739 992	3 821 000	3 911 000
65〜69	3 154 000	3 221 000	3 266 000	3 352 690	3 432 000	3 480 000
70〜74	2 279 000	2 441 000	2 565 000	2 666 691	2 745 000	2 819 000
75〜79	1 315 000	1 376 000	1 484 000	1 621 115	1 776 000	1 921 000
80〜84	860 000	870 000	862 000	913 181	939 000	978 000
85〜89	408 000	430 000	451 000	476 535	498 000	512 000
90〜94	134 000	147 000	157 000	176 312	191 000	210 000
95〜99	…	…	…	…	…	…
100〜	…	…	…	…	…	…
65〜（再掲）(Regrouped)	8 150 000	8 485 000	8 784 000	9 206 524	9 581 000	9 920 000
80〜	1 402 000	1 447 000	1 470 000	1 566 028	1 628 000	1 700 000
85〜	542 000	577 000	608 000	652 847	689 000	722 000

注：1）各年次の人口は10月1日現在。＊は国勢調査人口である。
　　2）昭和45年、50年、55年、平成2年（按分済み人口）、7年、12年（按分済み人口）、17年（按分済み人口）については、国勢調査確定数。
　　3）昭和60年は「昭和60年国勢調査抽出速報集計結果」による。
　　4）昭和25年は4,670（男2,280・女2,390）、昭和30年は840（男420・女420）の年齢不詳を含む。
　　5）平成16年までの90〜94歳は、90歳以上の数値である。

年齢（5歳階級）別人口
sex and age (five-year age group)

(人)
(Persons)

2003 15	2004 16	2005 *17	2006 18	2007 19	2008 20
61 620 000	61 597 000	61 617 893	61 568 000	61 511 000	61 424 000
2 947 000	2 914 000	2 841 165	2 792 000	2 755 000	2 740 000
3 039 000	3 015 000	3 024 316	3 011 000	2 986 000	2 942 000
3 112 000	3 082 000	3 071 059	3 055 000	3 041 000	3 040 000
3 551 000	3 431 000	3 354 802	3 260 000	3 182 000	3 114 000
3 932 000	3 858 000	3 688 907	3 656 000	3 613 000	3 536 000
4 539 000	4 366 000	4 118 834	3 966 000	3 850 000	3 767 000
4 810 000	4 875 000	4 866 021	4 792 000	4 651 000	4 467 000
4 190 000	4 284 000	4 346 968	4 600 000	4 680 000	4 775 000
3 893 000	3 914 000	4 020 793	3 953 000	4 074 000	4 167 000
3 932 000	3 891 000	3 837 649	3 808 000	3 827 000	3 853 000
4 951 000	4 596 000	4 361 543	4 158 000	3 976 000	3 862 000
4 495 000	4 733 000	5 064 582	5 323 000	5 124 000	4 828 000
4 009 000	4 172 000	4 148 525	3 935 000	4 102 000	4 345 000
3 496 000	3 470 000	3 543 105	3 625 000	3 727 000	3 825 000
2 889 000	2 941 000	3 040 918	3 119 000	3 177 000	3 199 000
2 054 000	2 161 000	2 256 826	2 324 000	2 398 000	2 464 000
1 034 000	1 125 000	1 221 288	1 343 000	1 457 000	1 562 000
521 000	524 000	554 715	575 000	605 000	643 000
226 000	246 000	210 661	221 000	229 000	235 000
…	…	41 455	45 000	50 000	55 000
…	…	3 761	4 000	5 000	6 000
10 220 000	10 467 000	10 872 729	11 257 000	11 649 000	11 988 000
1 780 000	1 894 000	2 031 880	2 189 000	2 347 000	2 500 000
747 000	769 000	810 592	846 000	890 000	938 000

Notes: 1) Population for each year is as of October 1. Figures with * indicate Census population.
2) Figures for 1970, 1975, 1980 and 1990 (allocated population), 1995, 2000 (allocated population), and 2005 (allocated population) are confirmed by Census.
3) Figures for 1985 are based on "Sampling Report of Census 1985".
4) Figures include age unknown for 1950: 4,670 (male: 2,280 and female: 2,390), and for 1955: 840 (male: 420 and female: 420).
5) Figures for "90 - 94 years old" up to 2004 are for 90 years old or older.

第 1 表　年次・性・
Table 1.　Trends in population by

女
Female

年　　齢 Age	1935 *昭和10年	1950 *25	1955 *30	1960 *35	1965 *40	1970 *45
総　数　Total	34 520 015	42 387 877	45 414 811	47 540 899	50 030 516	52 518 908
0～ 4歳 Years	4 614 500	5 486 967	4 521 411	3 831 870	3 983 902	4 263 584
5～ 9	4 228 156	4 697 239	5 406 101	4 502 304	3 854 281	3 959 359
10～14	3 808 473	4 299 530	4 692 017	5 397 061	4 513 237	3 823 278
15～19	3 290 204	4 250 101	4 284 150	4 630 775	5 373 547	4 460 054
20～24	3 034 288	3 889 727	4 206 828	4 193 184	4 572 392	5 315 367
25～29	2 569 835	3 363 222	3 828 946	4 114 704	4 206 801	4 546 549
30～34	2 253 145	2 841 997	3 319 693	3 770 907	4 110 076	4 168 854
35～39	1 952 400	2 671 968	2 795 628	3 274 822	3 751 030	4 067 908
40～44	1 638 384	2 284 025	2 620 580	2 744 786	3 231 736	3 658 414
45～49	1 521 655	1 985 701	2 231 658	2 559 755	2 697 217	3 182 849
50～54	1 428 499	1 669 393	1 920 241	2 160 716	2 485 095	2 637 084
55～59	1 316 045	1 370 368	1 597 811	1 839 025	2 071 540	2 373 004
60～64	1 013 791	1 194 328	1 269 800	1 494 043	1 719 370	1 963 880
65～69	757 084	974 796	1 047 963	1 133 409	1 343 444	1 580 432
70～74	519 200	741 317	798 886	870 238	955 567	1 169 421
75～79	336 975	417 963	533 642	577 972	644 043	735 127
80～84	168 936	180 194	244 595	313 781	341 170	407 560
85～89	56 325	54 546	77 503	107 620	139 031	157 887
90～94	12 120	12 105	16 938	23 927	37 037	48 297
95～99	…	…	…	…	…	…
100～	…	…	…	…	…	…
65～ (再掲) (Regrouped)	1 850 640	2 380 921	2 719 527	3 026 947	3 460 292	4 098 724
80～	237 381	246 845	339 036	445 328	517 238	613 744
85～	68 445	66 651	94 441	131 547	176 068	206 184

注：1）各年次の人口は10月1日現在。＊は国勢調査人口である。
　　2）昭和45年、50年、55年、平成2年（按分済み人口）、7年、12年（按分済み人口）、17年（按分済み人口）については、国勢調査確定数。
　　3）昭和60年は「昭和60年国勢調査抽出速報集計結果」による。
　　4）昭和25年は4,670（男2,280・女2,390）、昭和30年は840（男420・女420）の年齢不詳を含む。
　　5）平成16年までの90～94歳は、90歳以上の数値である。

年齢（5歳階級）別人口
sex and age (five-year age group)

(人)
(Persons)

1975 *50	1980 *55	1985 *60	1990 *平成2年	1995 *7	1996 8
56 526 640	59 119 071	61 221 700	62 472 428	63 379 794	63 594 000
4 841 092	4 121 242	3 651 200	3 152 423	2 902 964	2 889 000
4 324 739	4 857 560	4 154 700	3 626 648	3 167 562	3 088 000
4 016 381	4 335 903	4 886 500	4 137 679	3 624 711	3 555 000
3 880 280	4 020 499	4 360 900	4 859 735	4 139 871	3 986 000
4 475 633	3 851 795	4 005 700	4 283 828	4 785 397	4 739 000
5 337 534	4 463 705	3 828 700	3 940 802	4 244 677	4 498 000
4 596 193	5 320 249	4 492 900	3 821 102	3 934 034	3 872 000
4 188 646	4 582 423	5 288 100	4 446 124	3 819 945	3 788 000
4 082 190	4 158 160	4 554 200	5 284 445	4 434 865	4 229 000
3 690 066	4 041 109	4 140 400	4 517 682	5 255 354	5 541 000
3 150 042	3 639 106	3 971 000	4 077 648	4 473 801	4 252 000
2 590 606	3 088 312	3 573 900	3 932 241	4 026 611	4 107 000
2 339 041	2 509 649	3 010 500	3 501 226	3 848 167	3 918 000
1 871 821	2 213 149	2 394 300	2 901 553	3 385 720	3 458 000
1 424 025	1 700 015	2 046 200	2 253 254	2 743 252	2 864 000
950 545	1 184 978	1 437 700	1 817 939	2 022 346	2 095 000
500 120	674 464	899 400	1 153 257	1 472 268	1 526 000
207 777	270 803	394 900	556 983	773 080	841 000
59 909	85 950	130 400	207 859	325 169	350 000
…	…	…	…	…	…
…	…	…	…	…	…
5 014 197	6 129 359	7 302 800	8 890 845	10 721 835	11 134 000
767 806	1 031 217	1 424 700	1 918 099	2 570 517	2 717 000
267 686	356 753	525 300	764 842	1 098 249	1 192 000

Notes: 1) Population for each year is as of October 1. Figures with * indicate Census population.
2) Figures for 1970, 1975, 1980 and 1990 (allocated population), 1995, 2000 (allocated population), and 2005 (allocated population) are confirmed by Census.
3) Figures for 1985 are based on "Sampling Report of Census 1985".
4) Figures include age unknown for 1950: 4,670 (male: 2,280 and female: 2,390), and for 1955: 840 (male: 420 and female: 420).
5) Figures for "90 - 94 years old" up to 2004 are for 90 years old or older.

第 1 表　年次・性・
Table 1. Trends in population by

女
Female

年齢 Age	1997 平成9年	1998 10	1999 11	2000 *12	2001 13	2002 14
総数 Total	63 753 000	63 941 000	64 074 000	64 124 628	64 313 000	64 417 000
0〜4歳 Years	2 879 000	2 883 000	2 871 000	2 858 344	2 849 000	2 834 000
5〜9	3 017 000	2 955 000	2 919 000	2 918 532	2 902 000	2 896 000
10〜14	3 477 000	3 382 000	3 274 000	3 172 189	3 088 000	3 021 000
15〜19	3 869 000	3 774 000	3 701 000	3 624 507	3 546 000	3 467 000
20〜24	4 620 000	4 457 000	4 273 000	4 045 490	3 914 000	3 807 000
25〜29	4 581 000	4 692 000	4 765 000	4 731 769	4 676 000	4 538 000
30〜34	3 994 000	4 095 000	4 194 000	4 243 244	4 502 000	4 586 000
35〜39	3 803 000	3 825 000	3 845 000	3 942 893	3 882 000	4 010 000
40〜44	4 036 000	3 918 000	3 876 000	3 823 395	3 791 000	3 813 000
45〜49	5 344 000	5 046 000	4 680 000	4 409 458	4 205 000	4 017 000
50〜54	4 422 000	4 678 000	4 915 000	5 204 502	5 485 000	5 285 000
55〜59	4 212 000	4 317 000	4 506 000	4 423 794	4 210 000	4 368 000
60〜64	3 960 000	3 965 000	3 923 000	3 971 614	4 058 000	4 150 000
65〜69	3 536 000	3 612 000	3 662 000	3 738 895	3 817 000	3 865 000
70〜74	2 962 000	3 056 000	3 153 000	3 223 307	3 294 000	3 371 000
75〜79	2 192 000	2 300 000	2 427 000	2 518 452	2 638 000	2 735 000
80〜84	1 558 000	1 592 000	1 598 000	1 696 318	1 772 000	1 867 000
85〜89	900 000	958 000	1 011 000	1 053 799	1 104 000	1 142 000
90〜94	391 000	435 000	480 000	524 126	581 000	643 000
95〜99	…	…	…	…	…	…
100〜	…	…	…	…	…	…
65〜(再掲) (Regrouped)	11 540 000	11 953 000	12 331 000	12 754 897	13 206 000	13 625 000
80〜	2 850 000	2 985 000	3 089 000	3 274 243	3 457 000	3 653 000
85〜	1 291 000	1 393 000	1 490 000	1 577 925	1 685 000	1 786 000

注：1) 各年次の人口は10月1日現在。＊は国勢調査人口である。
　　2) 昭和45年、50年、55年、平成2年（按分済み人口）、7年、12年（按分済み人口）、17年（按分済み人口）については、国勢調査確定数。
　　3) 昭和60年は「昭和60年国勢調査抽出速報集計結果」による。
　　4) 昭和25年は4,670（男2,280・女2,390）、昭和30年は840（男420・女420）の年齢不詳を含む。
　　5) 平成16年までの90〜94歳は、90歳以上の数値である。

年齢（5歳階級）別人口
sex and age (five-year age group)

(人)
(Persons)

2003 15	2004 16	2005 *17	2006 18	2007 19	2008 20
64 520 000	64 579 000	64 587 009	64 586 000	64 574 000	64 523 000
2 797 000	2 765 000	2 706 230	2 659 000	2 624 000	2 608 000
2 897 000	2 874 000	2 875 246	2 861 000	2 837 000	2 794 000
2 961 000	2 933 000	2 919 548	2 906 000	2 895 000	2 895 000
3 368 000	3 256 000	3 168 857	3 089 000	3 019 000	2 959 000
3 721 000	3 649 000	3 504 081	3 459 000	3 411 000	3 334 000
4 367 000	4 181 000	3 979 000	3 825 000	3 705 000	3 612 000
4 692 000	4 751 000	4 726 334	4 648 000	4 507 000	4 321 000
4 111 000	4 208 000	4 245 875	4 487 000	4 556 000	4 644 000
3 838 000	3 861 000	3 947 867	3 881 000	3 992 000	4 080 000
3 903 000	3 867 000	3 812 550	3 777 000	3 791 000	3 807 000
4 988 000	4 628 000	4 382 275	4 175 000	3 986 000	3 869 000
4 619 000	4 849 000	5 159 277	5 429 000	5 235 000	4 936 000
4 254 000	4 437 000	4 378 247	4 156 000	4 317 000	4 557 000
3 878 000	3 842 000	3 879 862	3 961 000	4 070 000	4 174 000
3 449 000	3 503 000	3 593 932	3 667 000	3 716 000	3 728 000
2 826 000	2 921 000	3 004 274	3 069 000	3 147 000	3 221 000
1 975 000	2 098 000	2 187 849	2 300 000	2 394 000	2 482 000
1 173 000	1 190 000	1 293 782	1 358 000	1 438 000	1 522 000
702 000	768 000	630 425	667 000	694 000	716 000
…	…	169 901	190 000	210 000	231 000
…	…	21 597	24 000	30 000	35 000
14 004 000	14 321 000	14 781 622	15 235 000	15 699 000	16 108 000
3 851 000	4 055 000	4 303 554	4 539 000	4 765 000	4 985 000
1 875 000	1 957 000	2 115 705	2 238 000	2 372 000	2 503 000

Notes: 1) Population for each year is as of October 1. Figures with * indicate Census population.
2) Figures for 1970, 1975, 1980 and 1990 (allocated population), 1995, 2000 (allocated population), and 2005 (allocated population) are confirmed by Census.
3) Figures for 1985 are based on "Sampling Report of Census 1985".
4) Figures include age unknown for 1950: 4,670 (male: 2,280 and female: 2,390), and for 1955: 840 (male: 420 and female: 420).
5) Figures for "90 - 94 years old" up to 2004 are for 90 years old or older.

第 2 表　年次・性・
Table 2.　Trends in population by

総　数
Total

都道府県 Prefecture	1935 *昭和10年	1950 *25	1955 *30	1960 *35	1965 *40	1970 *45
全　　国　Total	69 254 148	83 199 637	89 275 529	93 418 501	98 274 961	103 119 447
01 北　海　道	3 068 282	4 295 567	4 773 087	5 039 206	5 171 800	5 177 286
02 青　　　森	967 129	1 282 867	1 382 523	1 426 606	1 416 591	1 425 702
03 岩　　　手	1 046 111	1 346 728	1 427 097	1 448 517	1 411 118	1 369 948
04 宮　　　城	1 234 801	1 663 442	1 727 065	1 743 195	1 753 126	1 815 282
05 秋　　　田	1 037 744	1 309 031	1 348 871	1 335 580	1 279 835	1 240 345
06 山　　　形	1 116 822	1 357 347	1 353 649	1 320 664	1 263 103	1 224 918
07 福　　　島	1 581 563	2 062 394	2 095 237	2 051 137	1 983 754	1 943 989
08 茨　　　城	1 548 991	2 039 418	2 064 037	2 047 024	2 056 154	2 140 122
09 栃　　　木	1 195 057	1 550 462	1 547 580	1 513 624	1 521 656	1 578 146
10 群　　　馬	1 242 453	1 601 380	1 613 549	1 578 476	1 605 584	1 656 209
11 埼　　　玉	1 528 854	2 146 445	2 262 623	2 430 871	3 014 983	3 858 607
12 千　　　葉	1 546 394	2 139 037	2 205 060	2 306 010	2 701 770	3 358 440
13 東　　　京	6 369 919	6 277 500	8 037 084	9 683 802	10 869 244	11 324 994
14 神　奈　川	1 840 005	2 487 665	2 919 497	3 443 176	4 430 743	5 439 126
15 新　　　潟	1 995 777	2 460 997	2 473 492	2 442 037	2 398 931	2 358 323
16 富　　　山	798 890	1 008 790	1 021 121	1 032 614	1 025 465	1 027 956
17 石　　　川	768 416	957 279	966 187	973 418	980 499	999 535
18 福　　　井	646 659	752 374	754 055	752 696	750 557	740 024
19 山　　　梨	646 727	811 369	807 044	782 062	763 194	760 492
20 長　　　野	1 714 000	2 060 831	2 021 292	1 981 433	1 958 007	1 952 346
21 岐　　　阜	1 225 799	1 544 538	1 583 605	1 638 399	1 700 365	1 749 524
22 静　　　岡	1 939 860	2 471 472	2 650 435	2 756 271	2 912 521	3 082 792
23 愛　　　知	2 862 701	3 390 585	3 769 209	4 206 313	4 798 653	5 340 594
24 三　　　重	1 174 595	1 461 197	1 485 582	1 485 054	1 514 467	1 535 937
25 滋　　　賀	711 436	861 180	853 734	842 695	853 385	883 837
26 京　　　都	1 702 508	1 832 934	1 935 161	1 993 403	2 102 808	2 210 609
27 大　　　阪	4 297 174	3 857 047	4 618 308	5 504 746	6 657 189	7 464 961
28 兵　　　庫	2 923 249	3 309 935	3 620 947	3 906 487	4 309 944	4 599 673
29 奈　　　良	620 471	763 883	776 861	781 058	825 965	925 403
30 和　歌　山	864 087	982 113	1 006 819	1 002 191	1 026 975	1 038 348
31 鳥　　　取	490 461	600 177	614 259	599 135	579 853	567 405
32 島　　　根	747 119	912 551	929 066	888 886	821 620	772 000
33 岡　　　山	1 332 647	1 661 099	1 689 800	1 670 454	1 645 135	1 700 064
34 広　　　島	1 804 916	2 081 967	2 149 044	2 184 043	2 281 146	2 422 069
35 山　　　口	1 190 542	1 540 882	1 609 839	1 602 207	1 543 573	1 497 703
36 徳　　　島	728 748	878 511	878 109	847 274	815 115	790 845
37 香　　　川	748 656	946 022	943 823	918 867	900 845	906 951
38 愛　　　媛	1 164 898	1 521 878	1 540 628	1 500 687	1 446 384	1 416 299
39 高　　　知	714 980	873 874	882 683	854 595	812 714	786 058
40 福　　　岡	2 755 804	3 530 169	3 859 764	4 006 679	3 964 611	4 004 275
41 佐　　　賀	686 117	945 082	973 749	942 874	871 885	837 063
42 長　　　崎	1 296 883	1 645 492	1 747 596	1 760 421	1 641 245	1 566 634
43 熊　　　本	1 387 054	1 827 582	1 895 663	1 856 192	1 770 736	1 697 991
44 大　　　分	980 458	1 252 999	1 277 199	1 239 655	1 187 480	1 152 520
45 宮　　　崎	824 431	1 091 427	1 139 384	1 134 590	1 080 692	1 050 027
46 鹿　児　島	1 591 466	1 804 118	2 044 112	1 963 104	1 853 541	1 728 075
47 沖　　　縄	592 494	…	…	…	…	…

注：1）各年次の人口は10月1日現在。＊は国勢調査人口である。
　　2）都道府県人口は昭和40年以前は総人口、45年以降は日本人人口である。
　　3）昭和22年は地域的に配分されない調査もれを除く。
　　4）昭和35年の長野県西筑摩郡山口村と岐阜県中津川市の境界紛争地域の人口73人（男39人、女34人）は全国総数に含まれているが、長野県・岐阜県のいずれにも含まれていない。
　　5）昭和45年、50年、55年、平成2年（按分済み人口）、7年、12年（按分済み人口）、17年（按分済み人口）については、国勢調査確定数。
　　6）昭和60年については、「昭和60年国勢調査抽出速報集計結果」を用いた。

都道府県別人口
sex in each prefecture

(人)
(Persons)

1975 *50	1980 *55	1985 *60	1990 *平成2年	1995 *7	1996 8
111 251 507	116 320 358	120 265 700	122 721 397	124 298 947	124 709 000
5 330 284	5 566 372	5 688 500	5 635 049	5 675 838	5 689 000
1 466 742	1 521 778	1 521 200	1 480 947	1 478 123	1 480 000
1 383 931	1 420 078	1 454 600	1 415 036	1 416 864	1 417 000
1 950 790	2 076 657	2 167 900	2 243 117	2 319 433	2 330 000
1 231 389	1 255 499	1 252 900	1 226 062	1 211 616	1 208 000
1 219 429	1 250 989	1 251 200	1 256 930	1 253 941	1 253 000
1 968 270	2 032 547	2 054 200	2 100 255	2 127 214	2 130 000
2 338 151	2 552 775	2 717 500	2 834 279	2 929 220	2 942 000
1 695 848	1 789 218	1 883 800	1 925 886	1 965 431	1 974 000
1 753 436	1 845 138	1 913 200	1 955 819	1 981 799	1 986 000
4 809 517	5 405 466	5 854 900	6 374 361	6 696 390	6 753 000
4 136 216	4 719 383	5 168 100	5 527 777	5 744 010	5 775 000
11 568 852	11 506 944	11 780 500	11 695 218	11 543 005	11 587 000
6 359 334	6 883 647	7 380 200	7 918 632	8 152 458	8 194 000
2 388 992	2 448 056	2 448 900	2 470 352	2 480 287	2 484 000
1 068 930	1 101 485	1 125 400	1 117 550	1 117 592	1 119 000
1 066 669	1 115 559	1 157 700	1 160 786	1 175 042	1 177 000
768 867	789 497	822 000	818 325	819 320	820 000
781 360	802 490	823 100	850 075	873 970	877 000
2 012 816	2 078 832	2 170 400	2 148 242	2 173 400	2 178 000
1 858 066	1 949 993	2 038 300	2 055 219	2 081 104	2 085 000
3 300 856	3 438 445	3 582 000	3 650 475	3 699 146	3 706 000
5 873 395	6 167 929	6 477 200	6 625 160	6 769 815	6 806 000
1 618 449	1 678 831	1 738 300	1 782 332	1 824 717	1 831 000
978 639	1 072 440	1 165 900	1 213 357	1 272 620	1 283 000
2 381 360	2 483 007	2 565 400	2 556 321	2 572 600	2 585 000
8 108 360	8 295 801	8 653 300	8 557 249	8 603 130	8 630 000
4 918 041	5 063 478	5 275 600	5 326 121	5 318 913	5 333 000
1 071 894	1 202 655	1 303 900	1 368 434	1 421 770	1 431 000
1 067 419	1 081 999	1 086 600	1 069 930	1 075 666	1 075 000
579 779	602 335	620 200	613 792	612 602	613 000
767 357	783 143	797 500	779 317	768 865	767 000
1 806 484	1 862 741	1 914 100	1 917 173	1 937 865	1 941 000
2 630 578	2 722 521	2 820 200	2 832 764	2 858 462	2 863 000
1 541 072	1 572 752	1 588 500	1 559 181	1 542 204	1 539 000
804 784	824 433	831 400	830 753	830 479	831 000
960 233	998 442	1 034 000	1 021 571	1 023 865	1 025 000
1 463 158	1 504 298	1 533 600	1 512 674	1 503 411	1 502 000
807 035	829 609	843 400	823 853	814 302	813 000
4 266 394	4 523 770	4 753 200	4 784 331	4 896 451	4 926 000
836 326	864 052	890 700	876 300	882 320	884 000
1 568 429	1 586 916	1 599 500	1 558 502	1 540 498	1 538 000
1 713 300	1 788 076	1 836 200	1 837 612	1 855 087	1 859 000
1 187 299	1 225 548	1 246 300	1 233 612	1 227 269	1 227 000
1 083 957	1 150 321	1 183 500	1 167 286	1 173 631	1 176 000
1 722 732	1 783 351	1 833 600	1 795 908	1 791 419	1 791 000
1 036 288	1 101 062	1 177 000	1 217 472	1 265 783	1 277 000

Notes: 1) Population for each year is as of October 1. Figures with * indicate Census population.
2) Prefectural population indicates total population for up to 1965, and Japanese population for 1970 and after.
3) Figures for 1947 include survey omissions that were not allocated by region.
4) Population of 73 people (39 males and 34 females) in the border dispute area between Yamaguchi-mura, Nishichikuma-gun, Nagano, and Nakatsugawa-shi, Gifu are included in the population of Japan, but are excluded from that of Nagano or Gifu Prefecture.
5) Figures for 1970, 1975, 1980 and 1990 (allocated population), 1995, 2000 (allocated population), and 2005 (allocated population) are confirmed by Census.
6) Figures for 1985 are based on "Sampling Report of Census 1985".

第 2 表　年次・性・
Table 2. Trends in population by

総　数
Total

都道府県 Prefecture	1997 平成9年	1998 10	1999 11	2000 *12	2001 13	2002 14
全　国　Total	124 963 000	125 252 000	125 432 000	125 612 633	125 908 000	126 008 000
01 北海道	5 691 000	5 689 000	5 684 000	5 670 558	5 666 000	5 656 000
02 青森	1 478 000	1 475 000	1 473 000	1 472 690	1 471 000	1 465 000
03 岩手	1 415 000	1 414 000	1 411 000	1 412 338	1 409 000	1 403 000
04 宮城	2 339 000	2 346 000	2 350 000	2 354 916	2 359 000	2 359 000
05 秋田	1 204 000	1 199 000	1 194 000	1 186 209	1 180 000	1 173 000
06 山形	1 252 000	1 250 000	1 246 000	1 239 132	1 235 000	1 230 000
07 福島	2 130 000	2 129 000	2 128 000	2 118 100	2 115 000	2 110 000
08 茨城	2 951 000	2 961 000	2 967 000	2 954 817	2 957 000	2 954 000
09 栃木	1 980 000	1 985 000	1 989 000	1 983 723	1 987 000	1 986 000
10 群馬	1 990 000	1 995 000	1 999 000	1 996 251	1 999 000	1 999 000
11 埼玉	6 794 000	6 833 000	6 866 000	6 875 484	6 909 000	6 928 000
12 千葉	5 800 000	5 832 000	5 862 000	5 868 599	5 907 000	5 929 000
13 東京	11 619 000	11 639 000	11 641 000	11 850 305	11 912 000	11 980 000
14 神奈川	8 235 000	8 298 000	8 349 000	8 390 552	8 466 000	8 516 000
15 新潟	2 485 000	2 484 000	2 480 000	2 466 374	2 462 000	2 455 000
16 富山	1 119 000	1 119 000	1 118 000	1 113 787	1 113 000	1 111 000
17 石川	1 178 000	1 179 000	1 180 000	1 174 630	1 175 000	1 174 000
18 福井	820 000	821 000	821 000	819 080	819 000	818 000
19 山梨	879 000	881 000	882 000	877 168	877 000	876 000
20 長野	2 182 000	2 185 000	2 187 000	2 181 873	2 186 000	2 182 000
21 岐阜	2 087 000	2 089 000	2 091 000	2 081 092	2 081 000	2 079 000
22 静岡	3 711 000	3 718 000	3 723 000	3 714 992	3 722 000	3 724 000
23 愛知	6 832 000	6 870 000	6 903 000	6 932 577	6 970 000	7 000 000
24 三重	1 833 000	1 837 000	1 839 000	1 833 408	1 835 000	1 833 000
25 滋賀	1 293 000	1 305 000	1 315 000	1 324 040	1 333 000	1 339 000
26 京都	2 587 000	2 590 000	2 590 000	2 599 052	2 601 000	2 598 000
27 大阪	8 633 000	8 639 000	8 641 000	8 633 901	8 649 000	8 649 000
28 兵庫	5 355 000	5 383 000	5 407 000	5 467 653	5 489 000	5 496 000
29 奈良	1 436 000	1 439 000	1 441 000	1 434 340	1 434 000	1 430 000
30 和歌山	1 074 000	1 072 000	1 070 000	1 065 104	1 061 000	1 056 000
31 鳥取	612 000	612 000	612 000	610 224	610 000	609 000
32 島根	765 000	762 000	760 000	757 072	756 000	752 000
33 岡山	1 944 000	1 946 000	1 947 000	1 938 268	1 940 000	1 939 000
34 広島	2 863 000	2 865 000	2 863 000	2 855 782	2 856 000	2 854 000
35 山口	1 536 000	1 532 000	1 528 000	1 515 291	1 511 000	1 506 000
36 徳島	830 000	829 000	827 000	821 369	819 000	817 000
37 香川	1 025 000	1 025 000	1 025 000	1 017 973	1 017 000	1 015 000
38 愛媛	1 500 000	1 498 000	1 493 000	1 488 550	1 486 000	1 481 000
39 高知	812 000	810 000	808 000	811 516	810 000	808 000
40 福岡	4 944 000	4 963 000	4 974 000	4 984 938	5 001 000	5 011 000
41 佐賀	883 000	882 000	881 000	874 068	873 000	871 000
42 長崎	1 532 000	1 526 000	1 521 000	1 511 864	1 508 000	1 502 000
43 熊本	1 861 000	1 862 000	1 862 000	1 854 933	1 856 000	1 853 000
44 大分	1 225 000	1 224 000	1 222 000	1 216 436	1 215 000	1 214 000
45 宮崎	1 175 000	1 174 000	1 174 000	1 167 555	1 166 000	1 164 000
46 鹿児島	1 790 000	1 788 000	1 786 000	1 782 567	1 779 000	1 775 000
47 沖縄	1 285 000	1 295 000	1 306 000	1 311 482	1 322 000	1 332 000

注：1）各年次の人口は10月1日現在。＊は国勢調査人口である。
　　2）都道府県人口は昭和40年以前は総人口、45年以降は日本人人口である。
　　3）昭和22年は地域的に配分されない調査もれを除く。
　　4）昭和35年の長野県西筑摩郡山口村と岐阜県中津川市の境界紛争地域の人口73人（男39人、女34人）は全国総数に含まれているが、長野県・岐阜県のいずれにも含まれていない。
　　5）昭和45年、50年、55年、平成2年（按分済み人口）、7年、12年（按分済み人口）、17年（按分済み人口）については、国勢調査確定数。
　　6）昭和60年については、「昭和60年国勢調査抽出速報集計結果」を用いた。

都道府県別人口
sex in each prefecture

(人)
(Persons)

2003 15	2004 16	2005 *17	2006 18	2007 19	2008 20
126 139 000	126 176 000	126 204 902	126 154 000	126 085 000	125 947 000
5 645 000	5 630 000	5 612 068	5 585 000	5 553 000	5 517 000
1 458 000	1 448 000	1 432 727	1 419 000	1 403 000	1 388 000
1 396 000	1 389 000	1 379 659	1 370 000	1 359 000	1 347 000
2 360 000	2 358 000	2 348 339	2 343 000	2 336 000	2 329 000
1 164 000	1 155 000	1 141 865	1 130 000	1 117 000	1 105 000
1 224 000	1 218 000	1 209 795	1 201 000	1 192 000	1 182 000
2 103 000	2 095 000	2 081 248	2 070 000	2 057 000	2 043 000
2 953 000	2 950 000	2 937 843	2 934 000	2 929 000	2 923 000
1 986 000	1 987 000	1 990 257	1 988 000	1 985 000	1 981 000
2 000 000	1 997 000	1 989 184	1 985 000	1 980 000	1 975 000
6 952 000	6 967 000	6 974 003	6 989 000	7 003 000	7 019 000
5 955 000	5 967 000	5 983 085	5 999 000	6 019 000	6 039 000
12 059 000	12 123 000	12 325 038	12 405 000	12 488 000	12 552 000
8 570 000	8 613 000	8 675 683	8 710 000	8 754 000	8 784 000
2 448 000	2 440 000	2 420 575	2 408 000	2 394 000	2 380 000
1 109 000	1 107 000	1 101 133	1 098 000	1 093 000	1 088 000
1 173 000	1 172 000	1 166 366	1 163 000	1 161 000	1 158 000
817 000	814 000	810 772	808 000	804 000	801 000
873 000	871 000	870 939	867 000	863 000	857 000
2 179 000	2 175 000	2 161 328	2 154 000	2 145 000	2 135 000
2 078 000	2 074 000	2 070 404	2 064 000	2 059 000	2 053 000
3 726 000	3 725 000	3 721 561	3 719 000	3 717 000	3 712 000
7 028 000	7 056 000	7 103 849	7 136 000	7 173 000	7 203 000
1 833 000	1 833 000	1 832 672	1 832 000	1 831 000	1 828 000
1 345 000	1 351 000	1 357 591	1 363 000	1 369 000	1 375 000
2 597 000	2 596 000	2 601 322	2 598 000	2 591 000	2 587 000
8 652 000	8 653 000	8 640 236	8 642 000	8 641 000	8 639 000
5 504 000	5 508 000	5 504 338	5 506 000	5 505 000	5 504 000
1 428 000	1 423 000	1 412 450	1 407 000	1 401 000	1 395 000
1 051 000	1 045 000	1 030 942	1 023 000	1 015 000	1 007 000
607 000	606 000	603 156	600 000	596 000	591 000
749 000	744 000	737 753	732 000	726 000	720 000
1 940 000	1 938 000	1 942 414	1 938 000	1 935 000	1 930 000
2 854 000	2 852 000	2 849 333	2 846 000	2 842 000	2 836 000
1 500 000	1 493 000	1 480 129	1 471 000	1 462 000	1 452 000
813 000	809 000	805 743	801 000	796 000	790 000
1 014 000	1 012 000	1 006 383	1 003 000	999 000	996 000
1 477 000	1 471 000	1 461 038	1 453 000	1 445 000	1 436 000
804 000	800 000	793 365	787 000	779 000	771 000
5 018 000	5 025 000	5 011 273	5 015 000	5 016 000	5 013 000
869 000	866 000	863 046	859 000	856 000	852 000
1 496 000	1 489 000	1 472 955	1 461 000	1 447 000	1 434 000
1 849 000	1 846 000	1 835 575	1 829 000	1 820 000	1 813 000
1 211 000	1 208 000	1 202 682	1 199 000	1 196 000	1 192 000
1 161 000	1 158 000	1 149 818	1 145 000	1 139 000	1 133 000
1 770 000	1 764 000	1 748 272	1 738 000	1 726 000	1 713 000
1 342 000	1 352 000	1 354 695	1 361 000	1 366 000	1 369 000

Notes: 1) Population for each year is as of October 1. Figures with * indicate Census population.
2) Prefectural population indicates total population for up to 1965, and Japanese population for 1970 and after.
3) Figures for 1947 include survey omissions that were not allocated by region.
4) Population of 73 people (39 males and 34 females) in the border dispute area between Yamaguchi-mura, Nishichikuma-gun, Nagano, and Nakatsugawa-shi, Gifu are included in the population of Japan, but are excluded from that of Nagano or Gifu Prefecture.
5) Figures for 1970, 1975, 1980 and 1990 (allocated population), 1995, 2000 (allocated population), and 2005 (allocated population) are confirmed by Census.
6) Figures for 1985 are based on "Sampling Report of Census 1985".

第 2 表　年次・性・
Table 2. Trends in population by

男
Male

都道府県 Prefecture	1935 *昭和10年	1950 *25	1955 *30	1960 *35	1965 *40	1970 *45
全国　Total	34 734 133	40 811 760	43 860 718	45 877 602	48 244 445	50 600 539
01 北海道	1 593 845	2 169 393	2 428 833	2 544 753	2 583 159	2 548 598
02 青森	484 277	635 547	678 837	694 037	682 972	684 479
03 岩手	519 485	664 000	698 563	702 697	679 497	657 610
04 宮城	622 973	828 879	846 404	848 579	854 043	886 902
05 秋田	519 249	646 445	660 066	644 671	614 429	592 663
06 山形	549 060	660 555	651 737	630 997	605 185	587 084
07 福島	778 732	1 006 823	1 016 756	986 836	954 988	935 003
08 茨城	766 423	993 694	1 006 093	1 000 184	1 007 852	1 052 159
09 栃木	588 545	752 266	749 636	729 692	735 781	768 506
10 群馬	606 779	778 910	781 607	759 639	778 916	806 727
11 埼玉	753 802	1 049 695	1 110 083	1 200 573	1 511 947	1 946 868
12 千葉	764 751	1 036 932	1 074 181	1 128 734	1 343 167	1 690 355
13 東京	3 325 696	3 169 389	4 115 823	4 997 023	5 564 583	5 755 815
14 神奈川	951 348	1 247 934	1 470 415	1 746 926	2 280 926	2 804 223
15 新潟	982 497	1 194 929	1 195 872	1 177 923	1 160 283	1 138 673
16 富山	388 771	488 850	494 109	500 545	491 662	491 595
17 石川	370 907	460 859	463 477	464 889	468 518	478 877
18 福井	316 424	364 343	363 770	360 288	359 649	354 393
19 山梨	319 924	393 550	390 205	379 057	367 739	366 039
20 長野	840 103	1 001 192	979 004	954 673	937 219	933 811
21 岐阜	612 366	762 295	774 062	796 825	821 444	843 723
22 静岡	966 250	1 206 651	1 301 198	1 353 122	1 428 930	1 512 812
23 愛知	1 418 218	1 649 189	1 829 729	2 064 726	2 382 085	2 671 221
24 三重	572 356	704 805	717 819	716 715	727 802	738 723
25 滋賀	345 185	413 110	409 813	403 281	409 502	426 755
26 京都	862 998	891 616	944 278	973 040	1 028 073	1 081 579
27 大阪	2 241 666	1 899 745	2 290 170	2 766 229	3 355 699	3 743 356
28 兵庫	1 466 284	1 622 755	1 773 488	1 917 887	2 120 749	2 264 578
29 奈良	306 011	368 863	377 961	382 494	400 353	448 164
30 和歌山	428 638	475 324	490 533	484 994	497 256	500 878
31 鳥取	239 301	289 787	297 015	286 716	275 572	268 801
32 島根	373 292	444 355	456 730	432 481	393 670	366 834
33 岡山	658 773	804 357	815 837	797 748	781 418	815 827
34 広島	914 185	1 015 955	1 047 184	1 058 829	1 107 878	1 180 978
35 山口	598 434	760 220	792 546	780 439	740 934	712 163
36 徳島	362 042	427 684	427 204	408 300	389 795	376 572
37 香川	373 522	457 980	456 711	438 924	427 058	430 238
38 愛媛	575 627	742 092	749 342	721 311	688 063	670 030
39 高知	355 225	425 968	429 175	411 162	386 725	371 509
40 福岡	1 392 799	1 745 606	1 895 365	1 954 636	1 911 317	1 919 831
41 佐賀	332 764	455 824	470 437	448 797	410 937	392 862
42 長崎	662 174	812 079	859 689	860 623	788 667	746 074
43 熊本	680 409	882 420	917 171	887 038	838 584	796 918
44 大分	481 549	604 825	616 402	590 963	559 433	538 950
45 宮崎	416 082	535 107	559 771	552 285	517 235	497 425
46 鹿児島	773 126	868 963	985 617	935 282	872 751	803 358
47 沖縄	281 266	…	…	…	…	…

注：1）各年次の人口は10月1日現在。＊は国勢調査人口である。
　　2）都道府県人口は昭和40年以前は総人口、45年以降は日本人人口である。
　　3）昭和22年は地域的に配分されない調査もれを除く。
　　4）昭和35年の長野県西筑摩郡山口村と岐阜県中津川市の境界紛争地域の人口73人（男39人、女34人）は全国総数に含まれているが、長野県・岐阜県のいずれにも含まれていない。
　　5）昭和45年、50年、55年、平成2年（按分済み人口）、7年、12年（按分済み人口）、17年（按分済み人口）については、国勢調査確定数。
　　6）昭和60年については、「昭和60年国勢調査抽出速報集計結果」を用いた。

都道府県別人口
sex in each prefecture

(人)
(Persons)

1975 *50	1980 *55	1985 *60	1990 *平成2年	1995 *7	1996 8
54 724 867	57 201 287	59 044 000	60 248 969	60 919 153	61 115 000
2 616 571	2 731 359	2 767 200	2 718 461	2 727 566	2 733 000
706 182	734 299	724 800	703 845	702 351	704 000
667 243	687 401	699 200	679 290	680 790	681 000
957 778	1 022 732	1 058 500	1 102 361	1 140 128	1 144 000
589 854	602 721	600 900	584 003	576 603	575 000
586 417	604 902	602 300	606 405	606 138	606 000
952 109	989 087	996 000	1 022 530	1 039 147	1 041 000
1 157 536	1 269 694	1 361 600	1 413 482	1 462 678	1 469 000
833 590	883 968	921 800	957 324	977 371	982 000
857 665	907 057	939 500	965 827	977 895	980 000
2 430 387	2 730 531	2 954 700	3 229 425	3 384 961	3 415 000
2 088 099	2 374 182	2 590 700	2 789 174	2 896 807	2 912 000
5 854 673	5 793 927	5 945 100	5 887 794	5 770 200	5 792 000
3 265 877	3 513 491	3 774 600	4 064 653	4 159 965	4 176 000
1 159 256	1 191 870	1 192 100	1 198 492	1 205 815	1 208 000
514 033	531 716	545 600	537 465	538 200	539 000
516 918	540 721	553 900	560 881	568 409	569 000
370 912	381 729	393 700	397 865	398 115	398 000
378 293	390 658	401 700	417 320	430 744	432 000
969 893	1 006 218	1 044 600	1 044 399	1 060 695	1 063 000
902 131	948 710	992 500	998 010	1 009 799	1 012 000
1 623 594	1 691 415	1 770 500	1 798 240	1 822 004	1 825 000
2 940 320	3 084 462	3 232 000	3 321 224	3 386 955	3 406 000
783 379	813 477	840 100	864 385	885 246	888 000
478 099	525 393	575 400	596 507	626 896	632 000
1 168 506	1 215 942	1 258 500	1 244 673	1 247 727	1 255 000
4 044 552	4 112 507	4 271 500	4 221 800	4 224 473	4 239 000
2 414 982	2 470 060	2 577 200	2 580 404	2 570 836	2 577 000
520 767	583 613	633 700	660 251	684 140	688 000
515 419	520 882	515 800	508 727	511 271	511 000
276 348	288 956	296 700	294 002	293 313	293 000
366 270	376 649	381 000	372 822	367 610	367 000
874 082	901 314	925 000	922 486	932 037	933 000
1 288 509	1 328 238	1 377 500	1 377 077	1 387 437	1 389 000
736 647	752 050	757 900	738 350	730 108	729 000
384 586	395 535	400 700	395 518	394 725	395 000
460 798	480 327	499 900	490 719	492 103	493 000
696 694	717 259	727 700	715 877	710 949	710 000
382 731	395 459	397 600	388 464	383 195	382 000
2 056 064	2 184 606	2 295 400	2 290 227	2 338 280	2 352 000
393 915	410 096	425 000	413 885	417 710	419 000
748 487	756 376	763 200	734 372	724 562	723 000
808 860	849 621	868 200	868 233	877 530	880 000
560 205	581 308	588 100	583 066	579 968	580 000
514 614	549 538	558 000	550 803	555 207	556 000
803 680	838 693	858 900	841 735	839 862	839 000
507 342	540 538	583 900	596 116	620 632	626 000

Notes: 1) Population for each year is as of October 1. Figures with * indicate Census population.
2) Prefectural population indicates total population for up to 1965, and Japanese population for 1970 and after.
3) Figures for 1947 include survey omissions that were not allocated by region.
4) Population of 73 people (39 males and 34 females) in the border dispute area between Yamaguchi-mura, Nishichikuma-gun, Nagano, and Nakatsugawa-shi, Gifu are included in the population of Japan, but are excluded from that of Nagano or Gifu Prefecture.
5) Figures for 1970, 1975, 1980 and 1990 (allocated population), 1995, 2000 (allocated population), and 2005 (allocated population) are confirmed by Census.
6) Figures for 1985 are based on "Sampling Report of Census 1985".

第 2 表　年次・性・
Table 2. Trends in population by

男
Male

都道府県 Prefecture	1997 平成9年	1998 10	1999 11	2000 *12	2001 13	2002 14
全国　Total	61 210 000	61 311 000	61 358 000	61 488 005	61 595 000	61 591 000
01 北海道	2 732 000	2 728 000	2 722 000	2 713 299	2 708 000	2 701 000
02 青森	702 000	700 000	698 000	701 308	700 000	697 000
03 岩手	680 000	679 000	677 000	679 886	678 000	674 000
04 宮城	1 148 000	1 150 000	1 151 000	1 154 105	1 155 000	1 153 000
05 秋田	572 000	569 000	567 000	563 704	561 000	557 000
06 山形	605 000	605 000	603 000	600 034	598 000	595 000
07 福島	1 041 000	1 040 000	1 040 000	1 034 435	1 033 000	1 030 000
08 茨城	1 473 000	1 478 000	1 480 000	1 473 555	1 474 000	1 471 000
09 栃木	984 000	987 000	989 000	985 746	988 000	986 000
10 群馬	982 000	984 000	986 000	984 816	986 000	985 000
11 埼玉	3 434 000	3 453 000	3 468 000	3 471 147	3 488 000	3 494 000
12 千葉	2 923 000	2 937 000	2 951 000	2 951 889	2 969 000	2 978 000
13 東京	5 802 000	5 795 000	5 774 000	5 925 437	5 941 000	5 967 000
14 神奈川	4 191 000	4 219 000	4 241 000	4 259 603	4 294 000	4 312 000
15 新潟	1 208 000	1 208 000	1 205 000	1 198 125	1 196 000	1 191 000
16 富山	539 000	539 000	539 000	537 037	537 000	536 000
17 石川	569 000	570 000	570 000	568 938	569 000	568 000
18 福井	399 000	399 000	399 000	397 912	398 000	397 000
19 山梨	433 000	434 000	435 000	431 577	432 000	430 000
20 長野	1 066 000	1 067 000	1 069 000	1 065 513	1 068 000	1 065 000
21 岐阜	1 013 000	1 014 000	1 014 000	1 009 870	1 010 000	1 009 000
22 静岡	1 827 000	1 830 000	1 833 000	1 830 059	1 834 000	1 834 000
23 愛知	3 419 000	3 438 000	3 454 000	3 470 932	3 489 000	3 502 000
24 三重	890 000	891 000	892 000	888 976	891 000	889 000
25 滋賀	637 000	644 000	648 000	653 699	658 000	661 000
26 京都	1 254 000	1 255 000	1 254 000	1 256 444	1 256 000	1 253 000
27 大阪	4 236 000	4 234 000	4 231 000	4 223 003	4 225 000	4 218 000
28 兵庫	2 585 000	2 598 000	2 607 000	2 634 709	2 641 000	2 641 000
29 奈良	690 000	691 000	692 000	687 190	686 000	683 000
30 和歌山	510 000	508 000	507 000	504 942	503 000	500 000
31 鳥取	293 000	293 000	293 000	292 242	292 000	292 000
32 島根	366 000	364 000	363 000	362 141	362 000	360 000
33 岡山	934 000	935 000	936 000	930 372	931 000	930 000
34 広島	1 388 000	1 389 000	1 388 000	1 381 971	1 382 000	1 379 000
35 山口	726 000	724 000	722 000	716 958	715 000	712 000
36 徳島	394 000	394 000	393 000	390 813	390 000	388 000
37 香川	493 000	493 000	493 000	489 661	489 000	488 000
38 愛媛	709 000	708 000	706 000	702 537	701 000	699 000
39 高知	381 000	380 000	380 000	382 780	382 000	381 000
40 福岡	2 359 000	2 366 000	2 371 000	2 374 505	2 380 000	2 383 000
41 佐賀	418 000	417 000	417 000	413 363	413 000	412 000
42 長崎	720 000	717 000	714 000	710 224	709 000	705 000
43 熊本	880 000	881 000	880 000	876 472	877 000	875 000
44 大分	579 000	578 000	577 000	573 998	573 000	572 000
45 宮崎	555 000	555 000	554 000	551 060	550 000	549 000
46 鹿児島	839 000	838 000	837 000	836 688	835 000	833 000
47 沖縄	630 000	635 000	641 000	644 330	649 000	654 000

注：1）各年次の人口は10月1日現在。＊は国勢調査人口である。
2）都道府県人口は昭和40年以前は総人口、45年以降は日本人人口である。
3）昭和22年は地域的に配分されない調査もれを除く。
4）昭和35年の長野県西筑摩郡山口村と岐阜県中津川市の境界紛争地域の人口73人（男39人、女34人）は全国総数に含まれているが、長野県・岐阜県のいずれにも含まれていない。
5）昭和45年、50年、55年、平成2年（按分済み人口）、7年、12年（按分済み人口）、17年（按分済み人口）については、国勢調査確定数。
6）昭和60年については、「昭和60年国勢調査抽出速報集計結果」を用いた。

都道府県別人口
sex in each prefecture

(人)
(Persons)

2003 15	2004 16	2005 *17	2006 18	2007 19	2008 20
61 620 000	61 597 000	61 617 893	61 568 000	61 511 000	61 424 000
2 693 000	2 683 000	2 668 263	2 651 000	2 630 000	2 609 000
693 000	687 000	677 747	670 000	661 000	653 000
670 000	667 000	662 028	656 000	650 000	644 000
1 152 000	1 150 000	1 144 539	1 140 000	1 135 000	1 130 000
552 000	547 000	539 747	534 000	527 000	520 000
592 000	588 000	583 661	579 000	574 000	569 000
1 026 000	1 022 000	1 013 460	1 007 000	1 001 000	993 000
1 470 000	1 468 000	1 462 446	1 461 000	1 458 000	1 455 000
986 000	987 000	989 721	989 000	988 000	986 000
985 000	984 000	979 013	977 000	974 000	971 000
3 506 000	3 511 000	3 517 257	3 523 000	3 530 000	3 537 000
2 988 000	2 991 000	2 996 890	3 003 000	3 012 000	3 021 000
6 000 000	6 026 000	6 143 520	6 182 000	6 222 000	6 254 000
4 335 000	4 350 000	4 388 419	4 402 000	4 423 000	4 435 000
1 188 000	1 184 000	1 172 715	1 166 000	1 159 000	1 152 000
534 000	533 000	530 906	529 000	527 000	524 000
568 000	567 000	563 361	562 000	560 000	559 000
397 000	395 000	393 053	391 000	390 000	388 000
429 000	427 000	427 411	425 000	423 000	420 000
1 063 000	1 061 000	1 053 088	1 050 000	1 045 000	1 040 000
1 008 000	1 006 000	1 004 099	1 001 000	998 000	995 000
1 835 000	1 835 000	1 832 485	1 831 000	1 831 000	1 829 000
3 515 000	3 530 000	3 563 275	3 583 000	3 604 000	3 621 000
888 000	888 000	890 383	891 000	891 000	890 000
663 000	665 000	670 027	674 000	677 000	680 000
1 251 000	1 250 000	1 250 756	1 248 000	1 245 000	1 242 000
4 214 000	4 209 000	4 195 935	4 192 000	4 187 000	4 183 000
2 642 000	2 641 000	2 638 876	2 638 000	2 636 000	2 635 000
682 000	679 000	672 420	669 000	665 000	662 000
497 000	494 000	486 215	482 000	477 000	474 000
291 000	290 000	289 002	287 000	285 000	283 000
358 000	356 000	352 260	349 000	346 000	343 000
930 000	930 000	932 326	931 000	929 000	927 000
1 379 000	1 378 000	1 377 500	1 376 000	1 374 000	1 370 000
709 000	706 000	698 239	694 000	689 000	684 000
387 000	384 000	383 441	381 000	379 000	376 000
487 000	486 000	483 506	482 000	480 000	478 000
697 000	694 000	689 062	685 000	680 000	676 000
379 000	377 000	373 201	370 000	365 000	361 000
2 385 000	2 386 000	2 375 589	2 376 000	2 374 000	2 371 000
411 000	409 000	407 111	405 000	403 000	401 000
702 000	699 000	688 996	682 000	676 000	668 000
873 000	871 000	864 737	861 000	857 000	853 000
571 000	570 000	567 061	565 000	564 000	562 000
547 000	545 000	540 834	538 000	535 000	532 000
830 000	828 000	818 319	813 000	806 000	799 000
659 000	663 000	664 993	668 000	669 000	670 000

Notes: 1) Population for each year is as of October 1. Figures with * indicate Census population.
2) Prefectural population indicates total population for up to 1965, and Japanese population for 1970 and after.
3) Figures for 1947 include survey omissions that were not allocated by region.
4) Population of 73 people (39 males and 34 females) in the border dispute area between Yamaguchi-mura, Nishichikuma-gun, Nagano, and Nakatsugawa-shi, Gifu are included in the population of Japan, but are excluded from that of Nagano or Gifu Prefecture.
5) Figures for 1970, 1975, 1980 and 1990 (allocated population), 1995, 2000 (allocated population), and 2005 (allocated population) are confirmed by Census.
6) Figures for 1985 are based on "Sampling Report of Census 1985".

第 2 表　年次・性・
Table 2.　Trends in population by

女
Female

都道府県 Prefecture	1935 *昭和10年	1950 *25	1955 *30	1960 *35	1965 *40	1970 *45
全　国　Total	34 520 015	42 387 877	45 414 811	47 540 899	50 030 516	52 518 908
01 北　海　道	1 474 437	2 126 174	2 344 254	2 494 453	2 588 641	2 628 688
02 青　　　森	482 852	647 320	703 686	732 569	733 619	741 223
03 岩　　　手	526 626	682 728	728 534	745 820	731 621	712 338
04 宮　　　城	611 828	834 563	880 661	894 616	899 083	928 380
05 秋　　　田	518 495	662 586	688 805	690 909	665 406	647 682
06 山　　　形	567 762	696 792	701 912	689 667	657 918	637 834
07 福　　　島	802 831	1 055 571	1 078 481	1 064 301	1 028 766	1 008 986
08 茨　　　城	782 568	1 045 724	1 057 944	1 046 840	1 048 302	1 087 963
09 栃　　　木	606 512	798 196	797 944	783 932	785 875	809 640
10 群　　　馬	635 674	822 470	831 942	818 837	826 668	849 482
11 埼　　　玉	775 052	1 096 750	1 152 540	1 230 298	1 503 036	1 911 739
12 千　　　葉	781 643	1 102 105	1 130 879	1 177 276	1 358 603	1 668 085
13 東　　　京	3 044 223	3 108 111	3 921 261	4 686 779	5 304 661	5 569 179
14 神　奈　川	888 657	1 239 731	1 449 082	1 696 250	2 149 817	2 634 903
15 新　　　潟	1 013 280	1 266 068	1 277 620	1 264 114	1 238 648	1 219 650
16 富　　　山	410 119	519 940	527 012	532 069	533 803	536 361
17 石　　　川	397 509	496 420	502 710	508 529	511 981	520 658
18 福　　　井	330 235	388 031	390 285	392 408	390 908	385 631
19 山　　　梨	326 803	417 819	416 839	403 005	395 455	394 453
20 長　　　野	873 897	1 059 639	1 042 288	1 026 760	1 020 788	1 018 535
21 岐　　　阜	613 433	782 243	809 543	841 574	878 921	905 801
22 静　　　岡	973 610	1 264 821	1 349 237	1 403 149	1 483 591	1 569 980
23 愛　　　知	1 444 483	1 741 396	1 939 480	2 141 587	2 416 568	2 669 373
24 三　　　重	602 239	756 392	767 763	768 339	786 665	797 214
25 滋　　　賀	366 251	448 070	443 921	439 414	443 883	457 082
26 京　　　都	839 510	941 318	990 883	1 020 363	1 074 735	1 129 030
27 大　　　阪	2 055 508	1 957 302	2 328 138	2 738 517	3 301 490	3 721 605
28 兵　　　庫	1 456 965	1 687 180	1 847 459	1 988 600	2 189 195	2 335 095
29 奈　　　良	314 460	395 020	398 900	398 564	425 612	477 239
30 和　歌　山	435 449	506 789	516 286	517 197	529 719	537 470
31 鳥　　　取	251 160	310 390	317 244	312 419	304 281	298 604
32 島　　　根	373 827	468 196	472 336	456 405	427 950	405 166
33 岡　　　山	673 874	856 742	873 963	872 706	863 717	884 237
34 広　　　島	890 731	1 066 012	1 101 860	1 125 214	1 173 268	1 241 091
35 山　　　口	592 108	780 662	817 293	821 768	802 639	785 540
36 徳　　　島	366 706	450 827	450 905	438 974	425 320	414 273
37 香　　　川	375 134	488 042	487 112	479 943	473 787	476 713
38 愛　　　媛	589 271	779 786	791 286	779 376	758 321	746 269
39 高　　　知	359 755	447 906	453 508	443 433	425 989	414 549
40 福　　　岡	1 363 005	1 784 563	1 964 399	2 052 043	2 053 294	2 084 444
41 佐　　　賀	353 353	489 258	503 312	494 077	460 948	444 201
42 長　　　崎	634 709	833 413	887 907	899 798	852 578	820 560
43 熊　　　本	706 645	945 162	978 492	969 150	932 152	901 073
44 大　　　分	498 909	648 174	660 797	648 692	628 047	613 570
45 宮　　　崎	408 349	556 320	579 613	582 305	563 457	552 602
46 鹿　児　島	818 340	935 155	1 058 495	1 027 822	980 790	924 717
47 沖　　　縄	311 228	…	…	…	…	…

注： 1)　各年次の人口は10月1日現在。＊は国勢調査人口である。
　　 2)　都道府県人口は昭和40年以前は総人口、45年以降は日本人人口である。
　　 3)　昭和22年は地域的に配分されない調査もれを除く。
　　 4)　昭和35年の長野県西筑摩郡山口村と岐阜県中津川市の境界紛争地域の人口73人（男39人、女34人）は全国総数に含まれているが、長野県・岐阜県のいずれにも含まれていない。
　　 5)　昭和45年、50年、55年、平成2年（按分済み人口）、7年、12年（按分済み人口）、17年（按分済み人口）については、国勢調査確定数。
　　 6)　昭和60年については、「昭和60年国勢調査抽出速報集計結果」を用いた。

都道府県別人口
sex in each prefecture

(人)
(Persons)

1975 *50	1980 *55	1985 *60	1990 *平成2年	1995 *7	1996 8
56 526 640	59 119 071	61 221 700	62 472 428	63 379 794	63 594 000
2 713 713	2 835 013	2 921 200	2 916 588	2 948 272	2 956 000
760 560	787 479	796 400	777 102	775 772	777 000
716 688	732 677	755 400	735 746	736 074	736 000
993 012	1 053 925	1 109 400	1 140 756	1 179 305	1 186 000
641 535	652 778	652 000	642 059	635 013	633 000
633 012	646 087	649 000	650 525	647 803	647 000
1 016 161	1 043 460	1 058 100	1 077 725	1 088 067	1 089 000
1 180 615	1 283 081	1 355 900	1 420 797	1 466 542	1 473 000
862 258	905 250	962 000	968 562	988 060	992 000
895 771	938 081	973 700	989 992	1 003 904	1 006 000
2 379 130	2 674 935	2 900 200	3 144 936	3 311 429	3 339 000
2 048 117	2 345 201	2 577 400	2 738 603	2 847 203	2 863 000
5 714 179	5 713 017	5 835 400	5 807 424	5 772 805	5 795 000
3 093 457	3 370 156	3 605 600	3 853 979	3 992 493	4 018 000
1 229 736	1 256 186	1 256 800	1 271 860	1 274 472	1 276 000
554 897	569 769	579 800	580 085	579 392	580 000
549 751	574 838	603 900	599 905	606 633	608 000
397 955	407 768	428 400	420 460	421 205	422 000
403 067	411 832	421 500	432 755	443 226	445 000
1 042 923	1 072 614	1 125 800	1 103 843	1 112 705	1 115 000
955 935	1 001 283	1 045 800	1 057 209	1 071 305	1 074 000
1 677 262	1 747 030	1 811 500	1 852 235	1 877 142	1 882 000
2 933 075	3 083 467	3 245 100	3 303 936	3 382 860	3 400 000
835 070	865 354	898 200	917 947	939 471	942 000
500 540	547 047	590 400	616 850	645 724	650 000
1 212 854	1 267 065	1 307 000	1 311 648	1 324 873	1 331 000
4 063 808	4 183 294	4 381 800	4 335 449	4 378 657	4 391 000
2 503 059	2 593 418	2 698 500	2 745 717	2 748 077	2 756 000
551 127	619 042	670 200	708 183	737 630	742 000
552 000	561 117	570 800	561 203	564 395	565 000
303 431	313 379	323 500	319 790	319 289	319 000
401 087	406 494	416 500	406 495	401 255	400 000
932 402	961 427	989 100	994 687	1 005 828	1 008 000
1 342 069	1 394 283	1 442 700	1 455 687	1 471 025	1 474 000
804 425	820 702	830 600	820 831	812 096	811 000
420 198	428 898	430 700	435 235	435 754	436 000
499 435	518 115	534 000	530 852	531 762	532 000
766 464	787 039	805 900	796 797	792 462	792 000
424 304	434 150	445 800	435 389	431 107	431 000
2 210 330	2 339 164	2 457 700	2 494 104	2 558 171	2 573 000
442 411	453 956	465 700	462 415	464 610	465 000
819 942	830 540	836 300	824 130	815 936	815 000
904 440	938 455	968 000	969 379	977 557	980 000
627 094	644 240	658 200	650 546	647 301	647 000
569 343	600 783	625 500	616 483	618 424	619 000
919 052	944 658	974 800	954 173	951 557	952 000
528 946	560 524	593 100	621 356	645 151	651 000

Notes: 1) Population for each year is as of October 1. Figures with * indicate Census population.
2) Prefectural population indicates total population for up to 1965, and Japanese population for 1970 and after.
3) Figures for 1947 include survey omissions that were not allocated by region.
4) Population of 73 people (39 males and 34 females) in the border dispute area between Yamaguchi-mura, Nishichikuma-gun, Nagano, and Nakatsugawa-shi, Gifu are included in the population of Japan, but are excluded from that of Nagano or Gifu Prefecture.
5) Figures for 1970, 1975, 1980 and 1990 (allocated population), 1995, 2000 (allocated population), and 2005 (allocated population) are confirmed by Census.
6) Figures for 1985 are based on "Sampling Report of Census 1985".

第 2 表　年次・性・
Table 2.　Trends in population by

女
Female

都道府県 Prefecture	1997 平成9年	1998 10	1999 11	2000 *12	2001 13	2002 14
全　　国　Total	63 753 000	63 941 000	64 074 000	64 124 628	64 313 000	64 417 000
01 北　海　道	2 959 000	2 962 000	2 962 000	2 957 259	2 958 000	2 955 000
02 青　　　森	776 000	776 000	774 000	771 382	771 000	768 000
03 岩　　　手	735 000	735 000	734 000	732 452	731 000	729 000
04 宮　　　城	1 191 000	1 196 000	1 199 000	1 200 811	1 204 000	1 206 000
05 秋　　　田	631 000	630 000	627 000	622 505	620 000	616 000
06 山　　　形	646 000	645 000	643 000	639 098	637 000	635 000
07 福　　　島	1 089 000	1 089 000	1 088 000	1 083 665	1 082 000	1 080 000
08 茨　　　城	1 478 000	1 484 000	1 487 000	1 481 262	1 483 000	1 483 000
09 栃　　　木	995 000	998 000	1 000 000	997 977	1 000 000	999 000
10 群　　　馬	1 008 000	1 011 000	1 012 000	1 011 435	1 013 000	1 014 000
11 埼　　　玉	3 360 000	3 380 000	3 398 000	3 404 337	3 422 000	3 434 000
12 千　　　葉	2 877 000	2 895 000	2 911 000	2 916 710	2 938 000	2 951 000
13 東　　　京	5 817 000	5 844 000	5 867 000	5 924 868	5 971 000	6 012 000
14 神 奈 川	4 044 000	4 079 000	4 108 000	4 130 949	4 173 000	4 203 000
15 新　　　潟	1 276 000	1 276 000	1 275 000	1 268 249	1 266 000	1 263 000
16 富　　　山	580 000	580 000	579 000	576 750	576 000	576 000
17 石　　　川	609 000	609 000	609 000	605 692	606 000	606 000
18 福　　　井	422 000	422 000	422 000	421 168	421 000	421 000
19 山　　　梨	446 000	447 000	447 000	445 591	446 000	446 000
20 長　　　野	1 116 000	1 118 000	1 118 000	1 116 360	1 118 000	1 116 000
21 岐　　　阜	1 074 000	1 076 000	1 077 000	1 071 222	1 071 000	1 070 000
22 静　　　岡	1 885 000	1 888 000	1 891 000	1 884 933	1 888 000	1 889 000
23 愛　　　知	3 413 000	3 431 000	3 448 000	3 461 645	3 480 000	3 498 000
24 三　　　重	944 000	946 000	947 000	944 432	945 000	944 000
25 滋　　　賀	656 000	662 000	666 000	670 341	675 000	679 000
26 京　　　都	1 333 000	1 335 000	1 336 000	1 342 608	1 345 000	1 345 000
27 大　　　阪	4 397 000	4 405 000	4 410 000	4 410 898	4 425 000	4 430 000
28 兵　　　庫	2 769 000	2 785 000	2 799 000	2 832 944	2 847 000	2 855 000
29 奈　　　良	746 000	748 000	750 000	747 150	748 000	746 000
30 和 歌 山	564 000	564 000	563 000	560 162	559 000	556 000
31 鳥　　　取	319 000	319 000	319 000	317 982	318 000	317 000
32 島　　　根	399 000	398 000	397 000	394 931	394 000	393 000
33 岡　　　山	1 010 000	1 011 000	1 012 000	1 007 896	1 009 000	1 009 000
34 広　　　島	1 475 000	1 476 000	1 476 000	1 473 811	1 474 000	1 474 000
35 山　　　口	809 000	807 000	805 000	798 333	796 000	794 000
36 徳　　　島	435 000	435 000	434 000	430 556	429 000	428 000
37 香　　　川	532 000	533 000	533 000	528 312	528 000	527 000
38 愛　　　媛	791 000	790 000	788 000	786 013	785 000	782 000
39 高　　　知	430 000	430 000	428 000	428 736	428 000	427 000
40 福　　　岡	2 585 000	2 596 000	2 603 000	2 610 433	2 620 000	2 628 000
41 佐　　　賀	465 000	465 000	464 000	460 705	460 000	459 000
42 長　　　崎	812 000	809 000	807 000	801 640	800 000	797 000
43 熊　　　本	980 000	981 000	982 000	978 461	979 000	978 000
44 大　　　分	647 000	646 000	646 000	642 438	642 000	641 000
45 宮　　　崎	619 000	619 000	619 000	616 495	616 000	615 000
46 鹿　児　島	951 000	950 000	949 000	945 879	944 000	942 000
47 沖　　　縄	655 000	660 000	665 000	667 152	673 000	678 000

注：1)　各年次の人口は10月1日現在。＊は国勢調査人口である。
　　2)　都道府県人口は昭和40年以前は総人口、45年以降は日本人人口である。
　　3)　昭和22年は地域的に配分されない調査もれを除く。
　　4)　昭和35年の長野県西筑摩郡山口村と岐阜県中津川市の境界紛争地域の人口73人（男39人、女34人）は全国総数に含まれているが、長野県・岐阜県のいずれにも含まれていない。
　　5)　昭和45年、50年、55年、平成2年（按分済み人口）、7年、12年（按分済み人口）、17年（按分済み人口）については、国勢調査確定数。
　　6)　昭和60年については、「昭和60年国勢調査抽出速報集計結果」を用いた。

都道府県別人口
sex in each prefecture

(人)
(Persons)

2003 15	2004 16	2005 *17	2006 18	2007 19	2008 20
64 520 000	64 579 000	64 587 009	64 586 000	64 574 000	64 523 000
2 952 000	2 947 000	2 943 805	2 934 000	2 923 000	2 909 000
765 000	761 000	754 980	749 000	742 000	735 000
726 000	723 000	717 631	713 000	709 000	703 000
1 208 000	1 208 000	1 203 800	1 203 000	1 201 000	1 198 000
612 000	608 000	602 118	597 000	591 000	585 000
632 000	630 000	626 134	622 000	618 000	613 000
1 077 000	1 074 000	1 067 788	1 063 000	1 056 000	1 050 000
1 483 000	1 482 000	1 475 397	1 473 000	1 471 000	1 468 000
1 000 000	1 000 000	1 000 536	999 000	998 000	995 000
1 014 000	1 013 000	1 010 171	1 008 000	1 006 000	1 003 000
3 446 000	3 456 000	3 456 746	3 466 000	3 473 000	3 483 000
2 967 000	2 976 000	2 986 195	2 996 000	3 007 000	3 018 000
6 058 000	6 097 000	6 181 518	6 223 000	6 266 000	6 298 000
4 235 000	4 263 000	4 287 264	4 308 000	4 331 000	4 349 000
1 260 000	1 257 000	1 247 860	1 242 000	1 235 000	1 228 000
575 000	574 000	570 227	568 000	566 000	563 000
606 000	605 000	603 005	602 000	601 000	599 000
420 000	419 000	417 719	416 000	415 000	413 000
445 000	444 000	443 528	442 000	440 000	437 000
1 115 000	1 114 000	1 108 240	1 105 000	1 100 000	1 095 000
1 069 000	1 068 000	1 066 305	1 064 000	1 061 000	1 057 000
1 891 000	1 891 000	1 889 076	1 887 000	1 886 000	1 883 000
3 512 000	3 527 000	3 540 574	3 553 000	3 569 000	3 581 000
945 000	944 000	942 289	941 000	940 000	938 000
682 000	685 000	687 564	690 000	693 000	695 000
1 346 000	1 347 000	1 350 566	1 349 000	1 347 000	1 345 000
4 438 000	4 444 000	4 444 301	4 450 000	4 454 000	4 456 000
2 862 000	2 867 000	2 865 462	2 868 000	2 869 000	2 870 000
746 000	744 000	740 030	738 000	736 000	733 000
554 000	551 000	544 727	541 000	537 000	534 000
316 000	315 000	314 154	313 000	311 000	309 000
391 000	389 000	385 493	383 000	380 000	377 000
1 009 000	1 009 000	1 010 088	1 008 000	1 006 000	1 003 000
1 475 000	1 474 000	1 471 833	1 470 000	1 468 000	1 465 000
791 000	787 000	781 890	778 000	773 000	768 000
427 000	425 000	422 302	420 000	418 000	415 000
527 000	525 000	522 877	521 000	520 000	518 000
780 000	777 000	771 976	768 000	765 000	761 000
425 000	423 000	420 164	417 000	414 000	410 000
2 633 000	2 639 000	2 635 684	2 639 000	2 642 000	2 642 000
459 000	457 000	455 935	454 000	453 000	451 000
793 000	790 000	783 959	778 000	772 000	766 000
977 000	975 000	970 838	968 000	964 000	960 000
640 000	639 000	635 621	634 000	632 000	630 000
614 000	613 000	608 984	607 000	604 000	601 000
940 000	937 000	929 953	925 000	920 000	914 000
683 000	688 000	689 702	694 000	697 000	699 000

Notes: 1) Population for each year is as of October 1. Figures with * indicate Census population.
2) Prefectural population indicates total population for up to 1965, and Japanese population for 1970 and after.
3) Figures for 1947 include survey omissions that were not allocated by region.
4) Population of 73 people (39 males and 34 females) in the border dispute area between Yamaguchi-mura, Nishichikuma-gun, Nagano, and Nakatsugawa-shi, Gifu are included in the population of Japan, but are excluded from that of Nagano or Gifu Prefecture.
5) Figures for 1970, 1975, 1980 and 1990 (allocated population), 1995, 2000 (allocated population), and 2005 (allocated population) are confirmed by Census.
6) Figures for 1985 are based on "Sampling Report of Census 1985".

第 3 表　年次・性・年齢（5歳階級）別

Table 3. Trends in married population by sex and

男
Male

年次 Year		総数 Total	15～19歳 Years	20～24	25～29	30～34	35～39	40～44
1950	昭和25年	15 594 516	18 858	635 585	1 805 710	2 127 756	2 249 370	2 089 973
55	30	17 120 104	6 028	403 246	2 180 385	2 491 214	2 199 897	2 224 952
1960	35	19 178 879	7 978	339 173	2 177 057	3 323 359	2 610 452	2 175 909
65	40	21 864 764	18 359	426 784	2 237 138	3 651 713	3 539 938	2 609 382
1970	45	24 522 623	29 377	518 444	2 391 756	3 651 418	3 870 819	3 495 058
75	50	27 710 590	20 365	538 265	2 776 464	3 912 688	3 892 439	3 889 435
1980	55	29 233 337	13 657	318 400	1 989 024	4 148 378	4 083 732	3 835 865
85	60	30 361 101	11 471	305 222	1 516 201	3 173 499	4 465 512	4 039 666
1990	平成2年	31 055 868	13 757	273 076	1 363 169	2 531 213	3 500 266	4 479 507
95	7	31 782 484	10 943	318 201	1 378 491	2 435 452	2 889 629	3 558 334
2000	12	32 145 128	16 239	285 440	1 439 263	2 387 114	2 781 274	2 946 428
05	17	31 939 216	11 014	224 075	1 117 843	2 443 802	2 709 102	2 813 075

女
Female

年次 Year		総数 Total	15～19歳 Years	20～24	25～29	30～34	35～39	40～44
1950	昭和25年	15 712 327	138 174	1 660 651	2 660 382	2 368 007	2 208 120	1 874 062
55	30	17 168 510	72 780	1 370 275	2 917 021	2 829 766	2 329 366	2 105 697
1960	35	19 200 045	61 315	1 308 086	3 141 567	3 243 642	2 812 228	2 237 399
65	40	21 820 937	69 845	1 437 167	3 352 471	3 618 585	3 282 224	2 742 140
1970	45	24 525 252	82 063	1 481 064	3 674 898	3 771 061	3 660 975	3 194 000
75	50	27 750 600	52 339	1 368 165	4 175 836	4 148 446	3 814 679	3 635 215
1980	55	29 337 057	37 935	841 782	3 326 179	4 684 832	4 134 529	3 721 150
85	60	30 395 599	37 095	716 458	2 599 535	3 843 682	4 688 627	4 029 444
1990	平成2年	31 087 730	34 703	570 455	2 261 928	3 157 772	3 878 405	4 599 842
95	7	31 742 997	25 549	589 938	2 097 002	3 003 375	3 238 082	3 819 623
2000	12	32 068 098	29 288	447 869	2 042 431	2 911 199	3 115 771	3 181 964
05	17	31 894 622	23 676	351 273	1 499 073	2 946 058	3 057 588	3 049 558

注：1) 昭和50年以前は総人口、55年以降は日本人人口である。
　　2) 各年次の人口は国勢調査人口である。
　　3) 「有配偶人口」とは国勢調査による配偶関係が「有配偶」である人口をいう。
資料：総務省統計局「国勢調査報告」による。

有配偶人口
age (five-year age group)

(人) (Persons)

45 ～ 49	50 ～ 54	55 ～ 59	60 ～ 64	65 ～ 69	70 ～ 74	75 ～	不　　詳 Not stated
1 884 888	1 556 711	1 195 889	900 935	584 752	348 356	194 844	889
2 024 802	1 781 629	1 424 790	1 025 012	702 634	395 678	259 837	-
2 154 001	1 914 097	1 630 739	1 231 782	813 981	486 157	314 194	-
2 127 672	2 058 239	1 783 212	1 431 649	999 941	581 606	399 131	-
2 560 761	2 052 869	1 913 179	1 588 331	1 189 079	743 129	518 403	-
3 471 612	2 481 878	1 949 149	1 777 238	1 372 494	919 327	709 236	-
3 769 453	3 329 800	2 341 304	1 789 533	1 552 465	1 098 326	963 400	-
3 727 252	3 620 757	3 157 786	2 181 686	1 599 582	1 287 609	1 274 858	-
3 942 994	3 595 850	3 441 675	2 948 207	1 969 402	1 356 961	1 639 791	-
4 413 368	3 824 913	3 451 709	3 221 328	2 663 180	1 687 576	1 929 360	-
3 489 552	4 254 659	3 653 106	3 256 392	2 926 055	2 293 248	2 416 358	-
2 864 513	3 354 622	4 063 369	3 470 090	3 010 886	2 575 144	3 281 681	-

(人) (Persons)

45 ～ 49	50 ～ 54	55 ～ 59	60 ～ 64	65 ～ 69	70 ～ 74	75 ～	不　　詳 Not stated
1 558 743	1 200 052	848 133	590 002	354 163	178 177	72 829	832
1 745 761	1 402 239	1 026 583	663 572	404 338	202 230	98 882	-
1 968 626	1 579 081	1 206 996	819 296	466 828	235 574	119 407	-
2 131 326	1 810 444	1 379 747	976 151	590 906	282 008	147 923	-
2 643 964	1 987 720	1 592 736	1 146 574	729 207	376 364	184 626	-
3 150 613	2 510 260	1 817 481	1 402 257	911 058	494 963	269 288	-
3 510 385	2 997 707	2 315 145	1 594 363	1 136 957	648 457	387 636	-
3 586 195	3 339 882	2 796 430	2 069 839	1 319 109	832 067	537 236	-
3 898 625	3 431 638	3 140 648	2 552 420	1 770 325	1 015 020	775 949	-
4 472 757	3 750 259	3 246 624	2 875 641	2 221 808	1 393 177	1 009 162	-
3 690 013	4 284 846	3 553 163	3 006 978	2 533 589	1 808 570	1 462 417	-
3 065 566	3 542 124	4 081 535	3 326 490	2 697 749	2 128 245	2 125 687	-

Notes: 1) Population up to 1975 represents the total population and 1980 and after it represents the Japanese population.
2) Population of each year shows population in population censuses.
3) "Married population" refers to population of husband and wife according to classification of marital status in population censuses.
Source: "Population Census of Japan" by Statistics Bureau of Management and Coordination Agency

平成22年7月15日　　発行　　　　定価は表紙に表示してあります。

平成 21 年度
離 婚 に 関 す る 統 計

人口動態統計特殊報告

編　　集	厚生労働省大臣官房統計情報部
発　　行	財団法人　厚　生　統　計　協　会
	郵便番号　106-0032
	東京都港区六本木５丁目13番14号
	電　話　03－3586－3361～3
印　　刷	統 計 印 刷 工 業 株 式 会 社